Beiträge zum Arbeitsrecht

herausgegeben von
Martina Benecke, Felix Hartmann,
Sudabeh Kamanabrou, Hartmut Oetker

17

Maura Larissa Posth

Haftungsprivilegierung des Betriebsrats

Anwendbarkeit der Grundsätze
über die beschränkte Arbeitnehmerhaftung
auf den Betriebsrat und seine Mitglieder

Mohr Siebeck

Maura Larissa Posth, geboren 1990; Studium der Rechtswissenschaften an der Universität Hamburg; 2022 Promotion (Bucerius Law School, Hamburg); Rechtsreferendariat am Kammergericht Berlin; Rechtsanwältin im Bereich Arbeitsrecht in Berlin.
orcid.org/0000-0002-4866-2068

ISBN 978-3-16-161958-8 / eISBN 978-3-16-161959-5
DOI 10.1628/978-3-16-161959-5

ISSN 2509-9973 / eISSN 2569-3840 (Beiträge zum Arbeitsrecht)

Die Deutsche Nationalbibliothek verzeichnet diese Publikation in der Deutschen Nationalbibliographie; detaillierte bibliographische Daten sind über *http://dnb.dnb.de* abrufbar.

© 2022 Mohr Siebeck Tübingen. www.mohrsiebeck.com

Das Werk einschließlich aller seiner Teile ist urheberrechtlich geschützt. Jede Verwertung außerhalb der engen Grenzen des Urheberrechtsgesetzes ist ohne Zustimmung des Verlags unzulässig und strafbar. Das gilt insbesondere für die Verbreitung, Vervielfältigung, Übersetzung und die Einspeicherung und Verarbeitung in elektronischen Systemen.

Das Buch wurde von Gulde Druck in Tübingen auf alterungsbeständiges Werkdruckpapier gedruckt und von der Buchbinderei Spinner in Ottersweier gebunden.

Printed in Germany.

Vorwort

Das vorliegende Werk wurde im November 2021 an der Bucerius Law School in Hamburg als Dissertation angenommen. Die mündliche Prüfung fand am 23. März 2022 statt. Rechtsprechung und juristisches Schrifttum sind bis Juni 2020 berücksichtigt.

Meinem Doktorvater, Prof. Dr. Hans Hanau, danke ich ganz herzlich für die Inspiration bei der Themenfindung, seine stete Bereitschaft zur fachlichen Diskussion und die zahlreichen wertvollen Anregungen sowie die Ermunterung, den Mut aufzubringen, vorgegebene Pfade mitunter zu verlassen und juristisches Neuland zu betreten, was entscheidend zum Gelingen dieser Arbeit beigetragen hat. Mein Dank gilt außerdem Prof. Dr. Matthias Jacobs für die zügige Erstellung des Zweitgutachtens und seine Wertschätzung meiner Arbeit.

Allen voran bei meinem Partner, Fynn-Hendrik, aber auch bei meinen Freundinnen und Freunden bedanke ich mich für ihre Unterstützung während des Entstehungsprozesses dieser Arbeit, sei es für ihr offenes Ohr für Hochs und Tiefs bei der Erstellung der Arbeit oder für die nötige Ablenkung, die mir dabei geholfen hat, mich weder in den Gängen der Staatsbibliothek zu Berlin noch in rechtlich-dogmatischen Irrungen und Wirrungen zu verlieren.

Meinen Eltern, Mechthild und Tilman, und meinen beiden Schwestern, Carlotta und Leila, danke ich von Herzen für ihren unerschütterlichen Beistand und ihr stetes Vertrauen in mich. Ihnen soll dieses Buch gewidmet sein.

Berlin, August 2022 *Maura Larissa Posth*

Inhaltsübersicht

Vorwort V
Inhaltsverzeichnis IX
Abkürzungsverzeichnis XVII

Einleitung 1

A. Außenrechtsgeschäfte des Betriebsrats 5

I. Überblick über die Außenrechtsgeschäfte des Betriebsrats mit externen Beratern 6
II. Die Kostentragungspflicht des Arbeitgebers nach § 40 Abs. 1 BetrVG. 10
III. Außenrechtsfähigkeit des Betriebsrats für Betriebsratsverträge innerhalb des gesetzlichen Wirkungskreises 22
IV. Ergebnis 41

B. Außenhaftung der Betriebsratsmitglieder für
Betriebsratsverträge außerhalb des gesetzlichen Wirkungskreises
des Betriebsrats 43

I. Haftungsgrundlage 44
II. Vorschläge für Haftungsbegrenzungsmöglichkeiten in der Praxis 63
III. Möglichkeiten einer gesetzlichen Haftungsprivilegierung zugunsten des handelnden Betriebsratsmitglieds 71
IV. Ergebnis 85

C. Haftungsprivilegierung des Betriebsrats nach den Grundsätzen
der beschränkten Arbeitnehmerhaftung 87

I. Maßstäbe für eine Übertragung der Grundsätze der beschränkten Arbeitnehmerhaftung 88
II. Erweiterung der Rechtsfortbildung der privilegierten Arbeitnehmerhaftung auf Betriebsratsmitglieder 95

III. Auswirkung der Haftungsprivilegierung nach den Grundsätzen der beschränkten Arbeitnehmerhaftung auf die Außenhaftung für Betriebsratsverträge bei Überschreiten der Erforderlichkeitsgrenze..... 143
IV. Ergebnis 160

Zusammenfassung der wesentlichen Ergebnisse und Thesen 161

Literaturverzeichnis 167
Sachregister 175

Inhaltsverzeichnis

Vorwort V
Inhaltsverzeichnis IX
Abkürzungsverzeichnis XVII

Einleitung 1

A. Außenrechtsgeschäfte des Betriebsrats 5

I. Überblick über die Außenrechtsgeschäfte des Betriebsrats mit externen Beratern 6

1. § 40 Abs. 1 BetrVG für die Beauftragung eines Rechtsanwalts 6
2. § 80 Abs. 3 BetrVG für die Beauftragung eines Sachverständigen 7
3. § 111 Satz 2 BetrVG für die Beauftragung eines Beraters 8
4. § 37 Abs. 6, Abs. 7 BetrVG für die Beauftragung eines Schulungsveranstalters 9

II. Die Kostentragungspflicht des Arbeitgebers nach § 40 Abs. 1 BetrVG .. 10

1. Bezug der kostenverursachenden Tätigkeit zum gesetzlichen Aufgabenbereich des Betriebsrats 11
2. Erforderlichkeit 11
   a) Das Merkmal der Erforderlichkeit als unbestimmter Rechtsbegriff 12
   b) Einräumung eines Beurteilungsspielraums zugunsten des Betriebsrats bei der Erforderlichkeitsprüfung 14
3. Verhältnismäßigkeit 15
   a) Der Verhältnismäßigkeitsgrundsatz in der Rechtsprechung 16
   b) Der Verhältnismäßigkeitsgrundsatz in der Literatur 18
   c) Stellungnahme 19
      aa) Der Verhältnismäßigkeitsgrundsatz im öffentlichen Recht und Privatrecht 20
      bb) Anwendbarkeit des Verhältnismäßigkeitsgrundsatzes im Rahmen von § 40 Abs. 1 BetrVG 20
4. Fazit 21

*III. Außenrechtsfähigkeit des Betriebsrats für Betriebsratsverträge
innerhalb des gesetzlichen Wirkungskreises* 22

1. Vertragsfähigkeit des Betriebsrats 23
   a) Ablehnung der Außenrechtsfähigkeit des Betriebsrats 23
      aa) Der Arbeitgeber als Vertragspartei 25
         (1) Vertragsstellung des Arbeitgebers aufgrund
             gesetzlicher Verpflichtung zum Vertragsabschluss 25
         (2) Unmittelbare Verpflichtung des Arbeitgebers
             kraft Verpflichtungsermächtigung des Betriebsrats aus
             § 40 Abs. 1 BetrVG 26
         (3) Gesetzliche Vertretungsmacht des Betriebsrats für den
             Arbeitgeber 27
      bb) Die Betriebsratsmitglieder als Vertragspartei 28
   b) Anerkennung der Außenrechtsfähigkeit des Betriebsrats innerhalb
      des gesetzlichen Wirkungskreises 29
      aa) Begründung 29
         (1) Begründungsansatz des BGH 29
         (2) Begründungsansätze im Schrifttum 31
      bb) Stellungnahme 32
2. Erfüllung der Gegenleistung 33
   a) Zahlungsversprechen des Betriebsrats 33
   b) Vornahme der Zahlung durch den Arbeitgeber 34
   c) Vornahme der Zahlung durch den Betriebsrat 35
      aa) Vorschuss 35
      bb) Dispositionsfonds 37
   d) Vornahme der Zahlung durch die Betriebsratsmitglieder mit
      korrespondierendem Erstattungsanspruch 37
   e) Abtretung des Freistellungsanspruchs an den Vertragspartner des
      Betriebsrats 38
3. Reichweite der Außenrechtsfähigkeit 39
4. Rechtsfolgen bei fehlender Außenrechtsfähigkeit 39

IV. Ergebnis 41

B. Außenhaftung der Betriebsratsmitglieder für Betriebsratsverträge außerhalb des gesetzlichen Wirkungskreises des Betriebsrats 43

I. Haftungsgrundlage 44

1. Haftung des Handelnden nach § 54 Satz 2 BGB, § 41 Abs. 1 AktG,
   11 Abs. 2 GmbHG analog 45

a) Begründung 45
b) Kritik 46
2. (Modifizierte) Akzessorische Haftung gem. § 128 HGB analog 48
   a) Begründung 48
   b) Kritik 48
3. Haftung (nur) nach §§ 311 Abs. 2, Abs. 3, 241 Abs. 2, 280 Abs. 1
   BGB (analog).. 49
   a) Begründung und Haftungsmodalitäten... 49
      aa) Haftung aus *culpa in contrahendo* nur bei Inanspruchnahme
         besonderen Vertrauens 50
      bb) Haftung aus *culpa in contrahendo* nur im Ausnahmefall bei
         besonderem Informationsgefälle wegen erheblichen Zweifeln
         an der Erforderlichkeit auf Seiten des handelnden
         Betriebsratsmitglieds.. 50
      cc) Haftung aus *culpa in contrahendo* bei Verletzung einer
         abstrakten Aufklärungspflicht bzgl. der Teilaußenrechtsfähigkeit
         des Betriebsrats sowie des zur Ermittlung der Rechtsfähigkeit
         erforderlichen Sachverhalts 51
   b) Kritik 52
4. Verschuldensunabhängige Haftung gem. § 179 BGB analog................ 55
   a) Begründung 55
   b) Kritik im Schrifttum 56
      aa) Keine Analogie des § 179 Abs. 1 BGB wegen fehlender
         Vergleichbarkeit des Betriebsratsvorsitzenden als *Vertreter in
         der Erklärung* mit *nicht existentem Vertretenen* 57
      bb) Unbillige Haftungsverteilung nur auf den
         Betriebsratsvorsitzenden.. 59
   c) Stellungnahme 60
5. Ergebnis.. 63

II. Vorschläge für Haftungsbegrenzungsmöglichkeiten in der Praxis........ 63
1. Vom Senat vorgeschlagene Maßnahmen.................................... 63
   a) Vorherige Rechtsberatung über die Erforderlichkeit der externen
      Beratung 63
   b) Abtretung des Freistellungsanspruchs gegen den Arbeitgeber 64
   c) Vertraglicher Haftungsausschluss 64
2. Im Schrifttum vorgeschlagene Maßnahmen 64
   a) Vorherige Abstimmung mit dem Arbeitgeber 64
   b) Abschluss einer D&O Versicherung 65
3. Kritik: Keine ausreichende Entlastung des handelnden
   Betriebsratsmitglieds.. 66

a) Keine Erforderlichkeit einer vorherigen Erforderlichkeitsprüfung durch Rechtsberater 66
b) Keine Beschränkung des Betriebsrats auf Abtretung des Anspruchs aus § 40 Abs. 1 BetrVG bei Vertragsschluss 68
c) Keine Notwendigkeit für den Dritten, sich auf vertraglichen Haftungsausschuss einzulassen 69
d) Keine Vereinbarkeit einer vorherigen Einigung mit Arbeitgeber auf Kostenübernahme mit Gesetzeszweck von § 111 Satz 2 BetrVG und § 40 Abs. 1 BetrVG 69
e) Keine Erforderlichkeit der Kosten für eine D&O Versicherung 70

III. *Möglichkeiten einer gesetzlichen Haftungsprivilegierung zugunsten des handelnden Betriebsratsmitglieds* 71

1. BGH: Kein Bedürfnis für eine über die Haftungsbeschränkung aus §§ 179 Abs. 2, Abs. 3 BGB analog hinausgehende Haftungsprivilegierung aufgrund eines weit zu verstehenden Beurteilungsspielraums 71
2. Verbleibendes Haftungsrisiko trotz Anwendbarkeit des § 179 Abs. 3 und Abs. 3 BGB 72
3. Verwässerung des Beurteilungsspielraums 73
4. Bedürfnis einer Haftungsbeschränkung auf Vorsatz und grobe Fahrlässigkeit aufgrund der Ehrenamtlichkeit der Betriebsratstätigkeit ... 75
   a) Haftungsbeschränkung nach § 254 BGB aufgrund eines Rechtsfähigkeitsrisikos des Dritten 76
      aa) Begründung 76
      bb) Kritik: Keine Vergleichbarkeit des Betriebsrats mit Geschäftsunfähigem nach § 105 Abs. 1 BGB 77
   b) Haftungsbeschränkung durch teleologische Reduktion der haftungsbegründenden Vorschriften nach dem Rechtsgedanken der §§ 31a, 31b BGB 78
      aa) Begründung 78
      bb) Kritik: Rechtsgedanke der §§ 31a, 31b BGB erlaubt keine Haftungsprivilegierung im Außenverhältnis 79
   c) Von § 40 Abs. 1 BetrVG gedeckter Rückgriffs- und Freistellungsanspruch des handelnden Betriebsratsmitglieds gegen den Betriebsrat nach dem Rechtsgedanken von § 110 HGB 80
      aa) Begründung 80
      bb) Kritik: § 110 HGB als reine Regressnorm im Innenverhältnis 81
   d) Haftungsbeschränkung durch ergänzende Auslegung des § 40 Abs. 1 BetrVG 82
      aa) Begründung 82

bb) Kritik: Kein eindeutiges Auslegungsergebnis zugunsten einer Haftungsprivilegierung 84

IV. Ergebnis 85

C. Haftungsprivilegierung des Betriebsrats nach den Grundsätzen der beschränkten Arbeitnehmerhaftung 87

I. Maßstäbe für eine Übertragung der Grundsätze der beschränkten Arbeitnehmerhaftung 88

1. Privilegierte Arbeitnehmerhaftung als richterliche Rechtsfortbildung 89
   a) Keine gewohnheitsrechtliche Verfestigung des Anwendungsbereichs der beschränkten Arbeitnehmerhaftung 90
   b) Rechtsfortbildung extra legem 91
   c) Dogmatische Einpassung der beschränkten Arbeitnehmerhaftung in das geltende Recht über § 254 BGB analog 93
2. Konsequenzen für die Übertragbarkeit der Haftungsprivilegierung auf Betriebsratsmitglieder 94

II. Erweiterung der Rechtsfortbildung der privilegierten Arbeitnehmerhaftung auf Betriebsratsmitglieder 95

1. Planwidrige Gesetzeslücke 96
2. Übertragbarkeit der für Arbeitnehmer geltenden Haftungsprinzipien auf Betriebsratsmitglieder 98
   a) Betriebsrisiko 101
      aa) Organisationsherrschaft und Weisungsrecht des Arbeitgebers ... 102
         (1) Wertung 103
         (2) Übertragbarkeit der Wertung auf Betriebsratsmitglieder 107
      bb) Fremdnützigkeit der arbeitnehmerseitigen Tätigkeit 109
         (1) Wertung 109
         (2) Übertragbarkeit der Wertung auf Betriebsratsmitglieder 112
      cc) Menschliche Unzulänglichkeit in einem Dauerschuldverhältnis 117
         (1) Wertung 117
         (2) Übertragbarkeit der Wertung auf Betriebsratsmitglieder 118
      dd) Absorptionsvorsprung des Arbeitgebers 120
         (1) Wertung 120
         (2) Übertragbarkeit der Wertung auf Betriebsratsmitglieder 121
      ee) Unzulässige Risikoabwälzung bei Arbeitsteilung 122
         (1) Wertung 122
         (2) Übertragbarkeit der Wertung auf Betriebsratsmitglieder 123
   b) Sozialschutz im Arbeitsverhältnis 124

aa) Wertung 124
   (1) Kritik an der dogmatischen Herleitung der im Lichte
       des Sozialschutzes stehenden Erklärungsansätze 125
   (2) Verbleibender Erklärungswert des Sozialschutzes im
       Arbeitsverhältnis zur Begründung der beschränkten
       Arbeitnehmerhaftung 131
   bb) Übertragbarkeit der Wertungen auf Betriebsratsmitglieder 135
3. Betriebsratstätigkeit als betrieblich veranlasste Tätigkeit 137
   a) Betriebliche Veranlassung der Betriebsratstätigkeit bei Handeln
      innerhalb des gesetzlichen Wirkungskreises 138
   b) Betriebliche Veranlassung der Betriebsratstätigkeit bei Handeln
      außerhalb des gesetzlichen Wirkungskreises 139
4. Fazit: Erweiterung des persönlichen und sachlichen Geltungsbereichs
   der beschränkten Arbeitnehmerhaftung auf Betriebsratsmitglieder 141

*III. Auswirkung der Haftungsprivilegierung nach den Grundsätzen
der beschränkten Arbeitnehmerhaftung auf die Außenhaftung für
Betriebsratsverträge bei Überschreiten der Erforderlichkeitsgrenze...* 143

1. Auswirkung der Grundsätze der privilegierten Arbeitnehmerhaftung
   nur im Innenverhältnis zum Arbeitgeber 143
2. Haftungsfreistellung nach dem Verschuldensgrad 143
   a) Leichteste Fahrlässigkeit 146
   b) Mittlere Fahrlässigkeit 148
      aa) Aufspaltung des nicht erforderlichen Vertragsteils in einen
          wirksamen und einen unwirksamen Teil aufgrund der
          Haftungsquotelung nach den Grundsätzen über die
          beschränkte Arbeitnehmerhaftung 148
      bb) Vereinbarkeit der teilweisen Haftung im Bereich mittlerer
          Fahrlässigkeit mit dem Ehrenamtsprinzip sowie der Wertung
          von §§ 31a, 31b BGB 149
   c) Vorsatz und grobe Fahrlässigkeit 152
3. Haftungsdurchgriff auf die dem Betriebsratsbeschluss zustimmenden
   Betriebsratsmitglieder für Betriebsratsverträge außerhalb des
   gesetzlichen Wirkungskreises des Betriebsrats 152
   a) Gesamtschuldnerische Verpflichtung der dem Betriebsratsbeschluss
      zustimmenden Mitglieder im Außenverhältnis zum Dritten 154
   b) Gesamtschuldnerische Haftung der dem Beschluss zustimmenden
      Betriebsratsmitglieder im Innenverhältnis zu dem nach außen gem.
      § 179 Abs. 1 BGB analog haftenden Betriebsratsvorsitzenden 157

IV. Ergebnis 160

Zusammenfassung der wesentlichen Ergebnisse und Thesen... 161

Literaturverzeichnis... 167
Sachregister.. 175

Abkürzungsverzeichnis

a.A.	anderer Ansicht/andere Auffassung
a.a.O.	am angegebenen Ort
ABR	Registerzeichen des Bundesarbeitsgerichtes für allgemeine Rechtsbeschwerdeverfahren
AcP	Archiv für die civilistische Praxis (Zeitschrift)
AiB	Arbeitsrecht im Betrieb (Zeitschrift)
AktG	Aktiengesetz
Anm.	Anmerkung(en)
AP	Arbeitsgerichtliche Praxis
ArbeitsR	Arbeitsrecht
ArbGG	Arbeitsgerichtsgesetz
ArbR	Arbeitsrecht/Arbeitsrecht Aktuell (Zeitschrift)
ArbRB	Arbeits-Rechtsberater (Zeitschrift)
AT	Allgemeiner Teil
AuR	Arbeit und Recht (Zeitschrift)
AZR	Registerzeichen des Bundesarbeitsgerichtes für Revisionsverfahren
BAG	Bundesarbeitsgericht
BB	Betriebsberater (Zeitschrift)
Bd.	Band
BeckOGK	Beck Online Großkommentar
BeckOK	Beck Onlinekommentar
Beil.	Beilage
BetrVG	Betriebsverfassungsgesetz
BGB	Bürgerliches Gesetzbuch
BGBl.	Bundesgesetzblatt
BGH	Bundesgerichtshof
BGHZ	Entscheidungssammlung des Bundesgerichtshofes in Zivilsachen
BT-Drs.	Deutscher Bundestag Drucksache
BVerfG	Bundesverfassungsgericht
DArbGV	Deutscher Arbeitsgerichtsverband e.V.
DB	Der Betrieb (Zeitschrift)
ders.	derselbe
dies.	dieselbe(n)
Drs.	Drucksache
DStrR	Deutsches Steuerrecht (Zeitschrift)
ebd.	ebenda
EGL	Ergänzungslieferung
Einl.	Einleitung
ErfK	Erfurter Kommentar

EWiR	Entscheidungen zum Wirtschaftsrecht und Kurzkommentare (Zeitschrift)
EzA	Entscheidungssammlung zum Arbeitsrecht
FA	Fachanwalt Arbeitsrecht (Zeitschrift)
Fßn.	Fußnote
FS	Festschrift
gem.	gemäß
GG-Komm.	Grundgesetz-Kommentar
GG	Grundgesetz für die Bundesrepublik Deutschland
GmbH-GF	GmbH-Geschäftsführer
GmbHG	Gesetz betreffend die Gesellschaften mit beschränkter Haftung
GmS-OGB	Gemeinsamer Senat der obersten Gerichtshöfe des Bundes
Großkomm.	Großkommentar
GS	Registerzeichen des Bundesarbeitsgerichtes für Verfahren vor seinem Großen Senat
GWR	Gesellschafts- und Wirtschaftsrecht (Zeitschrift)
h.L.	herrschende Literatur
h.M.	herrschende Meinung
Hdb.	Handbuch
HGB	Handelsgesetzbuch
Hrsg.	Herausgeber(in)
i.E.	im Ergebnis
i.S.d.	im Sinne des
i.S.v.	im Sinne von
i.V.m.	in Verbindung mit
JA	Juristische Ausbildung (Zeitschrift)
jurisPR-ArbR	juris Praxisreport-Arbeitsrecht
JuS	Juristische Schulung (Zeitschrift)
JZ	Juristenzeitung (Zeitschrift)
Kap.	Kapitel
Komm.	Kommentar
LAG	Landesarbeitsgericht
m.A.	mit Anmerkung(en)
m.w.N.	mit weiteren Nachweisen
MHdB	Münchener Handbuch
MüKo	Münchener Kommentar
NJW-RR	NJW-Rechtsprechungs-Report Zivilrecht (Zeitschrift)
NJW	Neue Juristische Wochenschrift (Zeitschrift)
NVwZ	Neue Zeitschrift für Verwaltungsrecht (Zeitschrift)
NZA-RR	NZA-Rechtsprechungsreport (Zeitschrift)
NZA	Neue Zeitschrift für Arbeitsrecht
NZG	Neue Zeitschrift für Gesellschaftsrecht (Zeitschrift)
OLG	Oberlandesgericht
RAG	Reichsarbeitsgericht
RdA	Recht der Arbeit (Zeitschrift)
Rn	Randnummer
Rspr.	Rechtsprechung
SozialR	Sozialrecht
st. Rspr.	ständige Rechtsprechung

Abkürzungsverzeichnis

Stichw.	Stichwort
Urt.	Urteil
v.	von/vom
VersR	Versicherungsrecht (Zeitschrift)
vgl.	vergleiche
VVG	Versicherungsvertragsgesetz
VwVfG	Verwaltungsverfassungsgesetz
ZBVR	Zeitschrift für Betriebsverfassungsrecht (Zeitschrift)
ZfA	Zeitschrift für Arbeitsrecht (Zeitschrift)
ZfPW	Zeitschrift für die gesamte Privatwissenschaft (Zeitschrift)
ZIP	Zeitschrift für Wirtschaftsrecht (Zeitschrift)
ZR	Registerzeichen des Bundesgerichtshofes für Revisionsverfahren in Zivilsachen
zust.	zustimmend

Einleitung

Der Betriebsrat ist bei der Ausübung der Betriebsratstätigkeiten nicht allein auf die betriebsinterne Sach- und Fachkunde verwiesen. Er kann sich bei der Wahrnehmung seiner Aufgaben und Rechte von Beratern[1], Rechtsanwälten und Sachverständigen unterstützen lassen und seine Mitglieder zu Schulungs- und Bildungsveranstaltungen entsenden. Die Kosten hat gem. § 40 Abs. 1 BetrVG der Arbeitgeber zu tragen. Dass Betriebsratsmitglieder dennoch keine grenzenlosen Kosten verursachen dürfen, ergibt sich daraus, dass § 40 Abs. 1 BetrVG in der ständigen Rechtsprechung um das ungeschriebene Tatbestandsmerkmal der Erforderlichkeit ergänzt wird.

Überschreitet der Betriebsrat bei der Beauftragung des Dritten das für die Betriebsratsarbeit erforderliche Maß, kann der Vertragspartner gemäß einer Grundsatzentscheidung des BGH aus dem Jahr 2012 für den nicht erforderlichen Vertragsteil nicht mehr den Betriebsrat als Gremium in Anspruch nehmen, weil dieser sich Dritten gegenüber nur insoweit verpflichten kann, als ihm ein Kostentragungsanspruch gem. § 40 Abs. 1 BetrVG gegen den Arbeitgeber zusteht.[2] Hat er seine Leistung bereits erbracht, kann er stattdessen den Betriebsratsvorsitzenden als das nach außen auftretende Betriebsratsmitglied persönlich als Vertreter ohne Vertretungsmacht in Haftung nehmen und von ihm den Schaden ersetzt verlangen, welcher ihm dadurch entstanden ist, dass er die Gegenleistung nicht vom Betriebsrat als Gremium verlangen kann.[3]

Mit dieser Entscheidung hat der dritte Zivilsenat des BGH eine bereits Jahrzehnte andauernde Diskussion über die Haftung von Betriebsratsmitgliedern neu angefacht. Die von ihm propagierte verschuldensunabhängige Haftung des immerhin ehrenamtlich für den Betriebsrat tätigen Betriebsratsvorsitzenden ist

---

[1] Aus Gründen der besseren Lesbarkeit wird im Folgenden verallgemeinernd das generische Maskulin verwendet; nichtsdestotrotz beziehen sich sämtliche Angaben auf Angehörige aller Geschlechter.

[2] BGH v. 25.10.2012 – III ZR 266/11, BGHZ 195, 174, NZA 2012, 1382; die Haftung ist gem. § 179 Abs. 3 BGB allerdings ausgeschlossen, wenn der Dritte von der Überschreitung der Erforderlichkeitsgrenze Kenntnis hatte oder hätte haben müssen.

[3] Ebd.

im arbeitsrechtlichen Schrifttum stellenweise scharf kritisiert worden.[4] Es wird gefordert, die Haftung von Betriebsratsmitgliedern auf Vorsatz und grobe Fahrlässigkeit zu beschränken.[5]

Vergleicht man die Haftung des den Betriebsrat nach außen vertretenden Vorsitzenden mit der sonstiger Arbeitnehmer des Betriebs, stößt man in der Tat auf erhebliche Gegensätze: Während für Arbeitnehmer, die nicht Amtsträger sind, eine Beschränkung der Haftung nach den Grundsätzen des innerbetrieblichen Schadensausgleichs allgemein anerkannt ist, sollen Betriebsratsmitglieder bei Rechtsgeschäften mit Dritten nach Auffassung des BGH streng nach den allgemeinen Regeln des BGB haften. Schädigt ein *„normaler"* Arbeitnehmer im Rahmen einer betrieblich veranlassten Tätigkeit einen außerhalb der Betriebssphäre stehenden Dritten, ist er diesem gegenüber zwar uneingeschränkt schadensersatzpflichtig – im Innenverhältnis zum Arbeitgeber ist es ihm aber möglich, sich im Wege eines aus den Grundsätzen der privilegierten Arbeitnehmerhaftung ergebenden Freistellungsanspruchs von der Schuld gegenüber dem Dritten (teilweise) befreien zu lassen, sofern er den Schaden nicht vorsätzlich oder grob fahrlässig verursacht hat.[6]

Verkennt der Betriebsrat bei der Beauftragung eines Dritten, dass der angeforderte Beratungsumfang oder die Höhe der vereinbarten Vergütung jenseits des für die Betriebsratsarbeit erforderliche Maßes liegen und entsteht dem Dritten dadurch ein Schaden, soll das den Vertrag abschließende Betriebsratsmitglied nach der Rechtsauffassung des BGH dem Dritten gegenüber uneingeschränkt haften.

Die vorliegende Arbeit untersucht, ob und inwieweit eine Beschränkung der vom BGH angenommenen rechtsgeschäftlichen Außenhaftung des dem Dritten

---

[4] Siehe nur Preis/Ulber, Anm. zu BGH, Urteil v. 25. Oktober 2012 – III ZR 266/11, JZ 2013, 579; Belling, Anm. (1) zu BGH v. 25.10.2012 – III ZR 266/11, AP BetrVG 1972 § 40 Nr. 110; Müller/Jahner, BB 2013, 440 (443); Dommermuth-Alhäuser/Heup, BB 2013, 1461 (1467); Bell/Helm, ArbRAktuell 2013, 39; Lunk/Rodenbusch, NJW 2014, 1989 (1994); Fischer, NZA 2014, 343 (347); Kreuder/Matthiessen-Kreuder in: Düwell, Gebühren- und Kostenrecht Rn 2.

[5] *Fitting,* § 1 Rn 216, 218; *Thüsing* in: Richardi, Vorbemerkungen zu § 26 BetrVG Rn 14; Lunk/Rodenbusch, NJW 2014, 1989 (1994); *Müller/Jahner*, BB 2013, 440 (443); *Dommermuth-Alhäuser/Heup*, BB 2013, 1461 (1467); *Preis/Ulber*, Anm. zu BGH, Urteil v. 25. Oktober 2012 – III ZR 266/11, JZ 2013, 579 (583); *Schwab*, FS Bauer (2010), S. 1001 (1005); *Picht*, Haftung des Betriebsrats und seiner Mitglieder bei rechtsgeschäftlichen Verbindlichkeiten (2018), S. 127 ff.

[6] Grundlegend: BAG v. 25.09.1957 – GS 4 (5)/56, NJW 1958, 235; siehe auch BAG v. 23.06.1988 – 8 AZR 300/85, AP § 611 BGB Haftung des Arbeitnehmers Nr. 94, NZA 1989, 181; BAG v. 27.09.1994 – GS 1/89 (A), AP BGB § 611 Haftung des Arbeitnehmers Nr. 103; *Schwarze* in: Otto/Schwarze/Krause, § 16 Rn 21 ff.; *Maties* in: BeckOGK-BGB, Stand: 01.07.2019, § 611a Rn 1711 ff.; *Brors* in: BDDH, § 611 Rn 918; *Preis* in: ErfK, § 619a Rn 26; *Reichold* in: MHdB zum ArbR, Bd. 1, § 52 Rn 14; *Didier*, RdA 2013, 285 (286).

gegenüber handelnden Betriebsratsmitglieds nach den Grundsätzen über die privilegierte Arbeitnehmerhaftung vorgenommen werden kann.

Da die Außenhaftung des Betriebsrats und seiner Mitglieder an das Bestehen einer vertraglichen Verbindlichkeit anknüpft, werden im ersten Teil der Arbeit die gesetzlichen Grundstrukturen in Hinblick auf die Eingehung von Rechtsgeschäften durch den Betriebsrat bzw. seine Mitglieder beleuchtet. Dabei wird zunächst der im Betriebsverfassungsrecht geregelte Normalfall untersucht, in welchem sich der Betriebsrat bei der Beauftragung eines außerhalb der Betriebssphäre stehenden Dritten innerhalb seines gesetzlichen Wirkungskreises bewegt.

Der zweite Teil der Arbeit beschäftigt sich mit der rechtsgeschäftlichen Außenhaftung von Betriebsratsmitgliedern, wenn die Grenze der Erforderlichkeit bei der Beauftragung eines Externen überschritten wird und der Betriebsrat seinen gesetzlichen Wirkungskreis damit verlässt. Dabei wird das Haftungsmodell des BGH zu weiteren in der Literatur vertretenen Auffassungen über eine mögliche Haftungskonstruktion in Beziehung gesetzt und auf seine Tragfähigkeit und systemische Stimmigkeit hin überprüft. Ferner wird untersucht, welche Risiken sich aus dem Haftungsmodell des BGH für die Betriebsratsarbeit im Allgemeinen und die ehrenamtlich tätigen Betriebsratsmitglieder im Besonderen ergeben und ob und inwieweit diese Risiken ein Bedürfnis für eine Haftungsbeschränkung offenbaren.

Im dritten Teil der Arbeit werden die methodischen Grundsätze der privilegierten Arbeitnehmerhaftung aufgezeigt und Maßstäbe für eine Ausweitung des Anwendungsbereichs der Grundsätze des innerbetrieblichen Schadensausgleichs auf Betriebsratsmitglieder entwickelt. Schwerpunkt und Ziel der Arbeit ist es, anhand einer umfassenden Analyse zu überprüfen, ob die hinter den Grundsätzen der beschränkten Arbeitnehmerhaftung stehenden Wertungen auf Betriebsratsmitglieder übertragbar sind.

Schließlich wird untersucht, ob der einem Dritten gegenüber in Außenhaftung tretende Betriebsratsvorsitzende einen Regressanspruch gegen diejenigen Betriebsratsmitglieder geltend machen kann, welche die Fehlentscheidung über die Erforderlichkeit der Konsultation des Dritten getroffen haben. Im letzten Abschnitt werden die wesentlichen Ergebnisse und Thesen der Untersuchung zusammengefasst.

A. Außenrechtsgeschäfte des Betriebsrats

Ob und auf welche Weise der Betriebsrat als Gremium Rechtsgeschäfte mit außerhalb der Betriebssphäre stehenden Dritten eingehen kann, ist im Betriebsverfassungsgesetz nicht ausdrücklich geregelt. Fest steht, dass die Hinzuziehung externen Sachverstands in bestimmten Fallkonstellationen möglich ist, soweit die tatbestandlichen Voraussetzungen vorliegen und der gesetzlich vorgesehene Rahmen nicht überschritten wird. Offen bleibt dagegen, welcher der betrieblichen Akteure – der Betriebsrat als Gremium, seine Mitglieder oder der Arbeitgeber – zum Abschluss des entsprechenden Vertrags berechtigt ist. Ferner statuiert das Gesetz in § 40 Abs. 1 BetrVG zwar die Pflicht des Arbeitgebers, die durch die Tätigkeit des Betriebsrats entstehenden Kosten zu übernehmen, lässt dabei aber unbeantwortet, wie weit die Kostentragungspflicht reicht und durch wen und auf welche Weise die Forderung eines betriebsfremden Dritten erfüllt werden kann.

In der Betriebsratspraxis geht die Hinzuziehung externer Berater häufig so vonstatten, dass der Betriebsrat zunächst den Beschluss fasst, etwa einen Rechtsanwalt für die Vertretung in einem arbeitsgerichtlichen Verfahren zu beauftragen. Anschließend nimmt der Betriebsratsvorsitzende oder ein anderes Mitglied des Betriebsrats Kontakt zu dem Rechtsanwalt auf, auf den die Wahl des Gremiums gefallen ist, um einen Beratervertrag abzuschließen. Nach Abschluss des Verfahrens reicht der Betriebsrat die anwaltliche Rechnung entweder zur Zahlung an den Arbeitgeber weiter oder der beauftragte Rechtsanwalt wendet sich direkt an diesen.

So pragmatisch die skizzierte Vorgehensweise in der Praxis ist, ist sie in rechtlicher Hinsicht dennoch nicht ohne Weiteres nachzuvollziehen.[1] Vielmehr hängt die rechtliche Übersetzung der Eingehung eines Beratungsverhältnisses zu einem außerhalb der Betriebssphäre stehenden Dritten davon ab, welche der gesetzlich vorgesehenen Fallkonstellationen zur Beauftragung von Externen vorliegt, auf welche Weise welche der betrieblichen Akteure miteinander in Kontakt treten und ob bei dem Vertragsschluss die (ungeschrieben) gesetzlichen Voraussetzungen der jeweiligen Norm eingehalten werden.

---

[1] *Franzen*, FS v. Hoyningen-Huene, S. 87 (87).

I. Überblick über die Außenrechtsgeschäfte des Betriebsrats mit externen Beratern

Es existieren mehrere betriebsverfassungsrechtliche Vorschriften, die den Betriebsrat dazu berechtigen, für die sachgerechte Ausübung der Betriebsratsarbeit die Hilfe eines außerhalb der Betriebssphäre stehenden Beraters in Anspruch zu nehmen.

1. § 40 Abs. 1 BetrVG für die Beauftragung eines Rechtsanwalts

§ 40 Abs. 1 BetrVG ist die zentrale Norm für die Finanzierung der Betriebsratsarbeit durch den Arbeitgeber. Kosten, die durch die Betriebsratsarbeit entstehen, sind unter dem Vorbehalt der Erforderlichkeit[2] vom Arbeitgeber zu tragen, ohne dass der Betriebsrat diesen im Vorhinein von den geplanten Ausgaben in Kenntnis setzen oder seine Zustimmung einholen müsste.[3] Hierzu gehören der ständigen Rechtsprechung des BAG zufolge nicht nur sachliche und persönliche sowie allgemeine Geschäftsführungskosten des Betriebsrats[4], sondern auch Honorarkosten für einen Rechtsanwalt, dessen Hinzuziehung der Betriebsrat für die gerichtlich Geltendmachung seiner betriebsverfassungsrechtlichen Rechte für erforderlich halten durfte.[5]

Begründet wird diese Rechtsauffassung mit dem Argument, die Mitwirkungs- und Mitbestimmungsrechte des Betriebsrats verkämen zu einer inhaltsleeren Hülle, wenn es diesem nicht gestattet wäre, sie gerichtlich durchzusetzen und Angriffe gegen sie effektiv abzuwehren.[6] Der Betriebsrat ist also über den Wortlaut von § 40 Abs. 1 BetrVG hinaus dazu berechtigt, sich im Fall von gerichtlichen und außergerichtlichen Streitigkeiten mit dem Arbeitgeber über den Bestand oder die Verletzung seiner Rechte anwaltlich vertreten zu lassen.[7]

Weitere Normen im Betriebsverfassungsgesetz, die die Hinzuziehung externer Berater für die Erfüllung der betriebsratlichen Aufgaben vorsehen, sind im Verhältnis zu § 40 Abs. 1 BetrVG als Spezialregelungen anzusehen.[8]

---

[2] *Fitting*, § 40 Rn 9, vgl. hierzu ausführlich unter B) II. 2. und 3.
[3] *Fitting*, § 40 Rn 11; *Jaeger/Steinbrück*, NZA 2013, 401 (401).
[4] Fitting, § 40 BetrVG Rn 5, 12.
[5] Vgl. etwa BAG v. 16.10.1986 – 6 ABR 2/85, NZA 1987, 753, AP BetrVG 1972 § 40 Nr. 31 [zu III1] m.w.N.; BAG v. 20.10.1999 – 7 ABR 25/98, NZA 2000, 556, EzA BetrVG 1972 § 40 Nr. 89; BAG v. 15.11.2000 – 7 ABR 24/00; BAG v. 29.07.2009 – 7 ABR 95/07, NZA 2009, 1223; BAG v. 18.07.2012 – 7 ABR 23/11; Benecke, NZA 2018, 1361 (1362).
[6] *Fitting*, § 40 Rn 21; Haas, Anwaltliches Mandatsverhältnis zum Betriebsrat (2009), S. 25 m.w.N.
[7] *Domernicht*, Kosten und Sachaufwand des Betriebsrats (2018), Kap. VI Rn 216.
[8] *Jaeger/Steinbrück*, NZA 2013, 401 (401).

2. § 80 Abs. 3 BetrVG für die Beauftragung eines Sachverständigen

Gem. § 80 Abs. 3 BetrVG kann der Betriebsrat zur Durchführung seiner Aufgaben nach näherer Vereinbarung mit dem Arbeitgeber Sachverständige hinzuziehen, soweit dies zur ordnungsgemäßen Erfüllung seiner Aufgaben erforderlich ist. Der Sachverständige soll dem Betriebsrat die ihm fehlenden fachlichen oder rechtlichen Kenntnisse vermitteln, um eine sachgemäße Zusammenarbeit mit dem Arbeitgeber im Rahmen der Betriebsverfassung zu gewährleisten.[9] Sinn der Vorschrift ist es, durch die Hinzuziehung eines Sachverständigen in konkreten, aktuellen Fragen des Betriebs durch die Person des Sachverständigen eine möglichst objektive Sichtweise vermittelt zu bekommen.[10] Typische Fälle, in denen die Beauftragung eines Sachverständigen nach § 80 Abs. 3 BetrVG in Betracht kommt, sind etwa Fragen zur Gefährdungsbeurteilung am Arbeitsplatz, Fragen der EDV, versicherungsmathematische Fragen, arbeitswissenschaftliche Fragen, Analyse von Geschäftsberichten oder die Einführung von spezifischen Projekten im Betrieb.[11]

Voraussetzung für die Beauftragung eines Sachverständigen ist, dass dem Betriebsrat die erforderliche Sachkunde fehlt und er sie sich nicht ohne Weiteres – etwa durch Inanspruchnahme sachkundiger Betriebs- oder Unternehmensangehöriger – verschaffen kann.[12] Die Hinzuziehung des Sachverständigen nach § 80 Abs. 3 BetrVG erfolgt im Unterschied zu § 40 Abs. 1 BetrVG außerdem erst nach „näherer Vereinbarung" zwischen Betriebsrat und Arbeitgeber, in welcher sich über die Person des Sachverständigen, die Kosten seiner Beratungsleistung und den Gegenstand seiner Sachverständigentätigkeit geeinigt wird.[13] Wenn keine Vereinbarung erzielt werden kann, hat der Betriebsrat die Möglichkeit, eine arbeitsgerichtliche Entscheidung über die Erforderlichkeit der Hinzuziehung herbeizuführen.[14] Wird dem Antrag stattgegeben, darf

---

[9] BAG v. 13.09.1977 – 1 ABR 67/75, AP BetrVG 1972 § 42 Nr. 1 m.w.N.; BAG 19.04.1989 – AP BetrVG 1972 § 80 Rn 35; BAG 13.05.1998 – 7 ABR 65/96, NZA 1998, 900; *Fitting*, § 80 Rn 90.

[10] BAG v. 13.09.1977 – 1 ABR 67/75, AP BetrVG 1972 § 42 Nr. 1.

[11] Vgl. *Fitting*, § 80 Rn 92.

[12] BAG v. 26.02.1992 – 7 ABR 51/90, AP BetrVG 1972 § 80 Nr. 48, als einfache und kostengünstigere Alternative zur Beauftragung eines Sachverständigen wird hier der Besuch von einschlägigen Schulungsveranstaltungen genannt; diese Ansicht wurde vom BAG mit der Entscheidung BAG v. 25.06.2014 – 7 ABR 70/12, BB 2014, 3134, NZA 2015, 629 aber verworfen mit der Begründung, dass ein Grundsatz, der Betriebsrat müsse sich zunächst das „Rüstzeug" für die Wahrnehmung seiner Aufgaben durch Schulungen seiner Mitglieder verschaffen, bevor er einen Sachverständigen hinzuziehe, nicht den Funktionen der Regelungen über die Hinzuziehung von Sachverständigen und Schulungsveranstaltern entspreche.

[13] BAG v. 19.04.1989 – 7 ABR 87/87, AP BetrVG 1972 § 80 Nr. 35.

[14] Ebd.

der Betriebsrat nach Eintritt der Rechtskraft des arbeitsgerichtlichen Beschlusses den Sachverständigen auch ohne die Zustimmung des Arbeitgebers und auf dessen Kosten mandatieren.[15]

Als Sachverständige können Angehörige jeder Berufsgruppe herangezogen werden. Sachverständiger i.S.d. § 80 Abs. 3 BetrVG kann daher im Einzelfall auch ein Rechtsanwalt sein, der dem Betriebsrat die ihm fehlenden speziellen Rechtskenntnisse vermittelt.[16] Im Unterschied zu der Beauftragung eines Rechtsanwalts über § 40 Abs. 1 BetrVG geht es bei der Beauftragung nach § 80 Abs. 3 BetrVG aber stets um die abstrakte Vermittlung von (Rechts-)Kenntnissen zur sachgerechten Interessenwahrnehmung, während in den Anwendungsbereich des § 40 Abs. 1 BetrVG Fälle der gerichtlichen und außergerichtlichen Vertretung in Bezug auf einen konkreten Rechtsstreit sowie einer Vertretung vor der Einigungsstelle fallen.[17] Im Gegensatz zum Verfahrensbevollmächtigten ist der Sachverständige also kein Interessenvertreter eines der beiden Betriebspartner.[18]

3. § 111 Satz 2 BetrVG für die Beauftragung eines Beraters

§ 111 Satz 2 BetrVG berechtigt den Betriebsrat, bei Betriebsänderungen in Unternehmen mit mehr als 300 Arbeitnehmern zu seiner Unterstützung einen Berater hinzuzuziehen. Aufgabe des Beraters i.S.d. § 111 Satz 2 BetrVG ist es, die fehlende Sachkunde des Betriebsrats zu ersetzen und ihn damit in die Lage zu versetzen, die Verhandlungen über einen Interessensausgleich mit dem Arbeitgeber sachkundig führen zu können.[19] Die Vorschrift wurde als Sonderfall gegenüber § 80 Abs. 3 BetrVG durch das Gesetz zur Reform des Betriebsverfassungsgesetzes vom 27.07.2011[20] in das Betriebsverfassungsgesetz eingefügt, um dem Betriebsrat die Hinzuziehung externen Sachverstands bei Betriebsänderungen „abweichend von dem zeitaufwendigeren Verfahren bei der Hinzuziehung von Sachverständigen nach § 80 Abs. 3" zu erleichtern.[21] Denn im Gegensatz zu dem Verfahren nach § 80 Abs. 3 BetrVG muss der Betriebsrat sich bei der Hinzuziehung eines Sachverständigen als Berater im Fall von Betriebsänderungen nach § 111 Satz 2 BetrVG nicht im Vorhinein mit dem Arbeitgeber über die wesentlichen Modalitäten einigen; stattdessen muss er diesen nicht einmal über die Hinzuziehung des Beraters informieren. Dem Betriebsrat wird dadurch ein rascheres Vorgehen ermöglicht, um mit Hilfe externen Sachverstands die Auswirkungen der Betriebsänderung zu erfassen und

---

[15] BAG v. 19.04.1989 – 7 ABR 87/87, AP BetrVG 1972 § 80 Nr. 35.
[16] BAG v. 26.02.1992 – 7 ABR 51/90, NZA 1993, 86; BAG v. 25.06.2014 – 7 ABR 70/12, NZA 2015, 629 Rn 27; *Löwisch/Kaiser*, § 80 Rn 50.
[17] BAG v. 25.06.2014 – 7 ABR 70/12, NZA 2015, 629, Rn 27.
[18] BAG v. 21.06.1989 – 7 ABR 78/87, AP BetrVG 1972 § 76 Nr. 34, NZA 1990, 107.
[19] BAG v. 14.12.2016 – 7 ABR 8/15, NZA 2017, 514 Rn 14.
[20] BGBl. 2001, I S. 1852.
[21] Gesetzesentwurf der Bundesregierung, BT-Drs. 14/5741, S. 52; *Reuter*, Der Betriebsrat als Mandant (2018), S. 208.

noch rechtzeitig Einfluss auf die Entscheidungen des Arbeitgebers nehmen zu können.[22]

4. § 37 Abs. 6, Abs. 7 BetrVG für die Beauftragung eines Schulungsveranstalters

§§ 37 Abs. 6 und Abs. 7 BetrVG regeln den Anspruch von Betriebsratsmitgliedern, für die Teilnahme an Schulungs- und Bildungsveranstaltungen von ihrer beruflichen Tätigkeit im Betrieb ohne Minderung des Arbeitsentgelts freigestellt zu werden. Die beiden Absätze grenzen sich wie folgt voneinander ab: Während ein Anspruch auf Freistellung für den Besuch von Schulungs- und Bildungsveranstaltungen nach § 37 Abs. 6 BetrVG immer dann besteht, wenn die zu vermittelnden Kenntnisse für die Betriebsratsarbeit *erforderlich* sind, sind solche Veranstaltungen nach § 37 Abs. 7 BetrVG von der zuständigen obersten Arbeitsbehörde des Landes nach Beratung mit den Spitzenorganisationen der Gewerkschaften und Arbeitgebervereinigungen *als geeignet anerkannt* worden.[23]

Die Anspruchsvoraussetzungen des § 37 Abs. 6 BetrVG unterliegen damit einer doppelten Erforderlichkeitsprüfung: Erstens ist festzustellen, ob die zu vermittelnden Kenntnisse nach Art und Umfang für den Betriebsrat generell erforderlich sind, zweitens ist zu prüfen, ob die Freistellung von der Arbeit auch für die konkret zu schulenden Betriebsratsmitglieder gemessen an Art und Größe des Betriebs erforderlich ist.[24] Dagegen besteht ein Anspruch auf Teilnahme an einer Schulungs- oder Bildungsveranstaltung nach § 37 Abs. 7 BetrVG für die im Gesetz genannte Höchstdauer von drei Wochen bereits dann, wenn die Veranstaltung als Typ anerkannt wurde, ohne dass es einer Erforderlichkeitsprüfung bedarf.[25] Der Arbeitgeber ist im letzteren Fall jedoch nicht dazu verpflichtet, über die Entgeltfortzahlung hinaus Kosten für die Veranstaltung gem. § 40 Abs. 1 BetrVG zu übernehmen, sofern die zu vermittelnden Kenntnisse nicht auch in den Anwendungsbereich des Abs. 6 fallen.[26]

Die Ansprüche auf Arbeitsfreistellung nach § 37 Abs. 6 BetrVG und § 37 Abs. 7 BetrVG stehen selbstständig nebeneinander.[27] Wiederherum setzt ein Anspruch auf Freistellung von der beruflichen Tätigkeit für einzelne Betriebsratsmitglieder zur Ermöglichung der Teilnahme an Schulungs- und Bildungsveranstaltungen denklogisch voraus, dass im Vorhinein ein Vertragsschluss zwischen einem dem Betriebsrat zurechenbaren Akteur und dem Veranstalter

---

[22] BT-Drs. 14/5741, 52; BAG v. 14.12.2016 – 7 ABR 8/15, NZA 2017, 514 Rn 13; *Reuter*, Der Betriebsrat als Mandant (2018), S. 208; *Fitting*, § 111 Rn 119.
[23] *Fitting*, § 37 Rn 136.
[24] *Glock* in: HWGNRH, § 37 Rn 141.
[25] *Glock* in: HWGNRH, § 37 Rn 239 f.
[26] *Fitting*, § 37 Rn 228.
[27] Ebd.

zustande gekommen ist. Wenngleich also keine gesetzliche Vorschrift existiert, welche die Beauftragung von Bildungs- und Schulungsveranstaltern ausdrücklich vorsieht, wird durch die Existenz von §§ 37 Abs. 6 und Abs. 7 BetrVG deutlich, dass ein – wie auch immer gearteter – Vertragsschluss mit einem außerhalb der Betriebssphäre stehenden Veranstalter vom Betriebsverfassungsgesetz vorgesehen ist.

II. Die Kostentragungspflicht des Arbeitgebers nach § 40 Abs. 1 BetrVG

Kostenschuldner für die aus der Beauftragung eines Externen resultierenden Honorare ist der gesetzgeberischen Konzeption zufolge der Arbeitgeber. § 40 Abs. 1 BetrVG regelt die allgemeine Kostentragungspflicht des Arbeitgebers für sämtliche Kosten, die durch die Tätigkeit des Betriebsrats entstehen. Die Vorschrift ist zwingendes Recht und die Generalklausel für alle sonstigen sachlichen und persönlichen Kosten der Betriebsratstätigkeit.[28] Kosten im Sinne der Vorschrift können sowohl aus der Tätigkeit des Betriebsrats als Gremium als auch aus der Tätigkeit einzelner Betriebsratsmitglieder heraus entstehen.[29] Der Anspruch auf Kostentragung gem. § 40 Abs. 1 BetrVG begründet ein gesetzliches Schuldverhältnis im betriebsverfassungsrechtlichen Innenverhältnis zwischen dem Betriebsrat bzw. der die Kosten verursachenden Betriebsratsmitglieder und dem Arbeitgeber als demjenigen, dem die Kosten der Amtsausübung gesetzlich zur Last fallen.[30] Die Kostenbelastung des Arbeitgebers – und nicht etwa des Betriebsrats und seiner Mitglieder oder der Belegschaft – ist die notwendige Konsequenz daraus, dass das Betriebsratsamt gem. § 37 Abs. 1 BetrVG als Ehrenamt ausgestaltet ist, der Betriebsrat gem. § 41 BetrVG für seine Amtstätigkeit keine Beiträge von der Belegschaft erheben darf und den einzelnen Mitgliedern gem. § 78 Satz 2 BetrVG aus ihrer Tätigkeit keine Nachteile entstehen dürfen.[31]

---

[28] BAG v. 24.10.2001 – 7 ABR 20/00, NZA 2003, 53; AP BetrVG 1972 § 40 Nr. 71; *Dütz/Säcker*, DB 1972, Beil. Nr. 17, 3 (7); *Rosset*, Rechtssubjektivität des Betriebsrats und Haftung seiner Mitglieder (1985), S. 42 ff.; *Koch* in: ErfK, § 40 Rn 14; *Fitting*, § 40 Rn 90; *Thüsing* in: Richardi, § 40 Rn 43; *Weber* in: GK-BetrVG, § 40 Rn 24, 120; *Glock* in: HWGNRH, § 40 Rn 90; *Domernicht*, Kosten und Sachaufwand des Betriebsrats (2018), Kap. II Rn 2, 9.

[29] *Weber* in: GK-BetrVG, § 40 Rn 7.

[30] BAG v. 24.10.2001 – 7 ABR 20/00, NZA 2003, 53; AP BetrVG 1972 § 40 Nr. 71; *Dütz/Säcker*, DB 1972, Beil. Nr. 17, 3 (7); *Rosset*, Rechtssubjektivität des Betriebsrats und Haftung seiner Mitglieder (1985), S. 42 ff.; zust.: *Koch* in: ErfK, § 40 Rn 14; *Fitting*, § 40 Rn 90; *Thüsing* in: Richardi, § 40 Rn 43; *Weber* in: GK-BetrVG, § 40 Rn 24, 120; *Glock* in: HWGNRH, § 40 Rn 90.

[31] *Dütz/Säcker*, DB 1972, Beil. Nr. 17, 3 (5); Vgl. auch *Thüsing* in: Richardi, § 40 Rn 3.

Die betriebsverfassungsrechtliche Konstruktion begründet gleichwohl ein Spannungsverhältnis der gegenseitigen Interessen: Dem Arbeitgeber geht es regelmäßig darum, seine Kostenlast in Grenzen zu halten, während dem Betriebsrat an einer optimalen Erfüllung seiner Aufgaben im Interesse der Belegschaft gelegen ist.[32] Um die widerstreitenden Interessen in angemessenen Ausgleich zu bringen, macht das BAG den Anspruch aus § 40 Abs. 1 BetrVG in seiner ständigen Rechtsprechung von drei kumulativen Anspruchsvoraussetzungen abhängig: Die kostenverursachende Tätigkeit gehört zum gesetzlichen Aufgabenkreis des Betriebsrats, die Tätigkeit sowie die hierfür entstehenden Kosten sind für eine sachgerechte Ausübung der Betriebsratsarbeit erforderlich und schließlich auch verhältnismäßig.[33]

1. Bezug der kostenverursachenden Tätigkeit zum gesetzlichen Aufgabenbereich des Betriebsrats

Der Umstand, durch welchen die Kosten verursacht werden, muss sich innerhalb des dem Betriebsrat zugewiesenen Aufgabenbereichs halten.[34] Gemeint ist, dass die anfallenden Kosten gerade in Erfüllung der Amtsobliegenheiten des Betriebsrats entstehen.[35] Dazu zählen auch Kosten, die durch die Beauftragung Dritter mit der Erbringung von für die Betriebsratsarbeit erforderlichen Dienstleistungen entstehen. Die Aufgaben des Betriebsrats können sich aus dem Gesetz, Tarifvertrag oder einer Betriebsvereinbarung ergeben.[36] Als aufgabenbezogene Tätigkeit gilt jede sinnvolle Betätigung, die auf die sachgerechte Gestaltung und Verwirklichung der dem Betriebsrat durch das Betriebsverfassungsrecht zugewiesenen Aufgaben gerichtet ist.[37]

2. Erforderlichkeit

Der Arbeitgeber hat die Kosten der Betriebsratsarbeit gem. § 40 Abs. 1 BetrVG ferner nur unter der Voraussetzung zu tragen, dass sie für eine sachgerechte Ausübung der Betriebsratsarbeit erforderlich sind.[38] Zwar ergibt sich

---

[32] *Domernicht*, Kosten und Sachaufwand des Betriebsrats (2018), Kap. II Rn 8.
[33] Vgl. etwa BAG v. 18.04.1967, AP BetrVG § 39 Nr. 7; BAG v. 24.06.1969, AP BetrVG § 39 Nr. 8; BAG v. 27.09.1974, AP BetrVG 1972 § 40 Nr. 8; BAG v. 19.04.1989, AP BetrVG 1972 § 80 Nr. 35, NZA 1990, 233.
[34] *Thüsing* in: Richardi, § 40 Rn 5; *Glock* in: HWGNRH Rn 11; *Weber* in: GK-BetrVG, § 40 Rn 11; *Domernicht*, Kosten und Sachaufwand des Betriebsrats (2018), Kap. II Rn 26.
[35] Ebd.
[36] *Domernicht*, Kosten und Sachaufwand des Betriebsrats (2018), Kap. II Rn 26.
[37] BAG v. 31.10.1972 – 1 ABR 7/72, AP Nr. 2 zu § 40 BetrVG 1972.
[38] Vgl. statt vieler: BAG v. 27.09.1974 – 1 ABR 67/73, AP BetrVG 1972 § 40 Nr. 8 unter Hinweis darauf, dass dies bereits in der Rechtsprechung des Senats zu der Vorgängerregelung des § 40 BetrVG galt, vgl. BAG 19, 314 (318); BAG v. 11.12.1987 – 7 ABR 76/86; BAG v. 19.04.1989 – 7 ABR 87/87, NZA 1989, 936; so auch *Weber* in: GK-BetrVG, § 40 Rn 12; *Glock* in: HWGNRH, § 40 Rn 11; *Thüsing* in: Richardi BetrVG, § 40 Rn 6; *Fitting*, § 40 Rn 9; *Löwisch/Kaiser*, § 40 Rn 5.

dies nicht aus dem Wortlaut des § 40 Abs. 1 BetrVG, dieser ist jedoch im systematischen Zusammenhang mit § 37 Abs. 2 BetrVG zu lesen, welcher den Anspruch auf Fortzahlung des Arbeitsentgelts für Betriebsratsmitglieder nur für eine nach Art und Umfang erforderliche Freistellung von der Arbeit regelt.[39] Bei der Beauftragung externer Berater durch den Betriebsrat ist die Erforderlichkeit stets in Hinblick auf die Erforderlichkeit des Leistungsumfangs – also des Spektrums der konkret abzurufenden oder bereits abgerufenen Leistung durch den Dritten – einerseits und des Kostenaufwands – also der Höhe der für die Beratung veranschlagten Kosten – andererseits zu beurteilen.[40] Das Merkmal der Erforderlichkeit zieht sich konsequent wie ein roter Faden durch sämtliche begründete Kostenpositionen, die der Betriebsrat vom Arbeitgeber für die Tätigkeiten des Betriebsrats (ersetzt) verlangen darf.[41]

a) Das Merkmal der Erforderlichkeit als unbestimmter Rechtsbegriff

Dabei ist das (ungeschriebene) Tatbestandsmerkmal der Erforderlichkeit als unbestimmter Rechtsbegriff – also ein Begriff, der wegen seiner semantischen Unbestimmtheit vom Normanwender im Einzelfall selbstständig ausgefüllt werden muss – konkretisierungsbedürftig.[42] Der Gesetzgeber bedient sich unbestimmter Rechtsbegriffe vor allem mit dem Ziel, eine Interessenlage möglichst umfassend und einzelfallgerecht, gleichzeitig aber auch übersichtlich, verständlich und flexibel zu regeln.[43] Eine exakte Definition des Begriffs kann aufgrund der Tatsache, dass ein unbestimmter Rechtsbegriff nur allgemein formuliert und daher stets verschiedenen Interpretationen zugänglich ist, schon der Natur der Sache nach nicht existieren.[44] Unbestimmte Rechtsbegriffe zeichnen sich vielmehr dadurch aus, dass sie die ansonsten strenge Gesetzesbindung lockern und dem Rechtsanwender damit einerseits einen gewissen Spielraum verschaffen, ihn andererseits aber durch ihre sprachliche Undefiniertheit vor die Schwierigkeit stellen, den Begriff im Einzelfall durch Auslegung auszufüllen und zu konkretisieren.[45]

---

[39] *Thüsing* in: Richardi, § 40 Rn 6; *Domernicht*, Kosten und Sachaufwand des Betriebsrats (2018), Kap. II Rn 28; *Pahlen*, Der Grundsatz der Verhältnismäßigkeit und die Erstattung von Schulungskosten nach dem BetrVG 72 (1979), S. 25 m.w.N., der außerdem auf einen alternativen Begründungsansatz eingeht, demgemäß das Merkmal der Erforderlichkeit sich aus dem Grundsatz der vertrauensvollen Zusammenarbeit nach § 2 Abs. 1 BetrVG ergibt.
[40] Vgl. *Jäger/Steinbrück*, NZA 2013, 401 (403).
[41] *Domernicht,* Kosten und Sachaufwand des Betriebsrats (2018), Kap. II Rn 8.
[42] BAG v. 06.05.1975 – 1 ABR 135/73, AP BetrVG 1972 § 65 Nr.5; BAG v. 16.10.1986 – 6 ABR 14/84, NZA 1987, 643; BAG v. 07.06.1989 – 7 ABR 26/, NZA 1990, 149; BAG v. 19.03.2008 – 7 ABR 2/07; *Fitting*, § 40 Rn 9.
[43] *Wittig*, Beurteilungsspielräume im Betriebsverfassungsgesetz (2003), S. 1.
[44] *Kment/Vorwalter*, Jus 2015, 193 (195).
[45] Vgl. *Wittig*, Beurteilungsspielräume im Betriebsverfassungsgesetz (2003), S. 16, 17.

Eben diese Schwierigkeit ist Dreh- und Angelpunkt des rechtsgeschäftlichen Handelns des Betriebsrats nach außen: Weder der Betriebsrat noch der Arbeitgeber oder der Kontrahent des Betriebsrat sind dazu in der Lage, die Grenze der Erforderlichkeit punktgenau abschätzen zu können, weil diese Grenze erst durch die normkonkretisierende Auslegung des Rechtsanwenders ermittelt werden kann und daher naturgemäß fließend ist. Die Einschätzung, ob die Hinzuziehung eines externen Beraters für die sachgerechte Ausübung der Betriebsratsarbeit in einer konkreten Situation erforderlich ist, obliegt dem Betriebsrat als Gremium, der den Vertragsschluss mit dem Dritten initiiert. Bei der Prüfung der Erforderlichkeit muss er nach der herrschenden Auffassung in Rechtsprechung und Schrifttum beurteilen, ob er die aus der Konsultation des Dritten entstehenden Kosten in Bezug auf den Leistungsumfang sowie den veranschlagten Kostenaufwand bei gewissenhafter Abwägung aller Umstände des Einzelfalls für notwendigen halten darf, damit er seine Betriebsratsaufgaben sachgerecht erfüllen kann.[46] Hierbei darf er sich nicht auf die Berücksichtigung seiner subjektiven Interessen beschränken, sondern er hat in gleichem Maße die Interessen der Belegschaft an der ordnungsgemäßen Ausübung des Betriebsratsamtes sowie das berechtigte Interesse des Arbeitgebers an einer Begrenzung der anfallenden Kosten auf das Erforderliche gegeneinander abzuwägen.[47] Der Betriebsrat hat außerdem wie jeder, der auf Kosten eines anderen handeln kann, die Maßstäbe einzuhalten, an denen er sich auch bei eigener Kostentragung orientieren würde.[48] Dazu zählt auch, dass er sich bei der Auswahl zwischen mehreren gleich geeigneten Möglichkeiten zur sachgerechten Ausübung der betriebsverfassungsrechtlichen Aufgabe für die kostengünstigste Lösung entscheidet.[49] Die Hinzuziehung betriebsexternen Sachverstands ist daher nicht erforderlich, wenn einzelne Betriebsratsmitglieder oder Arbeitnehmer des Betriebs selbst über die von dem Dritten in Anspruch genommenen Kenntnisse oder Fähigkeiten verfügen, etwa weil sie Teil ihrer beruflichen Qualifikationen sind oder weil in der Vergangenheit zu einem vergleichbaren Sachverhalt bereits eine Beratungsleistung eingeholt wurde.[50]

---

[46] BAG v. 18.04.1967 – 1 ABR 11/66, AP BetrVG § 39 Nr. 7; BAG v. 24.06.1969 – 1 ABR 6/69, AP BetrVG § 39 Nr. 8; BGH v. 25.10.2012 – III ZR 266/11, BGHZ 195, 174, NZA 2012, 1382; *Fitting*, § 40 Rn 9; *Thüsing* in: Richardi, § 40 Rn 8; *Koch* in: ErfK, § 40 Rn 1; *Jaeger/Steinbrück*, NZA 2013, 401 (403).
[47] St. Rspr., vgl. etwa BAG v. 12.05.1999 – 7 ABR 36/97, AP Nr. 65 zu § 40 BetrVG 1972; BAG v. 03.09.2003, AP BetrVG 1972 § 40 Nr. 79.
[48] BAG v. 29.07.2009 – 7 ABR 95/07, NZA 2009, 1223; BAG v. 18.07. 2012 – 7 ABR 23/11, NZA 2013, 49; BAG v. 18.03.2015 – 7 ABR 4/13, NZA 2015, 954.
[49] BAG v. 29.07.2009 – 7 ABR 95/07, AP BetrVG 1972 § 40 Nr. 93.
[50] Vgl. BAG v. 29.07.2009 – 7 ABR 95/07, AP BetrVG 1972 § 40 Nr. 93.; *Picht*, Haftung des Betriebsrats und seiner Mitglieder bei rechtsgeschäftlichen Verbindlichkeiten (2018), S. 11; *Hinrichs/Plitt*, NZA 2011, 1006 (1007).

b) Einräumung eines Beurteilungsspielraums zugunsten des Betriebsrats bei der Erforderlichkeitsprüfung

In der ständigen Rechtsprechung des BAG ist anerkannt, dass dem Betriebsrat bei der Bewertung der Erforderlichkeit ein Beurteilungsspielraum zusteht.[51] Ein Beurteilungsspielraum besteht an der Schnittstelle eines unbestimmten Rechtsbegriffs, wenn dem Rechtsanwender bei der Subsumtion des unbestimmten Merkmals des gesetzlichen Tatbestands – nicht aber bei der vorgelagerten abstrakten Auslegung des unbestimmten Rechtsbegriffs – für den jeweiligen Einzelfall ein Spielraum eingeräumt wird, der sich einer gesetzlichen Kontrolle entzieht.[52] Die Einräumung eines Beurteilungsspielraums durch die Rechtsprechung setzt sich damit in Kontrast zu dem ansonsten geltenden Grundsatz der Gesetzesbindung der Gerichte i.S.v. Art. 20 Abs. 3 GG, demgemäß auch die Anwendung unbestimmter Rechtsbegriffe einer vollen gerichtlichen Überprüfbarkeit unterliegt.[53] Im Bereich des Beurteilungsspielraums ist die gerichtliche Kontrolle zwar nicht ausgeschlossen, wohl aber darauf reduziert, ob der Normanwender, dem der Beurteilungsspielraum zugesprochen wird, den Rechtsbegriff selbst verkannt hat sowie ob die Besonderheiten des Einzelfalls vollständig und frei von Verstößen gegen Denkgesetze oder allgemeine Erfahrungssätze abgewogen wurden.[54]

Innerhalb dieser Grenzen führt die Einräumung eines Beurteilungsspielraums zu einer Letztentscheidungsmacht des Rechtsanwenders im Rahmen von Wertentscheidungen, die aufgrund der besonderen Konstellation der Entscheidungsfindung nicht restlos durch das Gericht nachvollzogen werden können.[55] Im Verwaltungsrecht werden Beurteilungsspielräume unter anderem im Bereich wertender Entscheidungen weisungsfreier, repräsentativ besetzter Gremien anerkannt, was damit begründet wird, dass diese über eine besondere Eignung und Fachkunde sowie eine pluralistische Zusammensetzung verfügen, die

---

[51] BAG v. 16.10.1986 – 6 ABR 14/84, NZA 1987, 643; BAG v. 3.12.1987 – 6 ABR 79/85, AP BetrVG 1972 § 20 Nr. 13; BGH v. 25.10.2012 – III ZR 266/11, BGHZ 195, 174, NZA 2012, 1382; *Weber* in: GK-BetrVG, § 40 Rn 13; *Fitting*, § 40 Rn 9; *Mauer* in: BeckOK-ArbR, § 40 BetrVG Rn 1; a.A.: *Klapper*, Unterstützung des Betriebsrats durch in- und externen Sachverstand (2007), S. 105 ff., 301; *Löwisch/Kaiser*, § 40 Rn 6 beschränken den Beurteilungsspielraum auf Sachmittel, bei allen weiteren nach § 40 Abs. 1 BetrVG zu ersetzenden Kosten bestehe dagegen kein Beurteilungsspielraum; kritisch auch Kort, Anm. zu BAG v. 09.06.1999 – 7 ABR 66/97, AP BetrVG 1972 § 40 Nr. 66.

[52] *Wittig*, Beurteilungsspielräume im Betriebsverfassungsgesetz (2003), S. 39; *Kment/Vorwalter*, Jus 2015, 193 (195).

[53] *Wittig*, Beurteilungsspielräume im Betriebsverfassungsgesetz (2003), S. 43.

[54] St. Rspr., siehe etwa BAG v. 17.02.1993 – 7 ABR 19/92, AP BetrVG 1972 § 40 Nr. 37; BAG v. 1.12.2004 – 7 ABR 18/04, AP BetrVG § 40 Nr. 82; BAG v. 20.04.2016 – 7 ABR 50/14, AP BetrVG 1972 § 40 Nr. 113; *Fitting*, § 40 Rn 9.

[55] *Tammen* in: Berlit/Conradis/Pattar, Existenzsicherungsrecht, Kapitel 13 Rn 28.

für die Entscheidungsfindung ausschlaggebend ist und nicht dadurch unterlaufen werden soll, dass an die Stelle der Wertung des dafür legitimierten Gremiums die des Gerichts tritt.[56]

Die Belassung des Beurteilungsspielraums im Rahmen der Erforderlichkeitsprüfung i.S.d. § 40 Abs. 1 BetrVG kann mit denselben Argumenten begründet werden[57]: Der Beurteilungsspielraum des Betriebsrats erstreckt sich auf alle wertenden Entscheidungselemente, die bei der Konkretisierung des unbestimmten Rechtsbegriffs der Erforderlichkeit eine Rolle spielen. Maßgebend bei der gerichtlichen Kontrolle der Erforderlichkeit ist aus diesem Grund nicht, ob sich die durch die Maßnahme verursachten Kosten *ex-post* als objektiv erforderlich erweisen.[58] Stattdessen kommt es darauf an, ob der Betriebsrat im Rahmen seiner Letztentscheidungskompetenz unter gewissenhafter Abwägung der wechselseitigen Interessen bei Würdigung aller Umstände des Einzelfalls aus der *ex-ante*-Perspektive zu einem vertretbaren Ergebnis gekommen ist.[59] Damit befreit die Einräumung des Beurteilungsspielraums den Betriebsrat zwar von einem rein objektiven Standpunkt bei der gerichtlichen Kontrolle, dennoch eröffnet sich dem Betriebsrat keinesfalls ein rechtsfreier Raum.[60] Die Entscheidung des Betriebsrats über die Erforderlichkeit i.S.d. § 40 Abs. 1 BetrVG bleibt darauf hin gerichtlich überprüfbar, ob sie auf einer vollständigen und richtigen Sachverhaltsermittlung beruht, ein zutreffendes Verständnis des Erforderlichkeitsbegriffes zugrunde gelegt wurde und ob der Betriebsrat sich bei der Beurteilung an allgemeingültigen Denkgesetze und Erfahrungssätze orientiert hat.[61]

3. Verhältnismäßigkeit

Um den Anspruch aus § 40 Abs. 1 BetrVG auszulösen, wird in der Rechtsprechung des BAG stellenweise zusätzlich geprüft, ob die durch die Tätigkeit des Betriebsrats entstandenen Kosten auch verhältnismäßig sind, ob also der Nut-

---

[56] *Tammen* in: Berlit/Conradis/Pattar, Existenzsicherungsrecht, Kapitel 13 Rn 27, 28.
[57] Allerdings sind die Bemühungen für die Rechtfertigung der Einräumung eines Beurteilungsspielraums im Rahmen des § 40 Abs. 1 BetrVG in Rechtsprechung und Literatur überschaubar, siehe nur BAG v. 16.10.1986 – 6 ABR 14/84, NZA 1987, 643; BAG v. 3.12.1987 – 6 ABR 79/85, AP BetrVG 1972 § 20 Nr. 13; BGH v. 25.10.2012 – III ZR 266/11, BGHZ 195, 174, NZA 2012, 1382; *Fitting*, § 40 Rn 9; *Mauer* in: BeckOK-ArbR, § 40 BetrVG Rn 1.
[58] BAG v.16.10.1986 – 6 ABR 14/84, NZA 1987, 643; *Weber* in: GK-BetrVG, § 40 Rn 13; *Koch* in ErfK, § 40 Rn 1; *Thüsing* in: Richardi, § 40 BetrVG Rn 8.
[59] Ebd.
[60] Ebenso *Jacob/Lau*, NVwZ 2015, 241 (248).
[61] Vgl. BAG v. 16.10.1986 – 6 ABR 14/84, NZA 1987, 643.

zen der Maßnahme in einem angemessenen Verhältnis zu den mit ihr verursachten Kosten steht.[62] In der Praxis ist die Verhältnismäßigkeitsprüfung allerdings teilweise inkonsistent und die Terminologie wechselhaft.[63] Unklar ist insbesondere, ob die Prüfung der Merkmale der Erforderlichkeit und Verhältnismäßigkeit gemeinsam oder getrennt zu erfolgen hat und ob dabei die gängigen verfassungsrechtlichen Maßstäbe angelegt werden sollen[64] oder ob die Termini normbezogen zu interpretieren sind[65].

a) Der Verhältnismäßigkeitsgrundsatz in der Rechtsprechung

Das BAG hat den Grundsatz der Verhältnismäßigkeit zum ersten Mal im Rahmen einer Entscheidung über die Erforderlichkeit einer Schulungsveranstaltung ins Feld geführt und betont, der Betriebsrat habe sowohl hinsichtlich der Zahl der für eine Schulung freizustellenden Mitglieder als auch hinsichtlich der für die Schulung entstehenden Kosten „auf die Interessen des Betriebes und des Arbeitgebers Rücksicht zu nehmen".[66] Der Grundsatz der Verhältnismäßigkeit ist seither in vereinzelten Entscheidungen geprüft worden, in denen er meist zur Begrenzung zwar im technischen Sinne erforderlicher, aber in Hinblick auf Größe und Leistungsfähigkeit des Betriebs nicht in einem angemessen Verhältnis stehender Kosten herangezogen wurde.[67] Es handele sich bei dem Grundsatz der Verhältnismäßigkeit um ein allgemeines Prinzip, welches das gesamte Betriebsverfassungsrecht beherrsche und eine vertrauensvolle Zusammenarbeit zwischen Arbeitgeber und Betriebsrat i.S.d. § 2 Abs. 1 BetrVG erst denkbar mache.[68]

Der angelegte Prüfungsmaßstab variiert in den einzelnen Entscheidungen gleichwohl erheblich: Stellenweise wurde die Prüfung der Kostentragung im

---

[62] BAG v. 31.10.1972, AP BetrVG 1972 § 40 Nr. 2; BAG v. 29.01.1974, 27.09.1974 und 28.05.1976, AP BetrVG 1972 § 37 Nr. 8, 18 und 24; 08.10.1974, AP BetrVG 1972 § 40 Nr. 7; 30.03.1994, AP BetrVG 1972 § 40 Nr. 42.

[63] In diesem Sinne auch *Pahlen*, Der Grundsatz der Verhältnismäßigkeit und die Erstattung von Schulungskosten nach dem BetrVG 72 (1979), S. 11.

[64] In diesem Sinne vor allem *Müller-Boruttau*, Die Kostentragungspflicht des Arbeitgebers für Rechtsanwaltskosten des Betriebsrats im Rahmen von § 40 Abs. 1 BetrVG (2000), S. 110 ff.

[65] So wohl BAG v. 28.05.1976 – 1 AZR 116/74, AP BetrVG 1972 § 37 Nr. 24.

[66] BAG v. 31.10.1972 – 1 ABR 7/72, AP BetrVG 1972 § 40 Nr. 2, m. Anm. *Richardi*.

[67] Ausdrücklich: BAG v. 27.09.1974 – 1 ABR 71/73, AP BetrVG 1972 § 37 Nr. 18; BAG v. 08.10.1974 – 1 ABR 72/7, AP BetrVG 1972 § 40 Nr. 7; BAG v. 28.06.1995, AP BetrVG 1972 § 40 Nr. 48; vgl. auch BAG v.15.01.1992 – 7 ABR 23/90, NZA 1993, 189; BAG v. 30.03.1994 – 7 ABR 45/93, NZA 1995, 382; BAG v. 28.06.1995 – 7 ABR 55/94, NZA 1995, 1216.

[68] BAG v. 27.09.1974 – 1 ABR 71/73, AP BetrVG 1972 § 37 Nr. 18; in diesem Sinne auch BAG v. 8.10.1974, AP BetrVG 1972 § 40 Nr. 7; *Glock* in: HWGNRH, § 40 Rn 84 f.; *Weber* in: GK-BetrVG, § 40 Rn 80.

Rahmen von Entscheidungen über Schulungsveranstaltungen zweistufig vorgenommen, wobei auf erster Stufe die Erforderlichkeit der in der Schulung vermittelten Kenntnisse erörtert wurde, während auf zweiter Stufe die Frage des Zeit- und Kostenfaktors unter dem Verhältnismäßigkeitsgrundsatz subsumiert wurde.[69] Die Kostentragungspflicht entstehe (anteilig) nur insoweit, wie der Zeit- und (oder) Kostenaufwand den Rahmen des nach den Verhältnissen Zumutbaren nicht überschreite.[70]

In einer Entscheidung über die Hinzuziehung eines Sachverständigen hat der erkennende Senat dagegen lediglich pauschal darauf hingewiesen, der Anspruch aus § 40 Abs. 1 BetrVG setze voraus, dass die Kosten für die Erfüllung der Betriebsratsaufgaben erforderlich seien, dann aber – ohne konkreter auf die Erforderlichkeit einzugehen – unter dem Grundsatz der Verhältnismäßigkeit geprüft, ob dem Betriebsrat andere geeignete und weniger aufwendige Mittel zur Verfügung stünden, um die zur Durchführung seiner Aufgaben erforderlichen Fach- und Sachkenntnisse zu erlangen.[71] Der Senat hat damit in der Verhältnismäßigkeitsprüfung eine an öffentlich-rechtliche Maßstäbe angelehnte Erforderlichkeitsprüfung vorgenommen.

Im Gegensatz dazu stehen Entscheidungen des BAG, in welchen die Merkmale der Erforderlichkeit und der Verhältnismäßigkeit in einem literarischen Atemzug verwendet wurden, als sei damit ein und dasselbe gemeint.[72] Stellenweise wurde die Pflicht des Betriebsrats zur Geringhaltung der Kosten auch aus dem Grundsatz der vertrauensvollen Zusammenarbeit und dem Verhältnismäßigkeitsgrundsatz gleichermaßen hergeleitet.[73] In einer jüngeren Entscheidung des BAG wird das Gebot der „Angemessenheit" sogar im Rahmen des Gebots der vertrauensvollen Zusammenarbeit geprüft und damit wohl als Einzelerfordernis des § 2 Abs. 1 BetrVG angesehen.[74] Schließlich nennt ein großer Teil der Entscheidungen, die im letzten Jahrzehnt zu den Voraussetzungen des

---

[69] BAG v. 27.09.1974 – 1 ABR 71/73, AP BetrVG 1972 § 37 Nr. 18; BAG v. 08.10.1974 – 1 ABR 72/73, AP BetrVG 1972 § 40 Nr. 7; BAG v. 28.05.1976 – 1 AZR 116/74, AP BetrVG 1972 § 37 Nr. 24.

[70] BAG v. 27.09.1974 – 1 ABR 71/73, AP BetrVG 1972 § 37 Nr. 18; BAG v. 08.10.1974 – 1 ABR 72/73, AP BetrVG 1972 § 40 Nr. 7; nur in Hinblick auf die Kosten auch BAG v. 29.01.1974 – 1 ABR 34/73, AP BetrVG 1972 § 37 Nr. 8.

[71] BAG v. 27.09.1974 – 1 ABR 67/73, AP BetrVG 1972 § 40 Nr. 8.

[72] So etwa BAG v. 29.01.1974 – 1 ABR 34/73, AP BetrVG 1972 § 37 Nr. 8; BAG v. 15.01.1992, AP BetrVG 1972 § 40 Nr. 41, die Kostentragungspflicht des Arbeitgebers sei „durch die Grundsätze der Erforderlichkeit und Verhältnismäßigkeit sowie durch den koalitionsrechtl. Grundsatz, daß kein Verband zur Finanzierung des gegnerischen Verbandes verpflichtet werden kann, eingeschränkt"; ebenso BAG v. 30.03.1994, AP BetrVG 1972 § 40 Nr. 42.

[73] Vgl. etwa BAG v. 25.06.2014 – 7 ABR 70/12, NZA 2015, 629.

[74] BAG v. 24.10.2018 – 7 ABR 23/17, NZA 2019, 407.

§ 40 Abs. 1 BetrVG ergangen sind, den Verhältnismäßigkeitsgrundsatz gar nicht mehr.[75]

b) Der Verhältnismäßigkeitsgrundsatz in der Literatur

Auch im Schrifttum wird unter den Merkmalen der Erforderlichkeit und Verhältnismäßigkeit uneinheitlich subsumiert. Teilweise werden sowohl der Verhältnismäßigkeitsgrundsatz als auch das Merkmal der Erforderlichkeit aus § 37 Abs. 2 BetrVG hergeleitet und zu einem Prüfungspunkt der Erforderlichkeit/Notwendigkeit einerseits und der Vertretbarkeit andererseits vermengt[76], wobei nicht klar wird, inwieweit sich die Prüfungsschritte voneinander abgrenzen. *Müller-Boruttau* leitet sowohl das Merkmal der Erforderlichkeit als auch der Verhältnismäßigkeit neben historischen Erwägungen aus dem Verfassungsrecht ab, indem namentlich das Übermaßverbot als übergeordnetes Prinzip zu verstehen sei, dessen beide Erscheinungsformen die Erforderlichkeit und die Verhältnismäßigkeit im engen Sinne seien.[77] Dabei sei unter dem Gesichtspunkt der Erforderlichkeit zu prüfen, ob das von mehreren zur Erreichung des geplanten und erstrebten Zieles gleichermaßen geeigneten Mitteln das mildeste sei, während im Rahmen der Verhältnismäßigkeit der an sich erforderliche „Eingriff" (gemeint ist der Eingriff in eine vermögensrechtliche Position des Arbeitgebers) daraufhin zu überprüfen sei, ob Aufwand und Ziel unter Berücksichtigung der betrieblichen Belange in einem unangemessenen Verhältnis stehen.[78]

Oppositär dazu sprechen sich *Erich/Hoß* aus, die unter dem Gesichtspunkt der Verhältnismäßigkeit prüfen wollen, ob eine Schulungsveranstaltung unter mehreren qualitativ gleichwertigen Veranstaltungen die für den Arbeitgeber

---

[75] Vgl. etwa BAG v. 22.11.2017 – 7 ABR 34/16, AP BetrVG 1972 § 40 Nr. 115; BAG v. 14.12.2016 – 7 ABR 8/15, NZA 2017, 514; BAG v. 28.09.2016 – 7 AZR 699/14; NZA 2017, 69; BAG v. 27.05.2015 – 7 ABR 26/13, NZA 2015, 1141; BAG v. 18.03.2015 – 7 ABR 4/13, NZA 2015, 954; BAG v. 18.01.2012 – 7 ABR 73/10, AP BetrVG 1972 § 37 Nr. 153; BAG v. 12.01.2011 – 7 ABR 95/09, AP BetrVG 1972 § 37 Nr. 151; BAG v. 20.01.2010 – 7 ABR 79/08, AP BetrVG 1972 § 40 Nr. 99.

[76] *Thüsing* in Richardi, § 40 Rn 6, 7, indem er anführt, der Betriebsrat sei dazu verpflichtet „den Arbeitgeber nur mit Kosten zu belasten, die er der Sache nach für angemessen halten darf. Er hat bedacht zu sein, die durch seine Tätigkeit verursachten Kosten auf das notwendige Maß zu beschränken. [...] Der Betriebsrat hat daher zu berücksichtigen, ob die Kosten zur ordnungsgemäßen Erfüllung seiner Aufgaben vertretbar sind; es gilt auch hier der in § 37 Abs. 2 niedergelegte Maßstab, dass der Grundsatz der Verhältnismäßigkeit der Inanspruchnahme von Arbeitgebermitteln Grenzen setzt."

[77] *Müller-Boruttau*, Die Kostentragungspflicht des Arbeitgebers für Rechtsanwaltskosten des Betriebsrats im Rahmen von § 40 Abs. 1 BetrVG (2000), S. 110.

[78] *Müller-Boruttau*, Die Kostentragungspflicht des Arbeitgebers für Rechtsanwaltskosten des Betriebsrats im Rahmen von § 40 Abs. 1 BetrVG (2000), S. 111 ff., 115; in diesem Sinne auch der *Pahlen*, Der Grundsatz der Verhältnismäßigkeit und die Erstattung von Schulungskosten nach dem BetrVG 72 (1979), S. 118.

kostengünstigste Wahl gewesen ist.[79] Streng genommen führen sie damit eine öffentlich-rechtliche Erforderlichkeitsprüfung im Rahmen der Verhältnismäßigkeitsprüfung im weiten Sinne durch.[80] Ähnlich möchte *Wolmerath* den Verhältnismäßigkeit nur insoweit anwenden, als im konkreten Einzelfall eine unverhältnismäßig hohe Kostenbelastung des Arbeitsgebers bei bestehenden kostengünstigeren Alternativen ausgeschlossen werden solle, die sich in der Sache nicht begründen lasse.[81]

Wedde lehnt die Anwendung des Verhältnismäßigkeitsmaßstabs gänzlich ab mit der Begründung, dieser könne ansonsten leicht zu einem Instrument für die Reglementierung der Betriebsratstätigkeit werden.[82] Ähnlich kritisch, aber weniger restriktiv betont *Fitting*, die Berücksichtigung des Grundsatzes der Verhältnismäßigkeit dürfe nicht dazu verwendet werden, die Kostentragungspflicht des Arbeitgebers von vorneherein auf ein allgemeines und durchschnittliches Niveau festzuschreiben, sondern lediglich dazu, eine im Verhältnis zur Größe und Leistungsfähigkeit des Betriebs unverhältnismäßige Kostenbelastung zu verhindern.[83] *Weber* plädiert dafür, den Grundsatz der Verhältnismäßigkeit nur im engeren Sinne heranzuziehen, um einen an sich gegebenen Anspruch aufgrund besonderer Umstände im Einzelfall zu beschränken, wobei er als Rechtsgrundlage die Kooperationsmaxime aus § 2 Abs. 1 BetrVG als Konkretisierung von § 242 BGB nennt.[84]

c) Stellungnahme

Die Ausführungen zeigen zweierlei: Einerseits sind die Maßstäbe, anhand derer das Gebot der Verhältnismäßigkeit geprüft wird, in hohem Maße inkongruent und entbehren meist einer dogmatischen Legitimation durch den jeweiligen Rechtsanwender. Andererseits hat die Bedeutung, die dem Verhältnismäßigkeitsgebot im Rahmen von § 40 Abs. 1 BetrVG zugesprochen wird, in den letzten Jahrzehnten deutlich abgenommen. Bevor man die Anwendung des Prinzips bei der Kostentragungspflicht des Arbeitgebers allein aus Transparenz- und Praktikabilitätserwägungen ganz über Bord wirft, sollte man sich allerdings mit dem hinter dem Verhältnismäßigkeitsgrundsatz stehenden Inhalt und Zweck beschäftigen.

---

[79] *Ehrich/Hoß*, NZA 1996, 1075 (1080), in diesem Sinne wohl auch *Däubler*, Schulung und Fortbildung von Betriebsratsmitgliedern und Jugendvertretern nach § 37 BetrVG (1978), 3. Auflage, S. 111; *Klebe*, FS Gnade, S. 661 (670).
[80] Zu der Unterscheidung der Verhältnismäßigkeitsprüfung im weiteren Sinne als übergeordnetes Prinzip und im engeren Sinne als Einzelerfordernis auf dritter Prüfungsstufe vgl. *Medicus*, AcP 192 (1992), 35 (51).
[81] *Wolmerath* in: BDDH, § 40 Rn 5.
[82] *Wedde* in: DKKW, § 40 Rn 5.
[83] *Fitting*, § 40 Rn 73.
[84] *Weber* in: GK-BetrVG, § 37 Rn 213, § 40 Rn 83; zust.: *Glock* in: HWGNRH, § 40 Rn 12.

aa) Der Verhältnismäßigkeitsgrundsatz im öffentlichen Recht und Privatrecht

Funktionell betrachtet soll der Grundsatz der Verhältnismäßigkeit zulässige staatliche Eingriffe in grundrechtlich geschützte Rechtspositionen der Bürger begrenzen.[85] Als überpositiver verfassungsrechtlicher Grundsatz hat er seinen Hauptanwendungsbereich daher im Verhältnis Staat und Bürger und dient dazu, staatliche Rechtsausübung daraufhin zu überprüfen, ob sie einen legitimen Zweck verfolgt, dem Gebot der Geeignetheit und der Folgenminimierung genügt und in angemessener Zweck-Mittel-Relation (Verhältnismäßigkeitsgrundsatz im engeren Sinne oder Angemessenheitsgebot) steht.[86] Die Maßstäbe des legitimen Zwecks, der Eignung, der Erforderlichkeit und der Angemessenheit sind dabei Elemente der Verhältnismäßigkeitsprüfung als übergeordnetes Prinzip (auch als Verhältnismäßigkeit *im weiteren Sinne* oder als *Übermaßverbot* bezeichnet).[87]

Im Gegensatz zu Eingriffen im Verhältnis Staat und Bürger sind die Machtverhältnisse im Privatrecht deutlich heterogener ausgestaltet.[88] Als übergeordnetes, regulatives Leitprinzip des Grundrechtsschutzes[89] greift der Verhältnismäßigkeitsgrundsatz daher im Privatrecht nicht grundsätzlich, sondern lediglich im Wege der mittelbaren Drittwirkung[90] immer dann zum Schutze Dritter ein, wenn eine Norm eine Rechtsausübung mit Wirkung zulasten Dritter grundsätzlich erlaubt, aber für diese keine konkreten Schranken errichtet.[91]

bb) Anwendbarkeit des Verhältnismäßigkeitsgrundsatzes im Rahmen von § 40 Abs. 1 BetrVG

Eine solche Norm ist § 40 Abs. 1 BetrVG: Das Spannungsverhältnis, welches sich aufgrund der widerstreitenden Interessen des Betriebsrats an einer umfassenden Aufgabenbewältigung einerseits und des Arbeitgebers an einer Geringhaltung der Kosten andererseits auftut, wird von der Vorschrift selbst nicht aufgelöst. Das ergibt sich daraus, dass der Arbeitgeber ohne eine Begrenzung durch den Verhältnismäßigkeitsgrundsatz sämtliche vom Betriebsrat verursachte Kosten zu tragen hätte, die als *erforderlich* in dem Sinne gelten, dass keine gleich geeignete und kostengünstigere Alternative für die Aufgabenbewältigung zur Verfügung steht.[92] Beispielsweise müsste der Arbeitgeber eines

---

[85] *Blomeyer*, FS 25 Jahre BAG (1979), S. 17 (21); *Medicus*, AcP 192 (1992), 35 (50).

[86] *Blomeyer*, FS 25 Jahre BAG (1979), S. 17 (21); *Wank*, Auslegung und Rechtsfortbildung im Arbeitsrecht (2013), S. 46.

[87] *Medicus*, AcP 192 (1992), 35 (51), vgl. auch *Sachs* in: Sachs, GG-Komm, Art. 20 GG Rn 149.

[88] Ebd.

[89] *Sommermann* in: Mangoldt/Klein/Starck, GG-Komm., Art. 20 GG Rn 311.

[90] Siehe ausführlich zur mittelbaren Drittwirkung von Grundrechten im Betriebsverfassungsrecht: *Clodius*, Die Bedeutung der Grundrechte im BetrVG (2004), S. 90 ff.

[91] *Blomeyer*, FS 25 Jahre BAG (1979), S. 17 (18).

[92] *Krois* in: MHdB zum ArbR Bd. 3, § 296 Rn 6.

kleinen und finanzschwachen Betriebs mit nur fünf Arbeitnehmern für die Kosten einer fern entlegenen und kostenintensiven Schulung inklusive Fahrt- und Übernachtungskosten aufkommen, nur weil es keine günstigeren Angebote in der Umgebung gibt. Die Auferlegung der Kosten durch das Betriebsverfassungsrecht greift also erheblich in Vermögenswerte des Arbeitgebers und damit in die Eigentumsfreiheit des Unternehmers aus Art. 14 Abs. 1 GG ein.[93]

Der Verhältnismäßigkeitsgrundsatz ist in diesem Bereich ein geeignetes Instrumentarium, der Inanspruchnahme von Mitteln des Arbeitgebers Grenzen zu setzen. In methodischer Hinsicht erlaubt die vierstufige Prüfung des Verhältnismäßigkeitsgrundsatzes im weiten Sinne (Legitimer Zweck, Geeignetheit, Erforderlichkeit und Angemessenheit) ein strukturiertes Vorgehen, das klaren und rechtssichereren Kriterien folgt und zu nachvollziehbaren Ergebnissen führt.[94] Im Rahmen des Angemessenheitsgebotes ist eine Abwägung der Betriebsratsaufgaben mit den Eigentumsinteressen des Arbeitgebers vorzunehmen, die im Einzelfall zu einem Entfallen der Verpflichtung des Arbeitgebers zur Übernahme der Kosten führen kann.[95] Gegenstand der Abwägung ist dabei vor allem der abstrakte Wert der Betriebsratsaufgabe als Zweck der Maßnahme, welcher in keinem unangemessenen Verhältnis zu der Intensität des Eingriffs für den Arbeitgeber stehen darf. Dabei gilt: Je gewichtiger eine Maßnahme für die Durchführung der Aufgaben des Betriebsrats ist, desto höher dürfen ihre Kosten ausfallen.[96] Der Wert der betriebsverfassungsrechtlichen Aufgabe lässt sich anhand der Anzahl der betroffenen Arbeitnehmer sowie anhand ihrer sozialen, personellen und wirtschaftlichen Bedeutung für die Belegschaft feststellen.[97] Auf Seiten des Arbeitgebers sind bei der Abwägung über die Angemessenheit der Kosten die Größe und Leistungsfähigkeit des Betriebes sowie dessen wirtschaftliche Lage zu berücksichtigen.[98]

4. Fazit

So eindeutig, wie die legislatorische Entscheidung, den Arbeitgeber mit sämtlichen für die Betriebsratsarbeit erforderlichen Kosten zu belasten, im Betriebsverfassungsgesetz hervortritt, so unklar bleibt die gesetzliche Ausgestaltung hinsichtlich der Voraussetzungen und Grenzen des Kostenanspruchs. In

---

[93] *Clodius*, Die Bedeutung der Grundrechte im BetrVG (2004), S. 66.
[94] Ebenso *Krois* in: MHdB zum ArbR Bd. 3, § 296 Rn 7.
[95] Ebenso *Blomeyer*, FS 25 Jahre BAG (1979), S. 17 (33).
[96] Ähnliches Beispiel in Bezug auf Sachmittel vgl. *Krois* in: MHdB zum ArbR Bd. 3, § 296 Rn 8; ausführlich zur Berücksichtigung des Werts der betriebsverfassungsrechtlichen Aufgabe siehe *Picht*, Haftung des Betriebsrats und seiner Mitglieder bei rechtsgeschäftlichen Verbindlichkeiten (2018), S. 10 ff.
[97] *Picht*, Haftung des Betriebsrats und seiner Mitglieder bei rechtsgeschäftlichen Verbindlichkeiten (2018), S. 10, 11.
[98] Vgl. BAG v. 08.10.1974 – 1 ABR 72/73; AP BetrVG 1972 § 40 Nr. 7; *Picht*, Haftung des Betriebsrats und seiner Mitglieder bei rechtsgeschäftlichen Verbindlichkeiten (2018), S. 12.

jahrzehntelanger Rechtsprechung hat sich in Hinblick auf die Erforderlichkeit der kostenverursachenden Maßnahme ein regelrechter Dschungel an Maßstäben herausgebildet, die auf unbestimmten Rechtsbegriffen fußen und aus diesem Grund stets mit einem gewissen Maß an Rechtsunsicherheit einhergehen.

Der Mangel an transparenten Grundsätzen für die betriebsverfassungsrechtliche Kostenlast führt dazu, dass die Einschätzung, ob die Beauftragung eines betriebsexternen Dritten für die Betriebsratsarbeit erforderlich ist, für alle Beteiligten problembehaftet ist. Umso wichtiger ist es, dass diejenigen Kriterien, welche von den Arbeitsgerichten zur Eingrenzung der Kostenlast des Arbeitgebers herangezogen werden, in der Betriebspraxis auch beachtet werden. Für die Hinzuziehung externen Sachverstands bedeutet das, dass der Betriebsrat im Rahmen der Konkretisierung des unbestimmten Rechtsbegriffs der Erforderlichkeit im Einzelfall stets gewissenhaft zu prüfen hat, ob die die kostenverursachende Tätigkeit des Dritten einen Bezug zum gesetzlichen Aufgabenbereich des Betriebsrats aufweist (legitimer Zweck) und dazu geeignet ist, die Ausübung der betriebsverfassungsrechtlichen Aufgabe zu erleichtern (Geeignetheitsprüfung). Ferner muss die Konsultation des Dritten in Hinblick auf Leistungsart und -umfang sowie in Bezug auf das mit dem Externen vereinbarte Honorar für die Betriebsratsarbeit erforderlich sein, was zu verneinen ist, wenn dem Betriebsrat gleich geeignete Mittel zur Verfügung stehen, die den Arbeitgeber finanziell weniger belasten (Erforderlichkeitsprüfung). Schließlich darf die Beauftragung in Hinblick auf die Größe und Leistungsfähigkeit des Betriebs und die finanzielle Belastung des Arbeitgebers nicht in einem unangemessenen Verhältnis stehen zu dem Wert des mit der Maßnahme verfolgten Zwecks für die Betriebsratsarbeit (Angemessenheitsgebot).

III. Außenrechtsfähigkeit des Betriebsrats für Betriebsratsverträge innerhalb des gesetzlichen Wirkungskreises

Aus den betriebsverfassungsrechtlichen Vorschriften ergibt sich zwar, dass eine Beauftragung externer Berater durch den Betriebsrat gesetzlich vorgesehen ist und der Arbeitgeber für die hierfür erforderlichen Kosten aufkommen muss – eine Aussage darüber, ob der Betriebsrat selbst vertragliche Verpflichtung zu außerhalb der Betriebssphäre stehenden Dritten eingehen kann, ist damit allerdings nicht gewonnen. Möglich wäre auch ein Verständnis der die Hinzuziehung Dritter vorsehenden Vorschriften dahingehend, dass der Vertrag zwischen dem Externen und dem Arbeitgeber oder dem Externen und den einzelnen Betriebsratsmitgliedern persönlich zustande kommt.

1. Vertragsfähigkeit des Betriebsrats

Die Frage, ob der Betriebsrat über die notwendige Außenrechtsfähigkeit verfügt, um eine Parteistellung bei Verträgen mit Dritten einzunehmen, ist umstritten. Das Meinungsspektrum reicht von einer generellen Ablehnung der Rechtsfähigkeit bis hin zur Anerkennung einer unbeschränkten Innen- und Außenrechtsfähigkeit des Betriebsrats als Gremium. Ausgangspunkt der Diskussion ist § 40 Abs. 1 BetrVG, der den Arbeitgeber dazu verpflichtet, die durch die Tätigkeit des Betriebsrats entstehenden Kosten zu tragen, dabei aber offen lässt, auf welche Art und Weise es zu dem kostenverursachenden Vertrag mit einem betriebsexternen Dritten kommt.

a) Ablehnung der Außenrechtsfähigkeit des Betriebsrats

Teilweise wird die Auffassung vertreten, der Betriebsrat sei als Gremium nicht außenrechtsfähig und könne aus diesem Grund nicht Vertragspartner eines betriebsexternen Dritten werden.[99] Der Betriebsrat ist keine juristische Person i.S.d. §§ 21 ff. BGB – hierfür fehlt es an der konstitutiven Anerkennung durch den Staat, der dem Betriebsrat durch eine gesetzliche Regelung ausdrücklich eine Rechtspersönlichkeit verleihen und ihn damit als juristische Person mit umfassender Rechtsfähigkeit hätte anerkennen müssen.[100] Aus dem Umstand, dass der Gesetzgeber von einer solchen gesetzlichen Regelung abgesehen hat, wurde von einigen Stimmen in der Literatur geschlussfolgert, der Betriebsrat sei generell nicht rechtsfähig.[101] Nach diesem Rechtsverständnis ist der Betriebsrat allein als Zuordnungssubjekt für die von der Betriebsverfassung verliehenen Rechte und Pflichten anzusehen, das auf die interne Willensbildung beschränkt und für die Geltendmachung ebendieser Rechte auch in der innerbetrieblichen Sphäre auf die Vertretung durch den Vorsitzenden angewiesen ist.[102]

---

[99] BAG v. 24.04.1986 – 6 AZR 607/83, NZA 1987, 100; LAG Baden-Württemberg v. 22.06.1964 – 4 Sa 31/64, BB 1964, 963, LAG Schleswig-Holstein – 4 TaBV 15/73, DB 1973, 2174; *Glock* in: HWGNRH, § 40 Rn 97, 149; Jahnke, RdA 1975, 343 (345, 347); Gamillscheg, FS Otto, S. 93 (96); *v. Hoyningen-Huene*, Gedenkschrift Blomeyer (2003), S. 141 (149); Besgen in: BeckOK-ArbR, § 1 BetrVG Rn 54; *Weber* in GK-BetrVG, § 40 Rn 25; *Hueck/Nipperdey*, ArbR Bd. II/2, S. 1091, die dem Betriebsrat die Rechtsfähigkeit auch im Innenverhältnis absprechen; vgl. auch *Happe*, Die persönliche Rechtsstellung von Betriebsräten (2017), S. 85, der die Außenrechtsfähigkeit des Betriebsrats allein im Rahmen von § 111 Satz 2 BetrVG annimmt.
[100] *Schmitt*, Die Haftung betriebsverfassungsrechtlicher Gremien und ihrer Mitglieder (2017), S. 158 m.w.N.
[101] *Hueck/Nipperdey*, ArbR Bd. II/2, S. 1091; *Schmitt*, Die Haftung betriebsverfassungsrechtlicher Gremien und ihrer Mitglieder (2017), S. 158 m.w.N.
[102] *Hueck/Nipperdey*, ArbR Bd. II/2, S. 1091; *ders.* RdA 1964, 305 (306).

Dass dieses Verständnis nicht zutreffen kann, beweist schon die Tatsache, dass dem Betriebsrat als Gremium dann keinerlei Rechte und Pflichten zugeordnet werden könnten.[103] In der Konsequenz könnte er auch nicht Adressat von Erfüllungs-, Unterlassungs- und Folgenbeseitigungsansprüchen durch den Arbeitgeber sein, sodass Pflichtverletzungen durch den Betriebsrat in keiner Weise geahndet werden könnten.[104] Das ist mit dem heutigen Normverständnis der betriebsverfassungsrechtlichen Vorschriften nicht vereinbar. Dem Betriebsrat kann wegen der durch das Betriebsverfassungsrecht zugewiesenen Rechte und Pflichten die Rechtsfähigkeit nicht völlig abgesprochen werden.[105] Daher ist inzwischen weitgehend unbestritten, dass der Betriebsrat zumindest in Hinblick auf betriebsinterne Angelegenheiten Träger von Rechten und Pflichten und damit als Gremium jedenfalls innerhalb dieser Grenzen rechtsfähig ist.[106] Er ist zwar keine juristische Person, dennoch nimmt er als Kollegialorgan und damit als rechtlich verfasste Einheit die ihm durch das Betriebsverfassungsgesetz zugewiesenen Beteiligungsrechte wahr, wodurch er zum Rechtssubjekt in seinem Wirkungskreis wird.[107] Ausgehend von dieser Erkenntnis wird der Betriebsrat in Literatur[108] und Rechtsprechung[109] als „teilrechtsfähig" oder auch als „Rechtssubjekt in seinem Wirkungskreis" bezeichnet.[110]

Damit ist gleichwohl noch keine Aussage darüber gewonnen, ob er auch vertragliche Verbindlichkeiten mit Dritten eingehen kann, mithin außenrechts-

---

[103] *Belling*, Die Haftung des Betriebsrats und seiner Mitglieder für Pflichtverletzungen (1990), S. 220; *Triebel*, Die Haftung des Betriebsrats und der Durchgriff auf seine Mitglieder (2003), S. 30; *Schmitt*, Die Haftung betriebsverfassungsrechtlicher Gremien und ihrer Mitglieder (2017), S. 162.

[104] *Schmitt*, Die Haftung betriebsverfassungsrechtlicher Gremien und ihrer Mitglieder (2017), S. 162.

[105] *Dommermuth-Alhäuser/Heup*, BB 2013, 1261 (1463).

[106] *Fitting*, § 1 Rn 195; *Richardi* in: Richardi, Einl. Rn 113; *Franzen* in: GK-BetrVG, § 1 BetrVG Rn 73 *Reuter*, Der Betriebsrat als Mandant (2018), S. 62.

[107] *Richardi* in: Richardi, Einl. Rn 108.

[108] *Koch* in: ErfK, § 1 BetrVG Rn 18; *Fitting*, § 1 Rn 195; sinngemäß auch *Besgen* in: BeckOK-ArbR, § 1 BetrVG Rn 53; *Franzen* in: GK-BetrVG, § 1 Rn 73; *ders.*, FS Adomeit, S. 173 (183); *Belling*, Die Haftung des Betriebsrats und seiner Mitglieder für Pflichtverletzungen (1990), S. 222 f.; *Dommermuth-Alhäuser/Heup*, BB 2013, 1461 (1462); *Jawad*, Die rechtliche Stellung und die Rechtsfähigkeit des Betriebsrats (2004), S. 174 ff.; *Kempter*, FS Buchner, S. 423 ff.

[109] Erstmals BAG v. 24.04.1986 – 6 AZR 607/83, NZA 1987, 100; BAG v. 24.10.2001 – 7 ABR 20/00, BAGE 99, 208 Rn 14; BAG v. 29.09.2004 – 1 ABR 30/03, BAGE 112, 96 Rn 19; BAG v. 24.08.2006 – 8 AZR 414/05, AP Nr. 3 zu § 276 BGB Vertragsverletzung; BGH v. 25.10.2012 – III ZR 266/11, BGHZ 195, 174, NZA 2012, 1382.

[110] Ausführlich zur Ausgestaltung und zum Umfang der Teilrechtsfähigkeit des Betriebsrats: *Schmitt*, Die Haftung betriebsverfassungsrechtlicher Gremien und ihrer Mitglieder (2017), S. 163 ff.

fähig ist. In dieser Hinsicht wird von Teilen der Literatur die Auffassung vertreten, der Betriebsrat sei in seiner Rechtsfähigkeit auf die innerbetriebliche Ebene beschränkt.[111] Im Außenverhältnis dagegen bestehe weder eine Rechts- noch Vermögensfähigkeit und damit auch keine Vertragsfähigkeit des Betriebsrats.[112] Geht man von dieser Prämisse aus, kommt der Betriebsrat als Kollegialorgan als möglicher Vertragspartner eines Dritten nicht in Betracht, weil er im Außenverhältnis schlichtweg nicht existent ist.[113]

aa) Der Arbeitgeber als Vertragspartei

Stellenweise wird angenommen, der Arbeitgeber werde zum Vertragspartner des Dritten, wenn der Betriebsrat von seinem Anspruch auf Hinzuziehung externen Sachverstands Gebrauch macht.

(1) Vertragsstellung des Arbeitgebers aufgrund gesetzlicher Verpflichtung zum Vertragsabschluss

Einige Vertreter dieser Auffassung nehmen an, der Arbeitgeber sei aus § 40 Abs. 1 BetrVG dazu verpflichtet, den Vertrag mit dem Dritten zugunsten des Betriebsrats selbst abzuschließen.[114] Der Vertrag zwischen dem Dritten und dem Arbeitgeber sei inhaltlich darauf gerichtet, eine Beratung oder Vertretung nicht des Arbeitgebers, sondern des Betriebsrats herbeizuführen und stelle mithin einen echten Vertrag zugunsten Dritter gem. § 328 BGB dar.[115] Der Arbeitgeber könne seiner Verpflichtung zum Vertragsschluss mit dem Dritten darüber hinaus auch dadurch gerecht werden, dass er die Betriebsratsmitglieder dazu bevollmächtige, den entsprechenden Vertrag selbst abzuschließen.[116] Träten einzelne Betriebsratsmitglieder im Namen des Arbeitgebers auf, ohne vom Arbeitgeber bevollmächtigt worden zu sein (wobei eine Bevollmächtigung auch in Form der Duldungs- oder Anscheinsvollmacht in Betracht komme),

---

[111] *Besgen* in: BeckOK-ArbR, § 1 BetrVG Rn 54; *Franzen* in: GK-BetrVG, § 1 Rn 74; *v. Hoyningen-Huene*, Gedenkschrift Blomeyer (2003), S. 141 (149, 150); *Jawad*, Die rechtliche Stellung und die Rechtsfähigkeit des Betriebsrats (2004), S. 178 ff., 209 f.

[112] *Kempter*, FS Buchner, S. 423 (423); Ausführlich über die „Betriebsinterne Vermögensfähigkeit ohne Vertragsfähigkeit des Betriebsrats": *Reuter*, Der Betriebsrat als Mandant (2018), S. 69 ff.

[113] *Jawad*, Die rechtliche Stellung und die Rechtsfähigkeit des Betriebsrats (2004), S. 193.

[114] *Besgen* in: BeckOK-ArbR, § 1 BetrVG Rn 54; *ders.,* SchwerpunktKomm ArbR, § 1 Rn 54; *v. Hoyningen-Huene*, Gedenkschrift Blomeyer (2003), S. 141 (152); Kempter, FS Buchner, S. 423 (423, 425); *Franzen* in: GK-BetrVG, § 1 Rn 74.

[115] Kempter, FS Buchner, S. 423 (425).

[116] *Besgen,* SchwerpunktKomm ArbR, § 1 BetrVG Rn 54; *v. Hoyningen-Huene*, Gedenkschrift Blomeyer (2003), S. 141 (152).

komme es zu einer Haftung der handelnden Betriebsratsmitglieder als Vertreter ohne Vertretungsmacht gem. § 179 Abs. 1 BGB.[117]

Dieser Auffassung kann spätestens seit In-Kraft-Treten des § 111 Satz 2 BetrVG im Rahmen des Betriebsverfassungs-Reformgesetz von 2001 nicht mehr gefolgt werden. Denn den Gesetzesmaterialien zufolge soll der Betriebsrat durch § 111 Satz 2 BetrVG gerade dazu in die Lage versetzt werden, externen Sachverstand „unbürokratisch" und abweichend „von dem zeitaufwendigen Verfahren" des § 80 Abs. 3 BetrVG, der eine Abstimmung mit dem Arbeitgeber vor Hinzuziehung des Dritten vorsieht, hinzuzuziehen.[118] Wenn der Betriebsrat aber auf das Abwarten auf ein Tätigwerden des Arbeitgebers verwiesen wird, ist dies mit dem erklärten Gesetzeszweck des § 111 Satz 2 BetrVG unvereinbar, weil der Betriebsrat zur Durchsetzung seiner Rechte zunächst in ein zeitaufwendiges gerichtliches Beschlussverfahren gezwungen würde.[119] Darüber hinaus entstünde dem Berater ein Interessenskonflikt, wenn er in Erfüllung des Vertrags einerseits den Betriebsrat in der Durchsetzung dessen betriebsverfassungsrechtlicher Rechte unterstützen müsste, andererseits aber den Interessen des Arbeitgebers als sein Vertragspartner und Entrichter der finanziellen Gegenleistung Rechnung zu tragen hätte.[120]

(2) Unmittelbare Verpflichtung des Arbeitgebers kraft Verpflichtungsermächtigung des Betriebsrats aus § 40 Abs. 1 BetrVG

Andere Stimmen im Schrifttum vertreten die Auffassung, der Betriebsrat könne durch ein rechtsgeschäftliches Handeln seiner Mitglieder eine unmittelbare Verpflichtung des Arbeitgebers herbeiführen, der dann Vertragspartner des Dritten würde.[121] Dem Betriebsrat komme insoweit eine entsprechende Verpflichtungsermächtigung zu Lasten des Arbeitgebers zu.[122] Gegen diese Argumentation wird ins Feld geführt, dass es sich bei einem solchen Vertrag mit einem betriebsexternen Dritten den rechtlichen Auswirkungen nach um einen Vertrag zu Lasten Dritter, nämlich des Arbeitgebers, handeln würde, der

---

[117] *Löwisch/Kaiser*, § 40 Rn 9; *Weber* in: GK-BetrVG § 40 BetrVG Rn 26; *Jawad*, Die rechtliche Stellung und die Rechtsfähigkeit des Betriebsrats (2004), S. 194.

[118] BT-Drs. 14/5741, S. 52.

[119] *Preis/Ulber*, Anm. zu BGH, Urteil v. 25. Oktober 2012 – III ZR 266/11, JZ 2013, 579 (580); *Reuter*, Der Betriebsrat als Mandant (2018), S. 89.

[120] BGH v. 25.10.2012 – III ZR 266/11, BGHZ 195, 174, NZA 2012, 1382.

[121] *Glock* in: HWGNRH, § 40 Rn 97; Gamillscheg, FS Otto, S. 93 (96); Jahnke, RdA 1975, 343 (345, 347); *Bergwitz*, Die Rechtsstellung des Betriebsrats (2003), S. 451.

[122] Gamillscheg, FS Otto, S. 93 (96), der außerdem annimmt, das den Vertrag mit einem Dritten abschließende Betriebsratsmitglied sei häufig entweder ausdrücklich oder stillschweigend vom Arbeitgeber bevollmächtigt; erst wenn keine Vollmacht vorliege, sei davon auszugehen, dass § 40 BetrVG dem Betriebsrat eine entsprechende Verpflichtungsermächtigung erteile; vgl. auch BAG, v. 15.12.1978 – 6 ABR 93/77, AP Nr. 6 zu § 76 BetrVG 1972, Rn 18 f.

ohne seine Mitwirkung verpflichtet wird.[123] Für eine derart weitreichende Eingriffsbefugnis in die Sphäre des Arbeitgebers lässt das Betriebsverfassungsrecht mangels entsprechender ausdrücklicher gesetzlicher Regelung keinen Raum.[124]

(3) Gesetzliche Vertretungsmacht des Betriebsrats für den Arbeitgeber

Ein weiterer Teil des Schrifttums geht davon aus, § 40 Abs. 1 BetrVG vermittele dem Betriebsrat eine gesetzliche Vertretungsmacht, Verträge im Rahmen seines gesetzlichen Wirkungskreises abzuschließen.[125] Der Betriebsrat sei dazu in der Lage, den Arbeitgeber auch ohne Erteilung einer entsprechenden Vollmacht unmittelbar zu verpflichten, soweit er im Rahmen seiner gesetzlichen Aufgaben handele.[126]

Hiergegen wird zu Recht eingewandt, dass es an der dogmatischen Begründung für die Annahme einer gesetzlichen Vertretungsmacht fehlt.[127] Soweit das Gesetz eine gesetzliche Vertretungsmacht vorsieht, lässt sich dies dem Wortlaut in allen Fällen unmissverständlich entnehmen, wie etwa die §§ 1626 Abs. 1, 1629 Abs. 1 Satz 1 BGB, § 35 Abs. 1 Satz 1 GmbHG zeigen.[128] Dagegen regelt § 40 Abs. 1 BetrVG dem Wortlaut nach einzig die Auferlegung der Kostentragungspflicht auf den Arbeitgeber im Innenverhältnis zwischen Betriebsrat und Arbeitgeber.[129]

Ferner ergibt auch eine gesetzessystematische Auslegung der Vorschrift nichts anderes: Gesetzliche Vertretung wird im Gesetz immer dann angeordnet, wenn ein Rechtssubjekt nicht dazu in der Lage ist, privatautonom am Rechtsverkehr teilzunehmen[130] – hierzu ist der Arbeitgeber aber durchaus in

---

[123] *Dommermuth-Alhäuser/Heup*, BB 2013, 1461 (1461); *Haas*, Anwaltliches Mandatsverhältnis zum Betriebsrat (2009), S. 17.

[124] *Reuter*, Der Betriebsrat als Mandant (2018), S. 91.

[125] *Bergwitz*, Die Rechtsstellung des Betriebsrats (2003), S. 451; vgl. auch Jahnke, RdA 1975, 343 (344, 345ff.), der offen lässt, ob der Betriebsrat den Arbeitgeber im Sinne einer gesetzlichen Verpflichtungsermächtigung unmittelbar verpflichten könne oder ein Fall der gesetzlichen Stellvertretung vorliege.

[126] *Löwisch*, BB 2001, 1790 (1798), der die gesetzliche Vertretungsmacht in Anlehnung an die Rechtsauslegung über die Vergütung von Einigungsstellenmitgliedern vor In-Kraft-Treten des § 76a BetrVG annimmt.

[127] *Dommermuth-Alhäuser/Heup*, BB 2013, 1461 (1461); *Schmitt*, Die Haftung betriebsverfassungsrechtlicher Gremien und ihrer Mitglieder (2017), S. 178; *Müller-Boruttau*, Die Kostentragungspflicht des Arbeitgebers für Rechtsanwaltskosten des Betriebsrats im Rahmen von § 40 Abs. 1 BetrVG (2000), S. 68.

[128] *Dommermuth-Alhäuser/Heup*, BB 2013, 1461 (1461).

[129] Vgl. *Schmitt*, Die Haftung betriebsverfassungsrechtlicher Gremien und ihrer Mitglieder (2017), S. 178.

[130] *Müller-Boruttau*, Die Kostentragungspflicht des Arbeitgebers für Rechtsanwaltskosten des Betriebsrats im Rahmen von § 40 Abs. 1 BetrVG (2000), S. 68 m.w.N.

der Lage, weshalb er nicht auf eine Vertretung durch den Betriebsrat angewiesen ist.[131]

bb) Die Betriebsratsmitglieder als Vertragspartei

Eine eigenständige Verpflichtung der handelnden Betriebsratsmitglieder kommt entweder in Betracht, wenn diese in eigenem Namen Verträge mit Dritten abschließen oder wenn sie im Namen des Betriebsrats als Gremium handeln. Treten die handelnden Betriebsratsmitglieder bei einem Kontrahieren mit Dritten in eigenem Namen auf, wird von vornherein deutlich, dass der Vertrag mit ihnen persönlich zustande kommen soll.[132] Es gelten die allgemeinen zivilrechtlichen Regeln über das Zustandekommen von Rechtsgeschäften.[133] Allerdings ist bei der Auslegung der entsprechenden Willenserklärung nach den §§ 133, 157 BGB zu berücksichtigen, dass die ehrenamtlich tätigen Betriebsratsmitglieder im Regelfall nicht den Willen haben, privatrechtliche Verpflichtungen finanzieller Art einzugehen.[134] Ein Vertragsschluss mit der Folge, dass ein Betriebsratsmitglied selbst Vertragspartner des Dritten wird, kann daher – in Umkehrung des Regelungsgehalts von § 164 Abs. 2 BetrVG – nur angenommen werden, wenn der Wille, sich selbst zu verpflichten, eindeutig hervortritt.[135]

Treten einzelne Betriebsratsmitglieder dagegen im Namen des Betriebsrats als Gremium auf, wird vertreten, dass es aufgrund der von den Vertretern dieser Auffassung angenommenen fehlenden Außenrechtsfähigkeit des Betriebsrats gleichermaßen zu einer Verpflichtung des dem Dritten gegenüber auftretenden Betriebsratsmitglieds komme.[136] Dessen Willenserklärung sei so auszulegen, dass diese die Leistungserbringung des Dritten für und im Interesse von allen Betriebsratsmitgliedern herbeiführen solle.[137] Das durch den Betriebsrats-

---

[131] *Rosset*, Rechtssubjektivität des Betriebsrats und Haftung seiner Mitglieder (1985), S. 29; *Müller-Boruttau*, Die Kostentragungspflicht des Arbeitgebers für Rechtsanwaltskosten des Betriebsrats im Rahmen von § 40 Abs. 1 BetrVG (2000), S. 68 m.w.N.; zust.: *Dommermuth-Alhäuser/Heup*, BB 2013, 1461 (1461).

[132] *Weber* in: GK-BetrVG § 40 Rn 26; *Löwisch/Kaiser*, § 40 Rn 9; *Jawad*, Die rechtliche Stellung und die Rechtsfähigkeit des Betriebsrats (2004), S. 194.

[133] BAG v. 24.04.1986 – 6 AZR 607/83, NZA 1987, 100; *Weber* in: GK-BetrVG § 40 BetrVG Rn 26; *Jawad*, Die rechtliche Stellung und die Rechtsfähigkeit des Betriebsrats (2004), S. 194.

[134] BAG v. 24.04.1986 – 6 AZR 607/83, NZA 1987, 100.

[135] *Dommermuth-Alhäuser/Heup*, BB 2013, 1461 (1462).

[136] *Franzen* in: GK-BetrVG § 1 Rn 79; *ders.*, FS v. Hoyningen-Huene, S. 87 (92); *v. Hoyningen-Huene*, Gedenkschrift Blomeyer (2003), S. 141 (153, 154); *Weber* in: GK-BetrVG § 40 BetrVG Rn 26; *Löwisch/Kaiser*, § 40 Rn 9; *Jawad*, Die rechtliche Stellung und die Rechtsfähigkeit des Betriebsrats (2004), S. 194.

[137] *Jawad*, Die rechtliche Stellung und die Rechtsfähigkeit des Betriebsrats (2004), S. 194.

beschluss bevollmächtigte Betriebsratsmitglied vertrete die anderen Betriebsratsmitglieder dabei gegenüber dem Dritten.[138] Alle Mitglieder würden verpflichtet und hafteten dem Vertragspartner nach den §§ 164, 421, 427 BGB als Gesamtschuldner.[139] Soweit die durch den eingegangenen Vertrag entstehenden Kosten für die Betriebsratsarbeit erforderlich seien, könnten die Mitglieder sich diese gem. § 40 Abs. 1 BetrVG vom Arbeitgeber erstatten lassen.[140]

b) Anerkennung der Außenrechtsfähigkeit des Betriebsrats innerhalb des gesetzlichen Wirkungskreises

Das BAG[141], der BGH[142] und ein Großteil der Stimmen aus dem Schrifttum[143] gehen inzwischen davon aus, dass der Betriebsrat als Gremium im Verhältnis zu Dritten außenrechtsfähig ist, soweit er innerhalb der Grenzen seines gesetzlichen Wirkungskreises tätig wird.

aa) Begründung

Die Begründung für die Annahme einer Außenrechtsfähigkeit des Betriebsrats sind unterschiedlich.[144]

(1) Begründungsansatz des BGH

Der BGH entwickelte in seiner prominent gewordenen Grundsatzentscheidung vom 25. Oktober 2012 erstmalig ein umfassendes Modell für die rechtsgeschäftliche Außenhaftung des Betriebsrats.[145] Dabei erkannte er die Außenrechtsfähigkeit des Betriebsrats als Gremium im Rahmen seines Wirkungskreises ausdrücklich an.[146]

---

[138] *Jawad*, Die rechtliche Stellung und die Rechtsfähigkeit des Betriebsrats (2004), S. 194.

[139] *Jawad*, Die rechtliche Stellung und die Rechtsfähigkeit des Betriebsrats (2004), S. 194; *Franzen* in: GK-BetrVG § 1 Rn 79; *ders.*, FS v. Hoyningen-Huene, S. 87 (92).

[140] *Löwisch/Kaiser*, § 40 Rn 10.

[141] BAG v. 24.08.2006 – 8 AZR 414/05; BAG v. 09.12.2009 – 7 ABR 90/07, AP § 40 BetrVG 1972 Nr. 96, NZA 2010, 461 Rn 29.

[142] BGH v. 25.10.2012 – III ZR 266/11, BGHZ 195, 174, NZA 2012, 1382.

[143] *Fitting*, § 1 Rn 207; *ders.*, § 1 Rn 207 bereits in der 26. Auflage 2012, also vor der Entscheidung des BGH v. 25.10.2012 – III ZR 266/11; *Richardi* in: Richardi, Einl. Rn 113; *Schuster*, Die rechtliche Stellung des mehrköpfigen Betriebsrats (1999), S. 123 ff.; *Hoppe*, Anm. zu BGH, Urteil v. 25. Oktober 2012 – III ZR 266/11, ArbR 2012, 619 (619); *Dommermuth-Alhäuser/Heup*, BB 2013, 1461 (1462); Preis, JZ 2013, 579 (580) unter Aufgabe der gegenteiligen Auffassung in: Wlotzke/Preis/Kreft, BetrVG, 4. Auflage 2009, § 1 Rn 45.

[144] Ausführlich zu den unterschiedlichen Begründungsansätzen: *Reuter*, Der Betriebsrat als Mandant (2018), S. 75 ff., die in ihrem eigenen Lösungsansatz eine Unterscheidung zwischen Vermögens*rechts*fähigkeit und Vermögens*pflicht*fähigkeit vornimmt.

[145] BGH v. 25.10.2012 – III ZR 266/11, BGHZ 195, 174, NZA 2012, 1382.

[146] Ebd.

In dem der Entscheidung zugrunde liegenden Ausgangsfall hatte der Betriebsrat eines Großunternehmens mit mehr als 300 Arbeitnehmern ein Beratungsunternehmen i.S.d. § 111 Satz 2 BetrVG beauftragt, welches ihn in einem Interessensausgleichsverfahren betriebswirtschaftlich beraten sollte. Nachdem die Beratungsleistung erbracht worden war, übersandte das Beratungsunternehmen dem Betriebsrat eine Rechnung in Höhe von EUR 86.762,90. Der Betriebsratsvorsitzende leitete die Rechnung mit der Bitte um Begleichung an den Arbeitgeber weiter. Der Arbeitgeber verweigerte die Übernahme der veranschlagten Kosten mit der Begründung, ein Teil der erbrachten Beratungsleistung sei nicht erforderlich gewesen. Zudem habe das Beratungsunternehmen den Umfang und die Erbringung der Beratungsleistung nicht hinreichend dokumentiert. Der Betriebsrat bot dem Berater daraufhin an, seinen Freistellungsanspruch gem. § 40 Abs. 1 BetrVG gegen den Arbeitgeber an ihn abzutreten, was dieser ablehnte. Stattdessen verklagte er den Betriebsrat als Gremium und hilfsweise den Betriebsratsvorsitzenden sowie seine Stellvertreterin auf Zahlung.

Der BGH musste sich aufgrund der Entscheidung des Beratungsunternehmens, nicht den Arbeitgeber, sondern den Betriebsrat als Kollegialorgan in Anspruch zu nehmen, zwangsläufig mit der Außenrechtsfähigkeit des Betriebsrats auseinandersetzen. Der Senat schloss sich bei der Beantwortung der Rechtsfrage der bereits im Schrifttum vertretenen Auffassung[147] an, die den Betriebsrat als partiell rechtsfähig im Verhältnis zu betriebsexternen Dritten zur Begründung von Vertragsverhältnissen im Rahmen seines gesetzlichen Wirkungskreises ansieht.[148] Er stützt seine Entscheidung vor allem auf das logische Argument, § 40 Abs. 1 BetrVG setze es denknotwendig voraus, dass vertragliche Beziehungen des Betriebsrats zu Dritten möglich sein müssen.[149] Wäre in Konsequenz einer Ablehnung der Außenrechtsfähigkeit des Betriebsrats ohnehin der Arbeitgeber der Vertragspartner des Dritten, bedürfe es auch keines gesetzlichen Freistellungsanspruchs.[150]

Ferner gibt der Senat zu bedenken, dass sich die Außenrechtsfähigkeit auch daraus ergebe, dass lediglich der Betriebsrat als Gremium sinnvollerweise Vertragspartner des Dritten sein könne.[151] Würden an seiner statt die einzelnen Mitglieder berechtigt und verpflichtet werden, führe dies zu einem nicht zu

---

[147] Siehe etwa *Fitting*, 26. Auflage 2012, § 1 Rn 207; *Wiese* in: GK-BetrVG, 9. Auflage 2010, § 1 Rn 71; *Richardi* in: Richardi, 13. Auflage 2012, Einl. Rn 111; *Belling*, Die Haftung des Betriebsrats und seiner Mitglieder für Pflichtverletzungen (1990), S. 222 ff.; *Jawad*, Die rechtliche Stellung und die Rechtsfähigkeit des Betriebsrats (2004), S. 118 ff.
[148] BGH v. 25.10.2012 – III ZR 266/11, BGHZ 195, 174, NZA 2012, 1382.
[149] Ebd.
[150] Ebd.; OLG Frankfurt a.M. v. 21.09.2011 – 1 U 184/10; zust.: *Fitting*, § 1 Rn 207; *Dommermuth-Alhäuser/Heup*, BB 2013, 1461 (1462).
[151] BGH v. 25.10.2012 – III ZR 266/11, BGHZ 195, 174, NZA 2012, 1382; *Schwarze*, JA 2013, 467 (468).

III. Außenrechtsfähigkeit innerhalb des gesetzlichen Wirkungskreises 31

vereinbarenden Widerspruch mit der Ehrenamtlichkeit der Betriebsratstätigkeit, weil das finanzielle Risiko, das in dem Fall nicht den Betriebsrat, sondern dessen Mitglieder persönlich träfe, unzumutbar sei.[152] Dass auch der Arbeitgeber nicht zum Vertragspartner des Dritten werden könne, ergebe sich aus der Systematik des Betriebsverfassungsrechts, da das Erfordernis des auf Betreiben des Betriebsrats erfolgten Vertragsschlusses durch den Arbeitgeber dem Sinn von § 111 Satz 2 BetrVG widerspreche.[153] Dieser sehe – anders als § 80 Abs. 3 BetrVG – gerade keine vorhergehende Vereinbarung mit dem Arbeitgeber vor.[154]

(2) Begründungsansätze im Schrifttum

Im Schrifttum wird der Begründungsansatz des BGH vor allem in Bezug auf die Herleitung der Außenrechtsfähigkeit aus dem Bestehen des Freistellungsanspruchs, der eine eigene wirksame Verpflichtung des Betriebsrats gegenüber dem Dritten erfordere, kritisiert. Diese „denknotwendige" Schlussfolgerung des BGH wird in der Literatur teilweise als zirkelschlüssig bezeichnet.[155] Der erkennende Senat schließe von der Rechtsfolge – dem Freistellungsanspruch nach § 40 Abs. 1 BetrVG[156] – auf die Notwendigkeit einer wirksamen Verpflichtung und damit auf die Rechtsfähigkeit.[157] Dieser Rückschluss überzeuge dogmatisch nicht.[158]

Stattdessen wird die Außenrechtsfähigkeit des Betriebsrats teilweise aus der Erkenntnis geschlussfolgert, der Gesetzgeber habe dem Betriebsrat als rechtlich verfasste Einheit bestimmte betriebsverfassungsrechtliche Rechte zugeordnet und einen Vertragsschluss mit Dritten dadurch intendiert.[159] Die Zuerkennung von Rechten mit Drittbezug durch den Gesetzgeber habe gleichzeitig die Anerkennung des Betriebsrats als Gremium als „Rechtssubjekt in seinem

---

[152] BGH v. 25.10.2012 – III ZR 266/11, BGHZ 195, 174, NZA 2012, 1382; *Schwarze*, JA 2013, 467 (468).

[153] Ebd.

[154] Ebd.

[155] Ob es sich bei § 40 Abs. 1 BetrVG überhaupt um einen Freistellungsanspruch handelt, ist in der Literatur strittig, vgl. *Uffmann*, Anm. (2) zu BGH v. 25.10.2012 – III ZR 266/11, AP BetrVG 1972 § 40 Nr. 110; so auch *Schmitt*, Die Haftung betriebsverfassungsrechtlicher Gremien und ihrer Mitglieder (2017), S. 177; ähnlich kritisch bereits *Triebel*, Die Haftung des Betriebsrats und der Durchgriff auf seine Mitglieder (2003), S. 85.

[156] *Schmitt*, Die Haftung betriebsverfassungsrechtlicher Gremien und ihrer Mitglieder (2017), S. 177.

[157] *Uffmann*, Anm. (2) zu BGH v. 25.10.2012 – III ZR 266/11, AP BetrVG 1972 § 40 Nr. 110; zust.: *Schmitt*, Die Haftung betriebsverfassungsrechtlicher Gremien und ihrer Mitglieder (2017), S. 177.

[158] *Schmitt*, Die Haftung betriebsverfassungsrechtlicher Gremien und ihrer Mitglieder (2017), S. 177.

[159] *Uffmann*, Anm. (2) zu BGH v. 25.10.2012 – III ZR 266/11, AP BetrVG 1972 § 40 Nr. 110; *Schmitt*, Die Haftung betriebsverfassungsrechtlicher Gremien und ihrer Mitglieder (2017), S. 181 m.w.N.; zust.: *Benecke*, NZA 2018, 1361 (1365).

Wirkungskreis", das nicht auf den Betrieb begrenzt ist, bewirkt.[160] Systematisch spreche für die Außenrechtsfähigkeit, dass § 80 Abs. 3 BetrVG die Hinzuziehung eines Sachverständigen erst nach näherer Vereinbarung mit dem Arbeitgeber zulasse – ein Zusatz, der überflüssig sei, wenn es ohnehin der Arbeitgeber wäre, der die Verträge für den Betriebsrat abzuschließen habe.[161]

Andere Stimmen im Schrifttum unterscheiden überhaupt nicht zwischen der Innen- und Außenrechtsfähigkeit des Betriebsrats, sondern leiten seine Vertragsfähigkeit unmittelbar aus dem nach § 40 Abs. 1 BetrVG entstehenden Freistellungsanspruch ab, der ja beweise, dass das „Dogma der Vermögensunfähigkeit" nicht aufrecht erhalten werden könne.[162] Als weiteres Argument für das Bestehen der Außenrechtsfähigkeit des Betriebsrats wird ins Feld geführt, dass der ständigen Rechtsprechung des BAG zufolge die Abtretung des Freistellungsanspruchs gegen den Arbeitgeber an den Dritten möglich ist, womit die Anerkennung eines rechtsgeschäftlichen Tätigwerdens des Betriebsrats gegenüber Externen untrennbar verbunden sei.[163]

bb) Stellungnahme

Mit Blick auf die gesetzliche Ausgestaltung des Betriebsverfassungsrechts kann die Ansicht des rein auf die innerbetriebliche Ebene beschränkten teilrechtsfähigen Betriebsrats nicht gehalten werden. Weder der Arbeitgeber noch die Betriebsratsmitglieder sind in den gesetzlich vorgesehenen Fällen eines Kontrahierens mit außerhalb der Betriebssphäre stehenden Dritten geeignete Vertragspartner. Eine Vertragsstellung des Arbeitgebers führt zu nicht auflösbaren Widersprüchen mit dem Gesetz[164] und würde außerdem zu einem Interessenkonflikt des Dritten führen, der im Interesse des Betriebsrats tätig wird, sich aber mit dem Arbeitgeber auf seine Vergütung einigen muss. Eine Vertragsstellung der Betriebsratsmitglieder kann vor dem Hintergrund, dass diese ihr Amt ehrenamtlich und unentgeltlich ausüben und persönliche Verpflichtungen finanzieller Art daher in der Regel werden vermeiden wollen, ebenfalls nicht angenommen werden.[165] Die Außenrechtsfähigkeit des Betriebsrats als Gremium muss daher zumindest insoweit anerkannt werden, als dieser seinen

---

[160] *Schmitt*, Die Haftung betriebsverfassungsrechtlicher Gremien und ihrer Mitglieder (2017), S. 183; vgl. auch *Triebel*, Die Haftung des Betriebsrats und der Durchgriff auf seine Mitglieder (2003), S. 87, 88.

[161] *Schmitt*, Die Haftung betriebsverfassungsrechtlicher Gremien und ihrer Mitglieder (2017), S. 182 m.w.N.; *Triebel*, Die Haftung des Betriebsrats und der Durchgriff auf seine Mitglieder (2003), S. 87, 88.

[162] *Richardi* in: Richardi, Einl. Rn 112, 113.

[163] *Jawad*, Die rechtliche Stellung und die Rechtsfähigkeit des Betriebsrats (2004), S. 168; *Klapper*, Unterstützung des Betriebsrats durch in- und externen Sachverstand (2007), S. 240; Anm. *Reichold* zu BAG v. 29.09.2004 – 1 ABR 30/03, AP § 40 BetrVG 1972 Nr. 81.

[164] Siehe unter B) III 1. a) aa).

[165] Siehe unter B) III 1. b).

gesetzlichen Wirkungskreis nicht überschreitet. Die Reichweite der Außenrechtsfähigkeit des Betriebsrats ergibt sich aus der jeweiligen betriebsverfassungsrechtlichen Vorschrift, aus der die Ermächtigung für die Beauftragung eines außerhalb der Betriebssphäre stehenden Dritten hergeleitet wird. Innerhalb dieser Grenzen kann der Betriebsrat selbst Verträge mit Dritten abschließen.

2. Erfüllung der Gegenleistung

Als Vertragspartner des Dritten ist der Betriebsrat auch dessen Vergütungsschuldner.[166] Daran ändert auch die Tatsache nichts, dass der Betriebsrat über den durch das Betriebsverfassungsgesetz gesetzten Rahmen hinaus nicht generell vermögensfähig ist.[167] Denn das Vermögen als solches ist kein einheitlicher Verfügungsgegenstand, sondern es besteht aus der Summe aller geldwerten Rechte und Güter.[168] Als geldwertes Recht steht dem Betriebsrat der Anspruch gegen den Arbeitgeber auf Kostentragung gem. § 40 Abs. 1 BetrVG zu.[169] Die Vorschrift ist damit Dreh- und Angelpunkt der Diskussion um die denkbare Erfüllungsleistung des Betriebsrats. Auf welche Art und Weise sich die Erfüllung genau vollzieht und womit der Betriebsrat den Zahlungsanspruch des Dritten erfüllen kann, ist gesetzlich nicht vorgeschrieben.[170] In der Praxis haben sich unterschiedliche Modalitäten für die Erfüllung der dem betriebsexternen Dritten versprochenen Gegenleistung – und damit korrespondierend für die Erfüllung des Kostentragungsanspruchs aus § 40 Abs. 1 BetrVG durch den Arbeitgeber – herausgebildet.

a) Zahlungsversprechen des Betriebsrats

Nach Ansicht des BAG sowie des BGH kann der Betriebsrat einem betriebsexternen Dritten bei Vertragsschluss die Zahlung eines Entgelts versprechen.[171] Die Durchsetzung der Zahlungsforderung lasse sich durch Zugriff auf den Anspruch des Betriebsrats auf Tragung der Kosten durch den Arbeitgeber realisieren[172], der gewissermaßen das Vermögen des Betriebsrats bilde[173]. § 40 Abs. 1 BetrVG stellt nach herrschender Auffassung in Rechtsprechung und

---

[166] OLG Frankfurt a. M. v. 16.12.2013 – 1 U 184/10, NJOZ 2014, 757.
[167] BAG v. 29.09.2004 – 1 ABR 30/03, NZA 2005, 123; *Haas*, Anwaltliches Mandatsverhältnis zum Betriebsrat (2009), S. 36; *Dommermuth-Alhäuser/Heup*, BB 2013, 1461 (1463).
[168] *Haas*, Anwaltliches Mandatsverhältnis zum Betriebsrat (2009), S. 36 m.w.N.
[169] Vgl. *Fitting*, § 1 Rn 207.
[170] *v. Hoyningen-Huene*, Gedenkschrift Blomeyer (2003), S. 141 (141).
[171] BAG v. 21.06.1989 – 7 ABR 78/87, AP BetrVG 1972 § 76 Nr. 34, NZA 1990, 107; BGH v. 25.10.2012 – III ZR 266/11, BGHZ 195, 174, NZA 2012, 1382.
[172] Ebd.
[173] *Fitting*, § 1 Rn 207 m.w.N.

Schrifttum einen Freistellungsanspruch des Betriebsrats gegen den Arbeitgeber auf Freistellung von den für die Betriebsratsarbeit erforderlichen Kosten dar.[174] Da der Begriff der Freistellung im Bürgerlichen Gesetzbuch nicht auftaucht, ist diese Rechtsauffassung konkretisierungsbedürftig: Die Einordnung des Anspruchs aus § 40 Abs. 1 BetrVG als Freistellungsanspruch wird damit begründet, dass der Betriebsrat, indem er eine Verbindlichkeit mit einem Dritten eingeht, eine Aufwendung tätigt. Für diese Aufwendung kann er vom Arbeitgeber die Befreiung von der lediglich übernommenen, mangels eigener Vermögensmasse aber noch nicht erfüllten Verbindlichkeit fordern.[175]

Dogmatisch wird dabei auf die Regelung des § 257 BGB zurückgegriffen. Die Vorschrift regelt einen gesetzlichen Befreiungsanspruch, demgemäß derjenige, der berechtigt ist, Ersatz für Aufwendungen zu verlangen, die er für einen bestimmten Zweck macht, Befreiung von einer zu diesem Zweck eingegangenen Verbindlichkeit verlangen kann. Wenn der Betriebsrat mit einem betriebsexternen Dritten einen Vertrag schließt, in welchem er eine vermögenswerte Gegenleistung verspricht, ist diese Verpflichtung zur Zahlung eines Entgelts eine Aufwendung i.S.d. § 670 BGB, welche der Betriebsrat – sofern die Voraussetzungen des § 40 Abs. 1 BetrVG vorliegen – als Ersatzberechtigter gemäß § 257 Satz 1 BGB vom Arbeitgeber fordern kann.[176]

b) Vornahme der Zahlung durch den Arbeitgeber

Der Arbeitgeber kann die Verbindlichkeit dem Dritten gegenüber begleichen und damit eine Zahlung an einen Dritten mit befreiender Wirkung gem. § 267 Abs. 1 i.V.m. § 362 Abs. 1 BGB vornehmen.[177] Er kann sich auch dazu entscheiden, die Schuld des Betriebsrats mit befreiender Wirkung gem. §§ 414, 415 BGB zu übernehmen.[178] Entscheidend ist, dass der Betriebsrat im Ergebnis von der eingegangenen Verbindlichkeit befreit wird.[179] Denkbar ist daher auch eine Befreiung von der Verbindlichkeit in der Weise, dass der Arbeitgeber den Dritten dazu veranlasst, die Schuld des Betriebsrats

---

[174] St. Rspr., vgl. etwa BAG v. 13.05.1998 – 7 ABR 65/96, AP § 80 BetrVG 1972 Nr. 55; BAG v. 29.07.2009, AP Nr. 93 zu § 40 BetrVG 1972 Rn 20, BAG v. 9.12.2009, AP Nr. 96 zu § 40 BetrVG 1972; BAG v. 24.10.2001 – 7 ABR 20/00, AP § 40 BetrVG 1972 Nr. 71; BAG v. 17.08.2005 – 7 ABR 56/04, NZA 2006, 109; *Fitting*, § 40 Rn 93; *Reuter*, Der Betriebsrat als Mandant (2018), 101.

[175] *Müller-Boruttau*, Die Kostentragungspflicht des Arbeitgebers für Rechtsanwaltskosten des Betriebsrats im Rahmen von § 40 Abs. 1 BetrVG (2000), S. 58.

[176] Vgl. *Krüger* in: MüKo zum BGB, § 257 Rn 1.

[177] *Müller-Boruttau*, Die Kostentragungspflicht des Arbeitgebers für Rechtsanwaltskosten des Betriebsrats im Rahmen von § 40 Abs. 1 BetrVG (2000), S. 58.

[178] BGH, 08.10.1964 – II ZR 132/63, NJW 1965, 249; *v. Hoyningen-Huene*, Gedenkschrift Blomeyer (2003), S. 141 (153); *Krüger* in: MüKo zum BGB, § 257 Rn 4; *Grüneberg* in: Palandt, BGB, § 257 Rn 2; zust.: *Reuter*, Der Betriebsrat als Mandant (2018), S. 103.

[179] *Krüger* in: MüKo zum BGB, § 257 Rn 4.

gem. § 397 BGB zu erlassen, wenngleich dies in der Praxis der Ausnahmefall bleiben dürfte.[180]

c) Vornahme der Zahlung durch den Betriebsrat

Hat der Betriebsrat dem Dritten bei Vertragsschluss die Zahlung eines Entgelts versprochen, kann er diese trotz seiner genereller Vermögensunfähigkeit auch selbst vornehmen, wenn ihm die entsprechenden Mittel dazu vom Arbeitgeber überlassen worden sind.

aa) Vorschuss

Hierfür kommt zunächst in Betracht, dass der Arbeitgeber dem Betriebsrat zur Deckung der erforderlichen Kosten einen Vorschuss gezahlt hat. Denn der Arbeitgeber ist auf Verlangen des Betriebsrats hin dazu verpflichtet, den Anspruch aus § 40 Abs. 1 BetrVG vorsorglich für voraussichtliche erforderliche Aufwendungen zu erfüllen, indem er dem Betriebsrat einen entsprechenden Geldbetrag für im Zusammenhang mit der Tätigkeit des Betriebsrats zukünftig entstehende Kosten zur Verfügung stellt.[181] Wie dieser Anspruch dogmatisch herzuleiten ist, ist in der Literatur umstritten. Stellenweise wird vertreten, der Anspruch auf Zahlung eines angemessenen Vorschusses ergebe sich aus § 669 BGB.[182] Die Vorschrift enthalte den verallgemeinerungsfähigen Rechtsgedanken, dass derjenige, der gesetzlich zur Kostentragung verpflichtet ist, auch Vorschuss zu leisten habe.[183] Einer anderen Auffassung zufolge ergibt sich die Vorschusspflicht des Arbeitgebers unmittelbar aus § 2 Abs. 1 BetrVG.[184] Wieder andere sehen den Anspruch auf Zahlung eines Vorschusses in § 40 Abs. 1 BetrVG i.V.m. § 78 Satz 2 BetrVG begründet.[185]

Vorzugswürdig ist die Auffassung, die den Anspruch auf Zahlung eines Vorschusses unmittelbar aus § 40 Abs. 1 BetrVG i.V.m. § 78 Satz 2 BetrVG herleitet. Zu widersprechen ist allerdings dem hierfür angestrengten Begründungsansatz, der Anspruch könne sich nicht aus § 669 BGB ergeben, weil der

---

[180] *v. Hoyningen-Huene*, a.a.O.
[181] ArbG Bremerhaven v. 11.12.1985 – 2 BV 10/85, AiB 1886, 167; *Weber* in: GK-BetrVG, § 40 Rn 35; *Thüsing* in: Richardi, § 40 Rn 44; *Fitting*, § 40 Rn 91; *Koch* in: ErfK, § 40 Rn 14; *Löwisch/Kaiser*, § 40 Rn 3.
[182] *Bulla*, DB 1974, 1622 (1623); *Dütz/Säcker*, DB 1972, Beil. Nr. 17, 3 (7); *v. Hoyningen-Huene*, Gedenkschrift Blomeyer (2003), S. 141 (154); *Franzen*, FS Adomeit, S. 173 (177); *Rosset*, Rechtssubjektivität des Betriebsrats und Haftung seiner Mitglieder (1985), S. 45; *Künzl*, ZfA 1993, 341 (363); *Thüsing* in: Richardi, § 40 Rn 44; zust. wohl auch: *Picht*, Haftung des Betriebsrats und seiner Mitglieder bei rechtsgeschäftlichen Verbindlichkeiten (2018), S. 74.
[183] Ebd.
[184] *Weber* in: GK-BetrVG, § 40 Rn 35.
[185] *v. Hoyningen-Huene*, Gedenkschrift Blomeyer (2003), S. 141 (154); *Reuter*, Der Betriebsrat als Mandant (2018), S. 105.

Betriebsrat nicht für den Arbeitgeber und in seinem Interesse handele.[186] Stattdessen ist der Rückgriff auf § 669 BGB gar nicht nötig, weil § 40 Abs. 1 BetrVG i.V.m. § 78 Satz 2 BetrVG die wesentlichen typologischen Elemente der Rechte und Pflichten beim Auftrag[187] selbst beinhaltet: Die §§ 669, 670 BGB zielen auf eine Nachteilsausgleichung bei fremdnützigem Handeln eines Beauftragten ab, der den Auftrag unentgeltlich ausführt und dem im Sinne ausgleichender Gerechtigkeit auch keine Nachteile daraus erwachsen sollen.[188] Ebendieses Prinzip der Unentgeltlichkeit wird für die Betriebsratstätigkeit in den § 40 Abs. 1 BetrVG i.V.m. § 78 Satz 2 BetrVG geregelt. Ebenso wie in § 669 BGB wird die Vorschusspflicht auf die erforderlichen Kosten begrenzt. Darüber hinaus kann die Erfüllung der Vorschusspflicht i.S.d. § 669 BGB nicht vom Beauftragten eingeklagt werden, da der Beauftragte keinen Anspruch darauf hat, den Auftrag auszuführen[189], während im betriebsverfassungsrechtlichen Innenverhältnis zwischen Betriebsrat und Arbeitgeber ein Eigeninteresse an der die Kosten verursachenden Betriebsratstätigkeit besteht. Aus diesem Grund ist der Vorschussanspruch des Betriebsrats gegen den Arbeitgeber auch einklagbar; die Betriebsratsmitglieder können wegen § 78 Satz 2 BetrVG nicht darauf verwiesen werden, die Kosten zunächst selbst zu tragen. Eines zusätzlichen Rückgriffs auf § 669 BGB oder das allgemeine Gebot der vertrauensvollen Zusammenarbeit gem. § 2 Abs. 1 BetrVG bedarf es nicht.[190]

Zu beachten ist jedoch, dass der Betriebsrat nicht Eigentümer des vom Arbeitgeber zur Verfügung gestellten Geldes werden kann.[191] Der Freistellungsanspruch nach § 40 Abs. 1 BetrVG, welcher der Vorschusspflicht zugrunde liegt, ist auf Freistellung von einer Verbindlichkeit und nicht auf Zahlung in Form einer Geldübereignung gerichtet – der Vorschussanspruch kann aber nicht mehr Rechtsmacht verleihen als der Freistellungsanspruch selbst.[192] Der Betriebsrat tritt folglich als Bote auf, nicht aber als Zwischeneigentümer des Geldes.[193] Außerdem kann der Betriebsrat die Zahlung an den Dritten mit dem vom Arbeitgeber bevorschussten Geld zwar selbst vornehmen, der Dritte kann

---

[186] So aber *Weber* in: GK-BetrVG, § 40 Rn 35; *v. Hoyingen-Huene*, Gedenkschrift Blomeyer (2003), S. 141 (154); zust.: *Haas*, Anwaltliches Mandatsverhältnis zum Betriebsrat (2009), S. 40.
[187] Vgl. *Schäfer* in: MüKo zum BGB, § 662 BGB Rn 11.
[188] *Schäfer* in: MüKo zum BGB, § 662 BGB Rn 13.
[189] *Wiese* in: Schulze, BGB Komm., § 669 Rn 2.
[190] Im Ergebnis auch *Reuter*, Der Betriebsrat als Mandant (2018), S. 105.
[191] *v. Hoyningen-Huene*, Gedenkschrift Blomeyer (2003), S. 141 (154), der den Betriebsrat für nicht rechtsfähig hält und einen Eigentumsübergang schon deswegen verneint; *Haas*, Anwaltliches Mandatsverhältnis zum Betriebsrat (2009), S. 41 nimmt dagegen eine zwischen Arbeitgeber und Betriebsrat zumindest konkludent vereinbarte Verfügungsbefugnis an, während einer Eigentumsübertragung schon das Vergütungsverbot aus § 37 Abs. 1 BetrVG sowie die nur funktional durch das BVerfG zugewiesene Rechtsfähigkeit des Betriebsrats entgegenstünden; *Reuter*, Der Betriebsrat als Mandant (2018), S. 106.
[192] *Reuter*, Der Betriebsrat als Mandant (2018), S. 106.
[193] *Reuter*, a.a.O.

diese Modalität der Erfüllungsleistung aber nicht verlangen.[194] Es ist Sache des Betriebsrats als Inhaber des Freistellungsanspruchs aus § 40 Abs. 1 BetrVG, auf welche Weise er die versprochene Zahlung bewirkt.[195]

bb) Dispositionsfonds

Der Betriebsrat kann die Zahlung an den Dritten selbst vornehmen, wenn er vom Arbeitgeber einen Dispositionsfonds zur Verfügung gestellt bekommen hat.[196] Es ist anerkannt, dass der Arbeitgeber dem Betriebsrat anstelle der Gewährung eines Vorschusses einen Dispositionsfonds zur Verfügung stellen kann, um seiner Pflicht aus § 2 Abs. 1 BetrVG i.V.m. § 78 Satz 2 BetrVG gerecht zu werden.[197] Die Einrichtung eines solchen Fonds lässt die Geltendmachung weiterer Ansprüche des Betriebsrats aus § 40 Abs. 1 BetrVG i.V.m. § 78 Satz 2 BetrVG für gegebenenfalls bestehende Nachforderungen unberührt.[198] Über die verwendeten Mittel muss in angemessenen Zeitabständen abgerechnet werden.[199] Auch der Fonds stellt indes kein frei verfügbares Vermögen des Betriebsrats dar, sondern er dient lediglich der Geschäftsvereinfachung.[200]

d) Vornahme der Zahlung durch die Betriebsratsmitglieder mit korrespondierendem Erstattungsanspruch

Schließlich können die Betriebsratsmitglieder die Gegenleistung an den Dritten auch mit eigenen Mitteln bewirken. Da die Kostentragungspflicht des Arbeitgebers nicht nur gegenüber dem Betriebsrat als Gremium, sondern auch gegenüber einzelnen Betriebsratsmitgliedern besteht[201], steht diesen ein aus dem Kollektivanspruch des Betriebsrats abgeleiteter Individualanspruch auf Freistellung von einer Verbindlichkeit zu.[202] Zahlt das Betriebsratsmitglied das Entgelt an den Dritten selbst, wandelt sich der Freistellungsanspruch in einen

---

[194] *Dommermuth-Alhäuser/Heup*, BB 2013, 1461 (1463).
[195] Ebd.
[196] *v. Hoyningen-Huene*, Gedenkschrift Blomeyer (2003), S. 141 (155, 156); *Jawad*, Die rechtliche Stellung und die Rechtsfähigkeit des Betriebsrats (2004), S. 201.
[197] *Dütz/Säcker*, DB 1972, Beil. Nr. 17, 3 (7); *v. Hoyningen-Huene*, Gedenkschrift Blomeyer (2003), S. 141 (154); *Fitting*, § 40 Rn 91; *Weber* in: GK-BetrVG, § 40 Rn 36; *Thüsing* in Richardi, § 40 Rn 44.
[198] *Weber* in: GK-BetrVG, § 40 Rn 36.
[199] BAG v. 29.09.2004 – 1 ABR 30/03, NZA 2005, 123.
[200] *Jawad*, Die rechtliche Stellung und die Rechtsfähigkeit des Betriebsrats (2004), S. 201.
[201] *Weber* in GK-BetrVG, § 40 Rn 49.
[202] BAG v. 27.03.1979 – 6 ABR 15/77, AP ArbGG 1953 § 80 Nr. 7; *Weber* in GK-BetrVG, § 40 Rn 21, Rn 96; *Thüsing* in Richardi, § 40 Rn 43; *Fitting*, § 40 Rn 93.

Zahlungs- bzw. Erstattungsanspruch des einzelnen Mitglieds gegen den Arbeitgeber um.[203] Darüber hinaus können einzelne Betriebsratsmitglieder, genau wie der Betriebsrat, bei einem Vertragsschluss mit einem Dritten vom Arbeitgeber einen Vorschuss verlangen.[204] Steht dem Betriebsrat ein Dispositionsfonds zur Verfügung, entsteht dagegen solange kein Freistellungs- bzw. Zahlungsanspruch, wie dem Betriebsrat noch Mittel aus dem Fonds zur Verfügung stehen.[205] Betriebsratsmitglieder sind dann gehalten, den Vorschuss- bzw. Erstattungsanspruch notfalls im Beschlussverfahren direkt gegenüber dem Betriebsrat geltend zu machen.[206]

e) Abtretung des Freistellungsanspruchs an den Vertragspartner des Betriebsrats

Als weitere Möglichkeit kann der Betriebsrat bei Vertragsschluss mit einem Dritten als Gegenleistung den ihm gegen den Arbeitgeber zustehenden Freistellungsanspruch aus § 40 Abs. 1 BetrVG abtreten.[207] Die Abtretung erfolgt schuldbefreiend an Erfüllungs statt gem. § 364 Abs. 1 BGB.[208] In der Folge wandelt sich der Freistellungsanspruch in einen Zahlungsanspruchs des Dritten, der gleichzeitig Zessionar der abgetretenen Forderung ist, gegen den Arbeitgeber um.[209]

---

[203] BAG v. 27.03.1979 – 6 ABR 15/77, AP § 80 ArbGG 1953 Nr. 7; *v. Hoyningen-Huene*, Gedenkschrift Blomeyer (2003), S. 141 (153 f.); *Fitting*, § 40 Rn 93; *Weber* in GK-BetrVG, § 40 Rn 22; vgl. auch *Thüsing* in Richardi, § 40 Rn 49, der den Anspruch aber aus den Vorschriften über die Geschäftsführung ohne Auftrag herleitet; *Reuter*, Der Betriebsrat als Mandant (2018), S.104, die den Erstattungsanspruch wohl aus §§ 670, 257 BGB herleitet.
[204] Vgl. *v. Hoyningen-Huene*, Gedenkschrift Blomeyer (2003), S. 141 (155).
[205] *Weber* in GK-BetrVG, § 40 Rn 22.
[206] *Thüsing* in Richardi, § 40 Rn 96; *Weber* in GK-BetrVG, § 40 Rn 23; *Fitting*, § 40, Rn 139.
[207] *Fitting*, § 1 Rn 207; *Ehrich/Hoß*, NZA 1996, 1075 (1078); *Fischer*, NZA 2014, 343 (347) spricht sich dafür aus, dass der Vertrag mit dem Dritten dem Gebot vernünftiger Prozessökonomie entsprechend nur im Rahmen der Durchsetzung des betriebsratlichen Freistellungsanspruchs oder durch Abtretung des Freistellungsanspruchs des Betriebsrats erfüllt werden soll.
[208] *Reuter*, Der Betriebsrat als Mandant (2018), S. 103, die darauf hinweist, dass weder § 399 BGB noch § 400 BGB i.V.m. § 850a Nr. 3 ZPO der Abtretung entgegenstehen, weil die Rspr. eine Ausnahme zulässt, wenn der Schuldbefreiungsanspruch an den Gläubiger der Schuld abgetreten wird bzw. wenn eine unpfändbare Forderung abgetreten wird, der Zedent vom Zessionar aber eine wirtschaftlich gleichwertige Gegenleistung für die abgetretene Forderung erhält, was im vorliegenden Fall darin zu sehen ist, dass der Dritte als Zessionar für die Abtretung darauf verzichtet, die vom Betriebsrat eingegangene Verpflichtung gegen ihn geltend zu machen.
[209] BAG v. 24.10.2001, AP BetrVG 1972 § 40 Nr. 71; BAG v. 13.05.1998, AP BetrVG 1972 § 80 Nr. 55; BAG v. 25.08.2004 NZA 2005, 168; LAG Nds 24.01.2000, LAGE Nr. 65 zu § 40 BetrVG 1972 = NZA-RR 2000, 309; *Koch* in: ErfK, § 40 Rn 14; *Thüsing* in: Richardi, § 40 Rn 43–46.

3. Reichweite der Außenrechtsfähigkeit

Die Anerkennung einer nur partiellen Rechts- und Vermögensfähigkeit des Betriebsrats im Rahmen seiner gesetzlich zugewiesenen Aufgaben wirft die Frage auf, innerhalb welcher Grenzen der Betriebsrat im Außenverhältnis Verpflichtungen eingehen kann. Der BGH führt hierzu aus:

„Da die Vermögens- und Rechtsfähigkeit des Betriebsrats gerade auch im Rechtsverkehr mit Dritten auf den ihm vom Betriebsverfassungsgesetz übertragenen Aufgabenkreis beschränkt ist, kann er nach allgemeiner Meinung außerhalb dieses gesetzlichen Wirkungskreises keine privatrechtlichen Geschäfte tätigen. Der Betriebsrat stellt insoweit kein Rechtssubjekt dar".[210]

Eine Überschreitung der durch die beschränkte Rechtsfähigkeit des Betriebsrats gezogene Grenzen tritt nach Ansicht des Senats einerseits ein, wenn der Gegenstand des geschlossenen Vertrags nicht innerhalb des gesetzlichen Aufgabenkreises des Betriebsrats liegt oder andererseits, soweit die vereinbarte Leistung des Dritten oder das ihm versprochene Honorar für die Erfüllung der Betriebsratsaufgaben nicht erforderlich ist.[211] In beiden Fällen steht dem Betriebsrat kein Anspruch auf Übernahme der Kosten gem. § 40 Abs. 1 BetrVG zu, den er als vermögensrechtliche Gegenleistung versprechen kann mit der Folge, dass der Betriebsrat als Kollegialorgan weder vermögens- noch rechtsfähig ist.[212] Damit wird die Grenze der Außenteilrechtsfähigkeit des Betriebsrats vom BGH an der Stelle gezogen, an der eine Verpflichtung des Betriebsrats als Gremiums für den Vertragspartner ohne Wert ist, weil sie nicht von einem Kostenfreistellungsanspruch des Betriebsrats gegen den Arbeitgeber gedeckt ist.[213]

4. Rechtsfolgen bei fehlender Außenrechtsfähigkeit

Der Betriebsrat ist außerhalb seines gesetzlichen Wirkungskreises nicht rechtsfähig. Da die Rechtsfähigkeit Voraussetzung für die Geschäftsfähigkeit ist[214], ist er außerdem auch nicht geschäftsfähig gem. § 105 Abs. 1 BGB.[215] Ein Rechtsgeschäft, das der Betriebsrat außerhalb seines Wirkungskreises schließt, ist daher von Anfang an unwirksam.[216] Das BAG hat in diesem Sinne schon im Jahr 1986 festgestellt, dass es dem Betriebsrat als Gremium an der erforderlichen Rechtsfähigkeit für das Führen einer Betriebskantine in unternehmeri-

---

[210] BGH v. 25.10.2012 – III ZR 266/11, BGHZ 195, 174, NZA 2012, 1382 m.w.N.
[211] BGH v. 25.10.2012 – III ZR 266/11, BGHZ 195, 174, NZA 2012, 1382.
[212] Insoweit folgt der Formulierung des BGH zufolge das „rechtliche Können" dem „vermögensmäßigen Können".
[213] Vgl. auch *Schwarze*, JA 2013, 467 (469).
[214] *Spickhoff* in: MüKo zum BGB, § 1 BGB Rn 8.
[215] *Dommermuth-Alhäuser/Heup*, BB 2013, 1461 (1463).
[216] BGH v. 25.10.2012 – III ZR 266/11, BGHZ 195, 174, NZA 2012, 1382.

scher Eigenverantwortlichkeit fehle, wenn es an einer entsprechenden Ermächtigungsgrundlage hierzu fehle.[217] Im Unterschied dazu verfolgt der Betriebsrat, wenn er Verträge mit betriebsexternen Dritten eingeht, regelmäßig das Ziel, sich Unterstützung in der Geltendmachung seiner durch das Betriebsverfassungsrecht zugewiesenen Rechte einzuholen – es existiert also in den allermeisten Fällen eine entsprechende Zuweisungsnorm. Ein Vertragsschluss mit einem Dritten „*ins Blaue hinein*" und fernab der betriebsverfassungsrechtlichen Aufgaben erscheint dagegen praxisfremd. Viel öfter präsentiert sich die Ausgangslage im Rahmen der Einholung externen Sachverstands dergestalt, dass der Betriebsrat beschließt, einen Vertrag mit einem Externen zu schließen, um seine betriebsverfassungsrechtlichen Aufgaben besser wahrnehmen zu können. Der Beratungsgegenstand fällt dabei jedoch nur teilweise in den Bereich des Erforderlichen oder die Honorarzusage, die der Betriebsrat gegenüber dem Dritten abgibt, überschreitet den üblichen Umfang und ist daher nicht von § 40 Abs. 1 BetrVG gedeckt. Der die Erforderlichkeitsgrenze überschreitende Teil des Vertrags ist in der Folge unwirksam, weil es dem Betriebsrat an der Rechtsfähigkeit und damit auch an der Geschäftsfähigkeit zum Vertragsschluss fehlt. Die Nichtigkeit eines Teils des Rechtsgeschäfts hat gem. § 139 BGB jedoch nur dann die Nichtigkeit des ganzen Rechtsgeschäfts zur Folge, wenn nicht anzunehmen ist, dass es auch ohne den nichtigen Teil vorgenommen sein würde. Für die Beurteilung kommt es auf den mutmaßlichen Willen beider Parteien – also den Betriebsrat und den Dritten – an.[218]

Der Vertrag zwischen dem Betriebsrat und einem Dritten kann daher in einen wirksamen und einen unwirksamen Teil zerfallen: Im Bereich des gesetzlichen Wirkungskreises und innerhalb der Grenze des Erforderlichen steht dem Betriebsrat ein Anspruch auf Übernahme der Kosten gem. § 40 Abs. 1 BetrVG zu, sodass er in diesem Umfang vermögensfähig und daher rechtsfähig ist und sich wirksam verpflichten kann.[219] Ist anzunehmen, dass die Parteien diesen Teil des Vertrags und die entsprechende Beraterleistung ohne den die Erforderlichkeitsgrenze überschreitenden Teil trotzdem geschlossen und den Beratungsgegenstand auf diesen Teil beschränkt hätten, ist dieser Vertragsteil wirksam.[220] Ist eine Teilbarkeit der vereinbarten gegenseitigen Leistungen nicht möglich oder von den Parteien – nach entsprechender Vertragsauslegung – nicht intendiert, macht der nichtige Teil des Vertrags den ganzen Vertrag nichtig.[221]

---

[217] BAG v. 24.04.1986 – 6 AZR 607/83, NZA 1987, 100.
[218] Vgl. statt vieler *Ellenberger* in: Palandt, § 139 BGB Rn 14.
[219] BGH v. 25.10.2012 – III ZR 266/11, BGHZ 195, 174, NZA 2012, 1382.
[220] Vgl. auch *Reuter*, Der Betriebsrat als Mandant (2018), S. 139.
[221] *Reuter*, Der Betriebsrat als Mandant (2018), S. 139.

IV. Ergebnis

Der Betriebsrat ist als Gremium partiell außenrechtsfähig. Er kann Außenrechtsgeschäfte mit Dritten eingehen, soweit der Vertrag mit dem Dritten in Hinblick auf Leistungsart und -umfang sowie auf die vereinbarte Honorarhöhe erforderlich i.S.d. § 40 Abs. 1 BetrVG ist und ihm ein aus diesem Grund ein Freistellungsanspruch gegen den Arbeitgeber zusteht. Unabhängig davon kann der Betriebsrat gegenüber dem Dritten bei Vertragsschluss ein Zahlungsversprechen abgeben.

Hat der Vertrag mit dem Dritten Leistungen oder Honorarvereinbarungen zum Inhalt, die außerhalb der Grenze des Erforderlichen i.S.d. § 40 Abs. 1 BetrVG liegen und damit nicht vom Freistellungsanspruch gegen den Arbeitgeber gedeckt sind, ist nur der betroffene Vertragsteil unwirksam, wenn anzunehmen ist, dass der Vertrag von den Parteien auch ohne den unwirksamen Teil abgeschlossen worden wäre. Ansonsten ist gem. § 139 BGB der gesamte Vertrag mit dem Dritten nichtig.

B. Außenhaftung der Betriebsratsmitglieder für Betriebsratsverträge außerhalb des gesetzlichen Wirkungskreises des Betriebsrats

Ein Betriebsratsvertrag, der außerhalb des gesetzlichen Wirkungskreises des Betriebsrats geschlossen wurde, sodass kein Anspruch des Betriebsrats auf Kostenfreistellung bzw. -erstattung gem. § 40 Abs. 1 BetrVG gegen den Arbeitgeber besteht, ist – soweit die Erforderlichkeitsgrenze überschritten wurde – (teil-)unwirksam. Für diesen Teil des Vertrages stellt sich die Frage, wer dem beauftragten Dritten gegenüber haftet. Ihm steht aufgrund der Unwirksamkeit des Vertrags kein Vergütungsanspruch gegen den Betriebsrat als Gremium zu. Gleichwohl hat er die versprochene Leistung bereits erbracht. Der Kontrahent des Betriebsrats hat also ein Interesse daran, den hieraus entstandenen Schaden von einem der betriebsverfassungsrechtlichen Akteure ersetzt zu verlangen.

Der Arbeitgeber scheidet als direkter Schadensersatzschuldner aus, weil er nicht Vertragspartner des Dritten geworden ist.[1] Eine Schadensersatzhaftung der Belegschaft, etwa nach den §§ 31 BGB, 278 BGB oder 831 BGB, kommt nicht in Betracht, weil es dieser als Einheit bereits an einer rechtlichen Identität fehlt, darüber hinaus jede Art von Leistungen der Arbeitnehmer für die Zwecke des Betriebsrats verboten sind[2] und der Betriebsrat außerdem weder Vertreter noch Erfüllungs- oder Verrichtungsgehilfe der Belegschaft ist[3]. Der Betriebsrat als Gremium steht nicht als Haftungssubjekt zur Verfügung, weil er bei einem Handeln außerhalb seines Wirkungskreises nicht außenrechtsfähig ist[4]; er kann aus diesem Grund bei einem Überschreiten der Grenze der Erforderlichkeit weder vertragliche Verbindlichkeiten gegenüber Dritten eingehen noch für diese geradestehen.[5]

---

[1] *Fitting*, § 1 Rn 220; *Dommermuth-Alhäuser/Heup*, BB 2013, 1461 (1465); *Triebel*, Die Haftung des Betriebsrats und der Durchgriff auf seine Mitglieder (2003), S. 145; *Reuter*, Der Betriebsrat als Mandant (2018), S. 206.

[2] *Triebel*, Die Haftung des Betriebsrats und der Durchgriff auf seine Mitglieder (2003), S. 145.

[3] *Fitting*, § 1 Rn 220; *Reuter*, Der Betriebsrat als Mandant (2018), S. 206.

[4] Siehe hierzu B III.

[5] *Schmitt*, Die Haftung betriebsverfassungsrechtlicher Gremien und ihrer Mitglieder (2017), S. 741.

Vor diesem Hintergrund stellt sich die Frage, ob einzelne Betriebsratsmitglieder dem Dritten gegenüber persönlich haften, wenn der Betriebsrat – vertreten durch seinen Vorsitzenden – einen (teilweise) außerhalb seines Wirkungskreises liegenden Vertrag abschließt. Das Betriebsverfassungsrecht selbst enthält keine ausdrückliche Regelung für die Haftung von Betriebsratsmitgliedern.[6] Dennoch herrscht – wie der der Entscheidung des BGH zugrunde liegende Sachverhalt zu erkennen gibt[7] – ein Regelungsbedürfnis in Hinsicht auf die Zuweisung des Risikos, welches aus der beschränkten Außenrechtsfähigkeit des Betriebsrats erwächst. Das Fehlen einer die Haftung einem der betriebsverfassungsrechtlichen Akteure zuweisenden Vorschrift stellt eine planwidrige Regelungslücke des Gesetzes dar. Damit sind Tür und Tor für eine analoge Anwendung anderer haftungsbegründender Vorschriften geöffnet. In diesem Zusammenhang hat das BAG in einer Entscheidung aus dem Jahr 1986 ausgeführt, dass Betriebsratsmitglieder, die aufgrund eigenen Entschlusses oder eines Betriebsratsbeschlusses Rechtsgeschäfte außerhalb der ihnen gesetzlich zugewiesenen Aufgabenbereiche durchführen[8], für die daraus entstehenden Verbindlichkeiten

„nach den allgemeinen Regeln der Rechtsgeschäftslehre (§§ 104 ff. BGB) und des allgemeinen Schuldrechts gegenüber Dritten persönlich einzustehen haben".[9]

Mit dieser Aussage hat das BAG den Rechtsanwender zwar im Dunkeln darüber gelassen, auf welcher konkreten Rechtsgrundlage die Außenhaftung der Betriebsratsmitglieder basiert. Nichtsdestotrotz wurde mit der Entscheidung deutlich, dass ein Rückgriff auf das persönliche Vermögen der Betriebsratsmitglieder bei Überschreiten ihrer Kompetenzen nach Ansicht des BAG möglich sein soll.

I. Haftungsgrundlage

Die Frage nach der gesetzlichen Grundlage für eine persönliche Haftung einzelner Betriebsratsmitglieder im Außenverhältnis zu Dritten ist in den vergangenen Jahrzehnten kontrovers diskutiert worden.

---

[6] *Reuter*, Der Betriebsrat als Mandant (2018), S. 133.
[7] Siehe BGH v. 25.10.2012 – III ZR 266/11, BGHZ 195, 174, NZA 2012, 1382.
[8] In diesem Fall ging es um das Betreiben einer Betriebskantine, weshalb die Entscheidung auch als die *„Kantinen-Entscheidung"* bekannt ist.
[9] BAG v. 24.04.1986 – 6 AZR 607/83, NZA 1987, 100.

1. Haftung des Handelnden nach § 54 Satz 2 BGB, § 41 Abs. 1 AktG, 11 Abs. 2 GmbHG analog

Im Schrifttum wird die Auffassung vertreten, der Betriebsratsvorsitzende hafte als das im Namen des Betriebsrats gegenüber dem Dritten auftretende Betriebsratsmitglied persönlich gem. §§ 54 Satz 2 BGB, 41 Abs. 1 AktG, 11 Abs. 2 GmbHG analog als Handelnder.[10] Nach dieser Vorschrift haftet aus einem Rechtsgeschäft, das im Namen eines nicht rechtsfähigen Vereins abgeschlossen wird, der Handelnde persönlich. Der historische Schutzzweck der Norm ist auf den Schutz des Gläubigers gerichtet, dem ein Ausgleich für die fehlende Registerpublizität des Vereins und die damit verbundenen intransparenten Vertretungsverhältnisse an die Hand gegeben werden soll.[11] § 41 Abs. 1 Satz 2 AktG bestimmt, dass derjenige, der vor Eintragung einer Aktiengesellschaft ins Handelsregister in deren Namen handelt, persönlich haftet. Handeln Mehrere, sehen beide Normen eine gesamtschuldnerische Haftung vor. § 11 Abs. 2 GmbHG statuiert eine Haftung des Handelnden „persönlich und solidarisch", wenn vor der Eintragung des Sitzes einer GmbH ins Handelsregister in deren Namen gehandelt wird.

a) Begründung

Die Vorschriften §§ 54 Satz 2 BGB, 41 Abs. 1 AktG, 11 Abs. 2 GmbHG verfolgen den Zweck, dem Dritten als Vertragspartner einen Ausgleich für die mangels Eintragung fehlende Registerpublizität zu gewähren.[12] Ihm soll das Risiko abgenommen werden, dass die Gesellschaft, mit der er kontrahiert, nicht entsteht oder der Vertrag nicht wirksam ist[13] und er die persönlich haftenden Vorgesellschafter oder Mitglieder des nichtrechtsfähigen Vereins nicht identifizieren kann, um diese persönlich in Haftung zu nehmen. In diesem Fall stellen die Vorschriften über die Handelndenhaftung sicher, dass zumindest der

---

[10] *Rosset*, Rechtssubjektivität des Betriebsrats und Haftung seiner Mitglieder (1985), S. 110 ff.; zust. wohl: *Thüsing* in: Richardi, § 40 Rn 46; ablehnend: BGH v. 25.10.2012 – III ZR 266/11, BGHZ 195, 174, NZA 2012, 1382.

[11] *Leuschner* in: MüKo zum BGB, § 54 BGB Rn 58.

[12] *Schmitt*, Die Haftung betriebsverfassungsrechtlicher Gremien und ihrer Mitglieder (2017), S. 759.

[13] *Rosset*, Rechtssubjektivität des Betriebsrats und Haftung seiner Mitglieder (1985), S. 111,

dem Dritten gegenüber Auftretende als persönlicher Schuldner haftbar gemacht werden kann.[14] Der Handelnde haftet also regelmäßig neben der Vereinigung.[15]

Eine direkte Anwendung der Vorschriften kommt nicht in Betracht, weil der Betriebsrat weder ein Verein noch eine Aktiengesellschaft oder GmbH ist. Eine analoge Anwendung würde voraussetzen, dass eine planwidrige Regelungslücke bei vergleichbarer Interessenlage besteht. Das Vorliegen einer vergleichbaren Interessenlage wird von dem Vertreter dieses Ansatzes mit dem Argument begründet, die Vorschriften der §§ 54 Satz 2 BGB, 41 Abs. 1 AktG, 11 Abs. 2 GmbHG enthielten einen verallgemeinerungsfähigen Rechtssatz, demgemäß

„[...] Ansprüche gegen die Handelnden selbst entstehen, auch wenn das Geschäft unwirksam ist, die Gesellschaft/der Verein also nicht verpflichtet wird."[16]

Der Betriebsratsvorsitzende als das handelnde Betriebsratsmitglied hafte dem Dritten gegenüber daher persönlich gem. §§ 54 Satz 2 BGB, 41 Abs. 1 AktG, 11 Abs. 2 GmbHG analog, wenn das Rechtsgeschäft (teilweise) unwirksam ist, weil es außerhalb des gesetzlichen Wirkungskreises des Betriebsrats lag.

b) Kritik

Der Ansatz, auf diese Weise eine Handelndenhaftung des nach außen auftretenden Betriebsratsmitglieds zu konstruieren, hat im Schrifttum sowie der Rechtsprechung keinen Anklang gefunden.[17] Es werden erhebliche Bedenken dagegen geäußert, dass der Aspekt des Gläubigerschutzes zugunsten eines Ausgleichs fehlender Registerpublizität für den Gläubiger eines Betriebsrats in gleicher Weise fruchtbar gemacht werden kann wie für den einer Gesellschaft oder eines Vereins.[18] Der Schutzzweck der §§ 54 Satz 2 BGB, 41 Abs. 1 AktG, 11 Abs. 2 GmbHG sei darauf gerichtet, den Dritten vor dem Risiko zu schüt-

---

[14] Zu § 11 Abs. 2 GmbHG siehe *Merkt* in MüKo zum GmbHG, § 11 GmbHG Rn 118; zu § 41 Abs. 1 Satz 2 AktG siehe: BGH NZG 2012, 539 Rn 36; BGH NZG 2011, 1066 Rn 12; BGH NZG 2004, 773 (774) = NJW 2004, 2519; BGHZ 91, 148 (152) = NJW 1984, 2164, jeweils m.w.N.

[15] *Reuter*, Der Betriebsrat als Mandant (2018), S. 143.

[16] *Rosset*, Rechtssubjektivität des Betriebsrats und Haftung seiner Mitglieder (1985), S. 111 m.w.N.

[17] BGH v. 25.10.2012 – III ZR 266/11, BGHZ 195, 174, NZA 2012, 1382, der für eine „Doppelhaftung" kein Bedürfnis sieht; *Dommermuth-Alhäuser/Heup*, BB 2013, 1461 (1465); *Schmitt*, Die Haftung betriebsverfassungsrechtlicher Gremien und ihrer Mitglieder (2017), S. 743; *Reuter*, Der Betriebsrat als Mandant (2018), S. 144; *Picht*, Haftung des Betriebsrats und seiner Mitglieder bei rechtsgeschäftlichen Verbindlichkeiten (2018), S. 86.

[18] *Schmitt*, Die Haftung betriebsverfassungsrechtlicher Gremien und ihrer Mitglieder (2017), S. 743; ähnlich *Reuter*, Der Betriebsrat als Mandant (2018), S. 144.

zen, dass er wegen der fehlenden Registerpublizität nicht auf den Verpflichteten zugreifen kann und nicht darauf, ihm im Fall der fehlenden Vertretungsmacht des Handelnden einen Durchgriff auf dessen persönliches Vermögen zu ermöglichen.[19] Anknüpfungspunkt für die Haftung ist damit eben nicht die beschränkte Verpflichtungsfähigkeit des Vereins oder der Gesellschaft. Eine dessen ungeachtete entsprechende Anwendung der Vorschriften würde zwar zu einem weitreichenden Schutz des Dritten als Vertragspartner führen, der jedoch auf dem Rücken der immerhin ehrenamtlich tätigen Betriebsratsmitglieder ausgetragen würde.[20]

Gegen die analoge Anwendung der §§ 54 Satz 2 BGB, 41 Abs. 1 AktG, 11 Abs. 2 GmbHG spricht außerdem ein teleologisches Argument: Selbst wenn man annimmt, die Handelndenhaftung der Gesellschafter bestehe – in teleologischer Extension der haftungsbegründenden Norm – fort, soweit der Handelnde die Gesellschaft mangels Vertretungsmacht nicht verpflichten konnte[21], wäre das in Außenhaftung genommene Betriebsratsmitglied damit schwerer getroffen als etwa der Gesellschafter einer GmbH. Dieser kann bei einer Überschreitung der durch Gesellschaftsvertrag oder im Einvernehmen der Gesellschafter erteilten Geschäftsführungsbefugnis zumindest einen Anspruch nach § 683 BGB gegen die Vorgesellschaft bzw. nach zwischenzeitlicher Eintragung gegen die GmbH geltend machen, wenn die Geschäftsführung interessensgerecht erfolgte.[22] Dagegen ist ein Regress des handelnden Mitglieds gegen den Betriebsrat nicht möglich, weil dieser im Fall des Überschreitens des Rahmens aus § 40 Abs. 1 BetrVG und damit seiner Außenrechtsfähigkeit kein rechtsfähiges Subjekt und damit nicht existent ist. In dieser Konstellation greift der h.M. in Literatur und Schrifttum zufolge § 179 Abs. 1 BGB als speziellere Norm.[23] Die Interessenlage des handelnden Betriebsratsmitglieds, das einen Beschluss des Betriebsrats umsetzt, welcher eine Überschreitung seiner Außenrechtsfähigkeit vorsieht, ist nach alledem nicht mit der eines seine Vertretungsmacht überschreitenden Gesellschafters vergleichbar, weshalb sich eine

---

[19] *Schmitt*, Die Haftung betriebsverfassungsrechtlicher Gremien und ihrer Mitglieder (2017), S. 743; ähnlich *Reuter*, Der Betriebsrat als Mandant (2018), S. 144.
[20] Ähnlich *Reuter*, Der Betriebsrat als Mandant (2018), S. 144.
[21] Dies für § 11 Abs. 2 GmbHG befürwortend: OLG Oldenburg, NZG 2001, 811, 812 = GmbHR 2001, 973; *Schroeter* in: Bork/Schäfer, GmbHG-Komm., § 11 GmbHG Rn 87; *Fastrich* in: Baumbach/Hueck, GmbHG-Komm., § 11 GmbHG Rn 53.
[22] *Fastrich* in: Baumbach/Hueck, GmbHG-Komm., § 11 GmbHG Rn 54.
[23] *Schroeter* in: Bork/Schäfer, GmbHG-Komm., § 11 GmbHG Rn 96; *Dommermuth-Alhäuser/Heup*, BB 2013, 1461 (1465), die außerdem darauf hinweisen, dass § 54 Satz 2 BGB keine den §§ 179 Abs. 2 und Abs. 3 entsprechenden Haftungsbeschränkungen enthält.

analoge Anwendung der §§ 54 Satz 2 BGB, 41 Abs. 1 AktG, 11 Abs. 2 GmbHG verbietet.[24]

2. (Modifizierte) Akzessorische Haftung gem. § 128 HGB analog

Im Schrifttum wird zudem eine modifizierte akzessorische Haftung der Betriebsratsmitglieder gem. § 128 HGB analog vorgeschlagen.[25]

a) Begründung

Nach § 128 HGB haften die Gesellschafter für die Verbindlichkeiten der Gesellschaft zusätzlich persönlich als Gesamtschuldner. *Uffmann* schlägt vor, § 128 HGB dergestalt zu modifizieren, als dass eine akzessorische Haftung gem. § 128 HGB analog in Bezug auf das handelnde Betriebsratsmitglied zwar grundsätzlich anzunehmen sei, diese

„im Lichte der strukturellen Unterschiede zur Rechtslage bei den Personengesellschaften [aber] dahingehend zu modifizieren [sei], dass die einzelnen Betriebsratsmitglieder nur subsidiär für den durch den Arbeitgeber nicht gedeckten Teil haften".[26]

b) Kritik

Gegen diesen Ansatz spricht, dass es sich bei der Gesellschafterhaftung nach § 128 HGB um eine *akzessorische* Haftung für eine *fremde Schuld* handelt.[27] Übertragen auf die Situation des Betriebsrats, der bei der Beauftragung eines Dritten zumindest teilweise die Grenzen seiner Außenrechtsfähigkeit überschreitet, bedeutet dies, dass ein vermeintlicher Anspruch des Dritten gegen das handelnde Betriebsratsmitglied an eine Verbindlichkeit des Betriebsrats als Gremium gebunden ist. Für den im Rahmen der Außenrechtsfähigkeit des Betriebsrats geschlossenen und damit wirksamen Teil des Vertrages kann sich der Betriebsrat verpflichten – der Dritte kann sich insoweit für die Vertragserfüllung an den Betriebsrat als Gremium halten. Weshalb an dieser Stelle ein Bedürfnis für eine akzessorische Haftung des handelnden Betriebsratsmitglieds und damit eine Doppelhaftung bestehen sollte, ist nicht einzusehen.[28] Ein mo-

---

[24] I.E. ebenso: BGH v. 25.10.2012 – III ZR 266/11, BGHZ 195, 174, NZA 2012, 1382; *Schmitt*, Die Haftung betriebsverfassungsrechtlicher Gremien und ihrer Mitglieder (2017), S. 742 ff.; *Reuter*, Der Betriebsrat als Mandant (2018), S. 144 verneint bereits das Vorliegen einer planwidrigen Gesetzeslücke; *Dommermuth-Alhäuser/Heup*, BB 2013, 1461 (1465).

[25] *Uffmann*, Anm. (2) zu BGH v. 25.10.2012 – III ZR 266/11, AP BetrVG 1972 § 40 Nr. 110.

[26] *Uffmann*, Anm. (2) zu BGH v. 25.10.2012 – III ZR 266/11, AP BetrVG 1972 § 40 Nr. 110.

[27] *Schmidt* in: MüKo zum HGB, § 128 HGB Rn 1.

[28] So auch BGH v. 25.10.2012 – III ZR 266/11, BGHZ 195, 174, NZA 2012, 1382.

difiziertes Eingreifen des § 128 HGB analog nur für den nicht vom Freistellungsanspruch nach § 40 Abs. 1 BetrVG gedeckten Teil des Vertrags dagegen würde bedeuten, dass der Betriebsrat als Gremium auch für diesen Teil des Vertragsschlusses außenrechtsfähig sein müsste. Schließlich ist eine akzessorische subsidiäre Haftung der einzelnen Betriebsratsmitglieder nur denkbar, wenn eine entsprechende vertragliche Verbindlichkeit des Betriebsrats als Gremium besteht.[29] Da der Betriebsrat nach der ganz überwiegenden Auffassung in Literatur und Schrifttum aber nur partiell rechtsfähig ist[30], kann er eine solche Verbindlichkeit außerhalb seines gesetzlichen Wirkungskreises nicht eingehen. Eine analoge modifizierte Anwendung von § 128 HGB auf die Betriebsratsmitglieder ist mithin aufgrund der nicht vergleichbaren Interessenlage ausgeschlossen.

3. Haftung (nur) nach §§ 311 Abs. 2, Abs. 3, 241 Abs. 2, 280 Abs. 1 BGB (analog)

Einige Stimmen im Schrifttum befürworten eine Haftung gem. §§ 311 Abs. 2, Abs. 3, 241 Abs. 2, 280 Abs. 1 BGB in Fallkonstellationen, in denen das handelnde Betriebsratsmitglied in besonderem Maße Vertrauen für die Leistungsfähigkeit des Betriebsrats gegenüber dem Dritten in Anspruch genommen hat.[31] Hierdurch entstehe eine vorvertragliche Aufklärungspflicht, deren Verletzung einen Schadensersatzanspruch begründen könne. Voraussetzung für einen solchen Anspruch ist ein beim Dritten eingetretener Schaden, Kausalität zwischen der Aufklärungspflichtverletzung und dem eingetretenen Schaden sowie Vertretenmüssen.[32] Eine darüber hinausgehende Haftung der Betriebsratsmitglieder wird von den Vertretern dieser Auffassung abgelehnt.

a) Begründung und Haftungsmodalitäten

Die Vertreter dieser Auffassung unterscheiden sich in ihren Lösungsansätzen darin, unter welchen Voraussetzungen eine Aufklärungspflicht angenommen wird und in welchem Fall eine die Haftung aus *culpa in contrahendo* begründende Verletzung dieser Pflicht vorliegt.

---

[29] Vgl. auch *Picht*, Haftung des Betriebsrats und seiner Mitglieder bei rechtsgeschäftlichen Verbindlichkeiten (2018), S. 85.
[30] Siehe hierzu B. III.
[31] *Belling*, Anm. (1) zu BGH v. 25.10.2012 – III ZR 266/11, AP BetrVG 1972 § 40 Nr. 110; *Schmitt*, Die Haftung betriebsverfassungsrechtlicher Gremien und ihrer Mitglieder (2017), S. 783 ff.; *Picht*, Haftung des Betriebsrats und seiner Mitglieder bei rechtsgeschäftlichen Verbindlichkeiten (2018), S. 100 ff.
[32] *Belling*, Anm. (1) zu BGH v. 25.10.2012 – III ZR 266/11, AP BetrVG 1972 § 40 Nr. 110.; *Schmitt*, Die Haftung betriebsverfassungsrechtlicher Gremien und ihrer Mitglieder (2017), S. 785.

aa) Haftung aus culpa in contrahendo nur bei Inanspruchnahme besonderen Vertrauens

Teilweise wird die *culpa*-Haftung streng an den Wortlaut des § 311 Abs. 2 Satz 2 BGB geknüpft und immer dann angenommen, wenn das den Betriebsrat vertretende Mitglied bei Vertragsschluss mit dem Dritten in besonderem Maße Vertrauen für sich in Anspruch genommen und dadurch die Vertragsverhandlungen oder den Vertragsschluss erheblich beeinflusst hat, indem es etwa eine Garantie übernommen hat.[33] Bei der Haftung lasse sich aber ein etwaiges Mitverschulden des Dritten gem. § 254 Abs. 1 BGB sowie die Besonderheiten der Betriebsverfassung angemessen berücksichtigen.[34]

bb) Haftung aus culpa in contrahendo nur im Ausnahmefall bei besonderem Informationsgefälle wegen erheblichen Zweifeln an der Erforderlichkeit auf Seiten des handelnden Betriebsratsmitglieds

Andere setzen für die Haftung gem. §§ 311 Abs. 2, Abs. 3, 241 Abs. 2, 280 Abs. 1 BGB voraus, dass ein Informationsgefälle zwischen den Vertragsparteien herrscht und das handelnde Betriebsratsmitglied ausnahmsweise eine Aufklärungspflicht trifft, weil es bereits bei Vertragsschluss – für den Dritten unerkannt – erhebliche Zweifel an der Erforderlichkeit des Rechtsgeschäfts hat.[35] Das sei etwa der Fall, wenn der Betriebsrat einen besseren Einblick in die betrieblichen Verhältnisse habe oder wenn das handelnde Betriebsratsmitglied konkrete Anhaltspunkte dafür habe, dass der Vertragspartner fälschlicherweise von einer unbeschränkten Rechtsfähigkeit des Betriebsrats ausginge.[36] In der Konsequenz tritt eine Haftung aus *culpa in contrahendo* diesem Ansatz zufolge nur dann ein, wenn das handelnde Betriebsratsmitglied seine

---

[33] *Belling*, Anm. (1) zu BGH v. 25.10.2012 – III ZR 266/11, AP BetrVG 1972 § 40 Nr. 110.

[34] *Belling*, Anm. (1) zu BGH v. 25.10.2012 – III ZR 266/11, AP BetrVG 1972 § 40 Nr. 110, wobei nicht konkretisiert wird, in welcher Weise die Besonderheiten des Betriebsverfassungsrechts in die §§ 311 Abs. 2, Abs. 3, 241 Abs. 2, 280 Abs. 1 BGB einstrahlen. *Belling* verweist aber auf *Belling*, Die Haftung des Betriebsrats und seiner Mitglieder für Pflichtverletzungen, 1990, S. 244–252, wo zur Sicherung der persönlichen Unabhängigkeit der unentgeltlich und ehrenamtlich tätigen Betriebsratsmitglieder eine Beschränkung der Haftung auf Vorsatz und grobe Fahrlässigkeit vorgeschlagen wird, zu der er sich in *Belling*, Anm. (1) zu BGH v. 25.10.2012 – III ZR 266/11, AP BetrVG 1972 § 40 Nr. 110 aber nicht mehr äußert.

[35] *Schmitt*, Die Haftung betriebsverfassungsrechtlicher Gremien und ihrer Mitglieder (2017), S. 783 ff.

[36] *Schmitt*, Die Haftung betriebsverfassungsrechtlicher Gremien und ihrer Mitglieder (2017), S. 785.

Aufklärungspflicht verletzt, indem es den Dritten über diese Zweifel im Dunkeln lässt.[37]

cc) Haftung aus culpa in contrahendo bei Verletzung einer abstrakten Aufklärungspflicht bzgl. der Teilaußenrechtsfähigkeit des Betriebsrats sowie des zur Ermittlung der Rechtsfähigkeit erforderlichen Sachverhalts

Weniger restriktiv in Bezug auf die Haftungsbegründung ist die im Schrifttum vertretene Auffassung, die das handelnde Betriebsratsmitglied im Rahmen des rechtsgeschäftlichen Kontakts zu Dritten in die Pflicht nimmt, diesen über die relative Teilrechtsfähigkeit des Betriebsrats und die damit einhergehende Möglichkeit der Unwirksamkeit eines Teils des Vertrags einerseits und andererseits über den zur Ermittlung dieser Rechtsfähigkeit im Einzelfall erforderlichen Sachverhalt zu informieren.[38] Erstere Pflicht entfalle, wenn das handelnde Betriebsratsmitglied sich einem juristisch kundigen Beauftragten gegenübergestellt sehe.[39] Allerdings kommt eine Haftung des handelnden Betriebsratsmitglieds auch nach dieser Auffassung nur ausnahmsweise in Betracht, weil die Haftung wegen des Ehrenamtsprinzips nach § 37 Abs. 1 BetrVG und aufgrund des in § 31a Abs. 2 BGB zutage tretenden Rechtsgedankens auf Vorsatz und grobe Fahrlässigkeit zu begrenzen sei.[40]

Diesbezüglich sei kritisch angemerkt, dass eine Begrenzung der *culpa*-Haftung auf Vorsatz und grobe Fahrlässigkeit in der Praxis konstruiert erscheint – es ist schwer vorstellbar, auf welche Weise es der Betriebsratsvorsitzende unter leichter oder mittlerer Außerachtlassung der im Verkehr erforderlichen Sorgfalt unterlassen soll, den Dritten über die beschränkte Außenrechtsfähigkeit des Betriebsrats und den zur Ermittlung dieser Rechtsfähigkeit zugrunde liegenden Sachverhalt aufzuklären. Anders als bei Angaben zur Beschaffenheit einer Sache oder zum Umsatz eines Geschäftsjahres[41] weiß der Betriebsratsvorsitzende entweder um seine Aufklärungspflicht und erfüllt diese durch eine Darlegung der Rechtslage in Hinblick auf die Rechtsfähigkeit des Betriebsrats und des Unternehmenssachverhalts oder er unterlässt die Aufklärung ganz. Allenfalls denkbar für eine fahrlässige Aufklärungspflichtverletzung sind demnach Auslassungen von Details, die für die Einschätzung der Erforderlichkeit für den

---

[37] *Schmitt*, Die Haftung betriebsverfassungsrechtlicher Gremien und ihrer Mitglieder (2017), S. 785, ähnlich *Belling*, Anm. (1) zu BGH v. 25.10.2012 – III ZR 266/11, AP BetrVG 1972 § 40 Nr. 110, der eine Haftung nur *ausnahmsweise* bei Inanspruchnahme besonderen Vertrauens annimmt.

[38] *Picht*, Haftung des Betriebsrats und seiner Mitglieder bei rechtsgeschäftlichen Verbindlichkeiten (2018), S. 103.

[39] Ebd.

[40] *Picht*, Haftung des Betriebsrats und seiner Mitglieder bei rechtsgeschäftlichen Verbindlichkeiten (2018), S. 104.

[41] Vgl. *Jaques* in: Ettinger/Jaques, C. Phase 2 Rn 24.

Dritten relevant sind. Diesem Umstand könnte indes mit weniger (dogmatischem) Begründungsaufwand begegnet werden, wenn man eine Aufklärungspflicht bezüglich dieser Details im Rahmen der §§ 311 Abs. 2, Abs. 3, 241 Abs. 2, 280 Abs. 1 BGB gar nicht erst entstehen ließe.

b) Kritik

Folgte man der *culpa*-Lösung und sieht die §§ 311 Abs. 2, Abs. 3, 241 Abs. 2, 280 Abs. 1 BGB als einzige und den Fall abschließend regelnde Haftungsnormen an, läge keine planwidrige Gesetzeslücke vor[42] und eine Haftung des den Betriebsrat nach außen vertretenden Betriebsratsmitglieds träte nur bei einer entsprechend begangenen Pflichtverletzung ein, die das Mitglied auch zu vertreten hat.

Die *culpa*-Lösung begegnet aber aus dem Grund erheblichen Bedenken, als dass die Aufklärung über die beschränkte Außenrechtsfähigkeit des Betriebsrats sowie den der Beratung zugrunde liegenden Betriebssachverhalt keinesfalls dazu geeignet ist, in Fällen, in denen die Erforderlichkeit nicht klar auf der Hand liegt, eine gerechte Risikoverteilung zwischen den Vertragsbeteiligten herbeizuführen. Zunächst ist dem Kontrahenten des Betriebsrats der Umstand, dass der Betriebsrat für die Kostenübernahme auf den Arbeitgeber angewiesen ist, im Regelfall ohnehin bekannt.[43] Doch selbst wenn dies nicht der Fall ist, kann nicht ohne Weiteres angenommen werden, dass in Bezug auf diesen Umstand eine generelle Aufklärungspflicht des handelnden Betriebsratsmitglieds besteht.[44] Es ist vielmehr grundsätzlich

„die ureigenste Pflicht jeder Partei selbst, sich über die allgemeinen Marktverhältnisse und die sich daraus ergebenden Risiken und Chancen zu informieren, schon, weil insoweit jeder prinzipiell über dieselben Informationsquellen verfügt".[45]

Es ist also angezeigt, den Dritten selbst in die Verantwortung zu nehmen, sich vor Vertragsschluss mit einem Betriebsrat über dessen beschränkte Außenrechtsfähigkeit zu informieren.

Eine spezifische Aufklärungspflicht kommt dagegen nur dann in Betracht, wenn besondere Umstände vorliegen, die nur einer der Vertragsparteien bekannt sind und von denen sie gleichzeitig weiß oder wissen muss, dass sie die Entscheidung der anderen Vertragspartei beeinflussen könnten.[46] Da die eigentliche Schwierigkeit bei der Beauftragung Dritter durch den Betriebsrat da-

---

[42] *Belling*, Anm. (1) zu BGH v. 25.10.2012 – III ZR 266/11, AP BetrVG 1972 § 40 Nr. 110.
[43] So auch BGH v. 25.10.2012 – III ZR 266/11, BGHZ 195, 174, NZA 2012, 1382.
[44] So auch Lunk/Rodenbusch, NJW 2014, 1989 (1991).
[45] *Emmerich* in: MüKo zum BGB, § 311 BGB Rn 72.
[46] *Emmerich* in: MüKo zum BGB, § 311 BGB Rn 72.

rin besteht, im konkreten Einzelfall zu beurteilen, ob die vom Dritten abzurufende Leistung dem Umfang und der Höhe der Kosten nach erforderlich ist gem. § 40 Abs. 1 BetrVG, suchen die Vertreter der *culpa*-Lösung die Problematik auf die Weise zu lösen, dass das handelnde Betriebsratsmitglied eine Aufklärungspflicht treffen soll, den Dritten über die der Erforderlichkeitsprüfung zugrunde liegenden betrieblichen Umstände zu informieren. Ungeachtet dessen, ob man diese Aufklärungspflicht generell entstehen lassen will oder erst, wenn auf Betriebsratsseite erhebliche Zweifel an der Erforderlichkeit der abzurufenden Leistung bestehen, führt die *culpa*-Lösung gleichwohl zu keinem sachgerechten Ergebnis.[47] In letzterem Fall ist der Dritte gut beraten, dem Betriebsrat gegenüber die angeforderte Leistung von vorneherein zu verweigern, muss er doch davon ausgehen, dass die Wirksamkeit des Vertrags auf dem Spiel steht. Denn wenn schon der Betriebsratsvorsitzende erhebliche Zweifel an der Erforderlichkeit hegt, wird der Arbeitgeber die Kosten erst recht nicht übernehmen wollen. Aber auch eine detaillierte Schilderung des betrieblichen Sachverhalts wird den Dritten regelmäßig nicht dazu in die Lage versetzen, die Erforderlichkeit genau abschätzen zu können. Das Argument, der Kontrahent des Betriebsrats werde durch das Zahlungsrisiko dazu veranlasst, besonders sorgfältig zu prüfen, ob ein Anspruch des Betriebsrats gegen den Arbeitgeber aus § 40 Abs. 1 BetrVG bestehe und in welchem Umfang er zahlungsfähig sei[48], verfängt nicht. In dieser Hinsicht muss zunächst berücksichtigt werden, dass insbesondere juristisch unkundige Berater mit den Vorschriften aus dem Betriebsverfassungsrecht weit weniger vertraut als die Betriebsratsmitglieder[49], die sich immerhin auf Kosten des Arbeitgebers schulen lassen können, um ihre durch das Betriebsverfassungsrecht zugewiesenen Aufgabenbereiche und Rechte – die ja Grundlage für die Entscheidung über die Erforderlichkeit sind – genau zu kennen. Es kann also nicht pauschal angenommen werden, dass es für den Berater möglich sei, die unscharfen Vorgaben der Erforderlichkeit als unbestimmten Rechtsbegriff[50] genauso oder sogar besser rechtssicher abschätzen zu können als der Betriebsrat.[51]

Zudem wird der Beurteilungsspielraum bei der Bewertung der die Kosten auslösenden Umstände dem Betriebsrat zugesprochen[52] und nicht dem Dritten. Es widerspräche der gesetzgeberischen Konzeption des § 40 Abs. 1 BetrVG,

---

[47] Kritisch hierzu auch *Dommermuth-Alhäuser/Heup*, BB 2013, 1461 (1465); Lunk/Rodenbusch, NJW 2014, 1989 (1991).
[48] *Belling*, Anm. (1) zu BGH v. 25.10.2012 – III ZR 266/11, AP BetrVG 1972 § 40 Nr. 110.
[49] Ähnlich Lunk/Rodenbusch, NJW 2014, 1989 (1992).
[50] *Fitting*, § 40 Rn 9.
[51] So auch Lunk/Rodenbusch, NJW 2014, 1989 (1993); *Uffmann*, Anm. (2) zu BGH v. 25.10.2012 – III ZR 266/11, AP BetrVG 1972 § 40 Nr. 110.
[52] *Fitting*, § 40 Rn 9.

den Betriebsrat schon dadurch um die Risiken einer Fehleinschätzung zu entlasten, dass er dem Dritten eine detaillierte Schilderung der Betriebssituation vorlegt. Anders als dem Betriebsrat, dessen Einschätzung gerade wegen der Schwierigkeit der Erforderlichkeitsprüfung lediglich aus der *ex-ante*-Sicht daraufhin überprüft wird, ob er die Kosten im Zeitpunkt ihrer Verursachung bei gewissenhafter Abwägung aller Umstände des Einzelfalls für erforderlich halten durfte, damit er seine Betriebsratsaufgaben sachgerecht erfüllen kann[53], ist der Vertragspartner des Betriebsrats nicht vor geringfügigen Fehleinschätzungen über die Erforderlichkeit seiner dargebotenen Leistung geschützt. Wenn ihm die Betriebsumstände zum Zeitpunkt der Leistungserbringung hinreichend bekannt waren, bezüglich eines Teils seiner Leistung Zweifel bestehen und er sich dennoch dazu entscheidet, mit dem Betriebsrat ein Rechtsgeschäft einzugehen, trägt er den Vertretern dieser Auffassung zufolge das Risiko, für diesen Teil keine Vergütung zu erhalten. Dadurch wird ihm das Kostenrisiko zugewiesen, das der Konzeption des § 40 Abs. 1 BetrVG nach eigentlich im Innenverhältnis zwischen Betriebsrat und Arbeitgeber besteht und angesichts dessen dem Betriebsrat ein Beurteilungsspielraum bei der Erforderlichkeitsprüfung zuerkannt wird. Das Kontrahieren mit einem Betriebsrat wäre für den Vertragspartner daher äußerst risikobehaftet.

Im Ergebnis führt die *culpa*-Lösung aber auch nicht zu der von den Vertretern dieser Ansicht wohl bezweckten Risikoaufbürdung zulasten des Dritten, sondern mittelbar zu einer Beeinträchtigung der Handlungs- und Funktionsfähigkeit des Betriebsrats: Wenn die Erforderlichkeit bei Vertragsverhandlungen zwischen dem Betriebsrat und einem potentiellen Vertragspartner zumindest für einen Teil der Leistung nicht auf der Hand liegt, ist zu befürchten, dass dieser es aufgrund des Zahlungsrisikos von Vorneherein ablehnt, über diesen Teil der Leistung einen Vertrag mit dem Betriebsrat einzugehen.[54] Die Vielzahl gerichtlicher Auseinandersetzungen über die Erforderlichkeit im Rahmen von § 40 Abs. 1 BetrVG beweist aber, dass die Erforderlichkeitsgrenze in der Pra-

---

[53] BAG v. 18.04.1967 – 1 ABR 11/66, AP BetrVG § 39 Nr. 7; BAG v. 24.06.1969 – 1 ABR 6/69, AP BetrVG § 39 Nr. 8; BGH v. 25.10.2012 – III ZR 266/11, BGHZ 195, 174, NZA 2012, 1382; *Fitting*, § 40 Rn 9.

[54] Vgl. nur den der Entscheidung BAG v. 21.06.1989 – 7 ABR 78/87, AP BetrVG 1972 § 76 Nr. 34, NZA 1990, 107 zugrunde liegenden Sachverhalt, in dem es ausdrücklich heißt: „[…] Insoweit müsse ausreichen, daß ohne eine solche Zusage [gemeint ist eine Honorarzusage seitens des Betriebsrats] der Betriebsrat einen arbeitsrechtl. ausgewiesenen Anwalt seines Vertrauens […] nicht habe gewinnen können. Rechtsanwalt B. sei nicht bereit gewesen, ohne Zusicherung einer Beisitzervergütung tätig zu werden. […] Die Vertretung eines vermögensunfähigen Kollektivs wie hier des Betriebsrates sei bekanntermaßen ebenso problematisch wie die anschließende Durchsetzung von Honoraransprüchen gegenüber einem Arbeitgeber gem. § 40 Abs. 1 BetrVG."; ebenso *Uffmann*, Anm. (2) zu BGH v. 25.10.2012 – III ZR 266/11, AP BetrVG 1972 § 40 Nr. 110.

xis selten punktgenau und rechtssicher gezogen werden kann. Die *culpa*-Lösung führt daher zu einer nicht hinnehmbaren Einschränkung der Funktionsfähigkeit des Betriebsrats, wenn dieser – beispielweise in Fällen des § 111 Satz 2 BetrVG – zügig eine Beratungsleistung in Anspruch nehmen will, der Berater beim Abschluss des Vertrags aber übertriebene Vorsicht walten lässt oder diesen ablehnt.

4. Verschuldensunabhängige Haftung gem. *§ 179 BGB analog*

Der BGH hat in seiner Grundsatzentscheidung aus dem Jahr 2012[55] eine Vertreterhaftung des handelnden Betriebsratsmitglieds gemäß § 179 BGB analog angenommen und sich damit der herrschenden Lehre[56] angeschlossen. § 179 Abs. 1 BGB statuiert die Haftung des Vertreters, wenn er ohne Vertretungsmacht einen Vertrag geschlossen hat. Der Vertreter ist dem Vertragspartner nach dessen Wahl zur Erfüllung oder zum Schadensersatz verpflichtet, wenn der Vertretene die Genehmigung des Vertrags verweigert.

a) Begründung

Der Senat verweist auf die hinter der Norm stehende gesetzgeberische Wertung, der zufolge derjenige, der im Namen eines anderen auftritt, ohne diesen wirksam verpflichten zu können, grundsätzlich selbst auf das Erfüllungsinteresse des Vertragspartners haften soll.[57] In der Literatur und Rechtsprechung sei darüber hinaus anerkannt, dass diese Wertung auf die Konstellation des *nicht existenten Vertretenen*[58] zu übertragen sei, in der § 179 BGB analog

---

[55] BGH v. 25.10.2012 – III ZR 266/11, BGHZ 195, 174, NZA 2012, 1382.
[56] *Fitting*, § 1 Rn 211; *Thüsing* in: Richardi, Vorb. Zu § 26 BetrVG Rn 17; *Jawad*, Die rechtliche Stellung und die Rechtsfähigkeit des Betriebsrats (2004), S. 193; *Haas*, Anwaltliches Mandatsverhältnis zum Betriebsrat (2009), S. 88 ff.; wohl auch *Triebel*, Die Haftung des Betriebsrats und der Durchgriff auf seine Mitglieder (2003), S. 191, der in Bezug auf Verträge *ultra vires* eine Haftung der Betriebsratsmitglieder nach § 179 Abs. 1 BGB analog annimmt, während die Betriebsratsmitglieder untereinander gem. § 128 HGB analog als Gesamtschuldner haften sollen; *Schwab*, FS Bauer (2010), S. 1001 (1006); *Linsenmaier*, FS Wissmann, S. 378 (391); dem BGH zust.: *Thüsing/Fütterer*, EWiR 2012, 783 (784); Marquard, ArbRB 2013, 15 (16); *Ratayczak*, AiB 2013, 389 (389); *Dzida*, NJW 2013, 433 (433); *ders.*, ArbRB 2013, 126 (126 ff.); wohl auch *Schwarze*, JA 2013, 467 (479); *Happe*, Die persönliche Rechtsstellung von Betriebsräten (2017), S. 107 ff.
[57] BGH v. 25.10.2012 – III ZR 266/11, BGHZ 195, 174, NZA 2012, 1382.
[58] Zur Rechtsfigur nicht existenter oder nicht bestimmter Vertretener siehe BGH v. 08.07.1974 – II ZR 180/72, BGHZ 63, 45, 48; BGH v. 20.10.1988 – VII ZR 219/87, BGHZ 105, 283, 285; BGH v. 21.07.2005 – IX ZR 193/01, NJW-RR 2005, 1585; *Ulrici* in: BeckOGK-BGB, Stand: 01.01.2020, § 177 BGB Rn 70; der BGH bezieht sich in BGH v. 25.10.2012 – III ZR 266/11, BGHZ 195, 174, NZA 2012, 1382 außerdem auf das Reichsgericht, vgl. RGZ 106, 68, 71 ff.

gelte.[59] Gemeint sind Fälle, in denen der Vertreter für einen Hintermann auftritt, der gar nicht existent ist. Mit dieser Situation vergleichbar sei wiederum der Vertragsschluss eines im Namen des Betriebsrats auftretenden Betriebsratsmitglieds über einen außerhalb seiner Rechtsfähigkeit liegenden Gegenstand.[60] In beiden Fällen fehle es an dem erforderlichen Zuordnungssubjekt für die vertragliche Bindung; in beiden Fällen bestehe ein potentielles Schutzbedürfnis für den Dritten, welcher auf die Wirksamkeit der eingegangenen vertraglichen Verpflichtung vertraut habe.[61] Für den Teil des Vertrags, den ein Betriebsratsmitglied im Namen des Betriebsrats außerhalb der Grenzen seiner Außenrechtsfähigkeit schließt, haftet nach Auffassung des Senats daher dasjenige Mitglied, das dem Dritten gegenüber im Namen des Betriebsrats aufgetreten ist oder die Leistung des Dritten abgerufen hat.[62] Das Haftungsmodell des BGH beruht damit auf dem Gedanken des Vertrauensschutzes.[63] Die strenge verschuldensunabhängige Haftung des Vertreters wird auch dann ausgelöst, wenn er – wie es bei dem den Betriebsrat nach außen vertretenden Vorsitzenden regelmäßig der Fall sein wird – in gutem Glauben über seine Vertretungsmacht handelt.[64]

b) Kritik im Schrifttum

Das Haftungsmodell des BGH ist im Nachgang in der Literatur sowohl was die dogmatische Herleitung als auch die praktischen Konsequenzen angeht stellenweise als verfehlt bezeichnet und viel kritisiert worden.[65]

---

[59] BGH v. 25.10.2012 – III ZR 266/11, BGHZ 195, 174, NZA 2012, 1382.
[60] Ebd.
[61] Ebd.
[62] Ebd.
[63] *Bell/Helm*, ArbRAktuell 2013, 39 (41).
[64] *Belling*, Anm. (1) zu BGH v. 25.10.2012 – III ZR 266/11, AP BetrVG 1972 § 40 Nr. 110.
[65] Siehe nur *Preis/Ulber*, Anm. zu BGH, Urteil vom 25. Oktober 2012 – III ZR 266/11, JZ 2013, 579; *Belling*, Anm. (1) zu BGH v. 25.10.2012 – III ZR 266/11, AP BetrVG 1972 § 40 Nr. 110; *Müller/Jahner*, BB 2013, 440 (443); *Dommermuth-Alhäuser/Heup*, BB 2013, 1461 (1467; *Bell/Helm*, ArbRAktuell 2013, 39; Lunk/Rodenbusch, NJW 2014, 1989 (1994); *Fischer*, NZA 2014, 343 (347 ff.); *Kreuder/Matthiessen-Kreuder* in: Düwell, Gebühren- und Kostenrecht Rn 2.

aa) *Keine Analogie des § 179 Abs. 1 BGB wegen fehlender Vergleichbarkeit des Betriebsratsvorsitzenden als Vertreter in der Erklärung mit nicht existentem Vertretenen*

Es wird bestritten, dass die Voraussetzungen für eine Analogie im Rahmen von § 179 Abs. 1 BGB überhaupt vorliegen.[66] *Belling* bezweifelt bereits die Existenz einer planwidrigen Regelungslücke: Der gesetzliche Tatbestand des § 179 BGB sei für Fälle geschaffen, in denen ein Vertretener existiere, der Vertreter aber keine Vertretungsmacht habe, sodass der Vertretene darüber entscheiden können soll, ob er das Rechtsgeschäft durch Genehmigung wirksam werden lasse.[67] Bei der Rechtsfigur des nicht existenten Vertretenen dagegen gehe es

„um das enttäuschte Vertrauen des Kontrahenten in die (fehlende) Vertretungsmacht und damit das (unterbliebene) Zustandekommen des avisierten Vertretergeschäfts, weil der ‚Vertretene' noch nicht, nicht oder nicht mehr existierte und der Vertreter folglich ohne Rechtsmacht handelte, davon aber hätte wissen können oder gar müssen [...]".[68]

Der Vertragsschluss scheitere damit am Fehlen der Vertragspartei und nicht am Fehlen der Vertretungsmacht.[69] Für diesen Fall könne man nunmehr auf den allgemeinen Tatbestand der *culpa in contrahendo* zurückgreifen, sodass es einer Analogie zu § 179 Abs. 1 BGB nicht (mehr) bedürfe.[70] Selbst wenn man dies anders sähe, läge zumindest keine vergleichbare Interessenlage vor, weil § 179 BGB nicht den Sinn habe, die Vermögenslosigkeit des Betriebsrats aufgrund des Fehlens eines Erstattungsanspruchs gegen den Arbeitgeber zu überwinden.[71]

Schmitt führt aus, eine vergleichbare Interessenlage des im Namen des Betriebsrats handelnden Vorsitzenden bei einem Rechtsgeschäft über einen außerhalb der Rechtsfähigkeit liegenden Gegenstand mit der Rechtsfigur des nicht existenten Vertretenen setze voraus, dass der Vorsitzende im Vergleich zum Vertragspartner einen Wissensvorsprung habe, aufgrund dessen er besser einschätzen könne, ob der Vertrag mit einem Hintermann überhaupt zustande

---

[66] *Belling*, Anm. (1) zu BGH v. 25.10.2012 – III ZR 266/11, AP BetrVG 1972 § 40 Nr. 110; *Schmitt*, Die Haftung betriebsverfassungsrechtlicher Gremien und ihrer Mitglieder (2017), S. 778; *Reuter*, Der Betriebsrat als Mandant (2018), S. 169; *Picht*, Haftung des Betriebsrats und seiner Mitglieder bei rechtsgeschäftlichen Verbindlichkeiten (2018), S. 97; *Bell/Helm*, ArbRAktuell 2013, 39 (41); wohl auch *Preis/Ulber*, Anm. zu BGH, Urteil vom 25. Oktober 2012 – III ZR 266/11, JZ 2013, 579 (582).

[67] *Belling*, Anm. (1) zu BGH v. 25.10.2012 – III ZR 266/11, AP BetrVG 1972 § 40 Nr. 110.

[68] Ebd.

[69] *Belling*, Anm. (1) zu BGH v. 25.10.2012 – III ZR 266/11, AP BetrVG 1972 § 40 Nr. 110.

[70] Ebd.

[71] Ebd.

kommen könne.⁷² Das sei aber nicht der Fall, weil sich die beschränkte Rechtsfähigkeit des Betriebsrats aus der Betriebsverfassung ergebe und für den Dritten ebenso offenkundig sei wie für das handelnde Betriebsratsmitglied selbst.⁷³ Der Betriebsratsvorsitzende unterscheide sich vom Scheinvertreter dadurch, dass ihm kein Spielraum bei der Umsetzung des Betriebsratsbeschlusses bliebe, was für den Dritten ebenso erkennbar sei.⁷⁴ Es fehle insoweit von Vorneherein an der Möglichkeit eines rechtmäßigen Alternativverhaltens durch den Vorsitzenden.⁷⁵ Die eine Analogie zu § 179 BGB ablehnenden Stimmen im Schrifttum werfen dem Senat aus diesem Grund vor, verkannt zu haben, dass der Betriebsratsvorsitzende als handelndes Betriebsratsmitglied kraft Gesetz nicht *Vertreter im Willen*, sondern lediglich *Vertreter in der Erklärung* oder *Vertreter mit gebundener Marschroute* sei.⁷⁶ Eben dieser Umstand führe aber dazu, dass eine verschuldensunabhängige Vertrauenshaftung gegenüber dem Dritten nicht in Betracht komme⁷⁷: Der Verkehrsschutz, den § 179 Abs. 1 BGB gewähre, sei auf das Vertrauen in die Vertretungsmacht gerichtet.⁷⁸ Dagegen bleibe in der aufgeworfenen Konstellation für ebendiesen Vertrauensschutz kein Raum, weil der Dritte in Anbetracht des Regelungsgehaltes des § 26 Abs. 2 Satz 1 BetrVG lediglich Vertrauen in den Umstand entwickeln könne, dass der Betriebsratsvorsitzende den Inhalt des Betriebsratsbeschluss „1:1" umsetze.⁷⁹ Dieses Vertrauen werde durch den Betriebsratsvorsitzenden

---

⁷² *Schmitt*, Die Haftung betriebsverfassungsrechtlicher Gremien und ihrer Mitglieder (2017), S. 771.

⁷³ *Schmitt*, Die Haftung betriebsverfassungsrechtlicher Gremien und ihrer Mitglieder (2017), S. 772; ebenso *Reuter*, Der Betriebsrat als Mandant (2018), S. 167, die es für maßgebend hält, ob der Betriebsratsvorsitzende „näher dran" ist als der Geschäftspartner, den Mangel an der Vertretungsmacht zu erkennen.

⁷⁴ *Schmitt*, Die Haftung betriebsverfassungsrechtlicher Gremien und ihrer Mitglieder (2017), S. 774.

⁷⁵ *Bell/Helm*, ArbRAktuell 2013, 39 (43); *Preis/Ulber*, Anm. zu BGH, Urteil vom 25. Oktober 2012 – III ZR 266/11, JZ 2013, 579 (582) sprechen von einer *pflichtgemäßen Pflichtwidrigkeit* des Vorsitzenden bei der Umsetzung des Betriebsratsbeschlusses.

⁷⁶ *Preis/Ulber*, Anm. zu BGH, Urteil vom 25. Oktober 2012 – III ZR 266/11, JZ 2013, 579 (582); *Bell/Helm*, ArbRAktuell 2013, 39 (43); *Molkenbur/Weber*, DB 2014, 242 (245); *Fischer*, FA 2014, 6 (7).

⁷⁷ *Preis/Ulber*, Anm. zu BGH, Urteil vom 25. Oktober 2012 – III ZR 266/11, JZ 2013, 579 (582); *Schmitt*, Die Haftung betriebsverfassungsrechtlicher Gremien und ihrer Mitglieder (2017), S. 777; *Reuter*, Der Betriebsrat als Mandant (2018), S. 168.

⁷⁸ *Belling*, Anm. (1) zu BGH v. 25.10.2012 – III ZR 266/11, AP BetrVG 1972 § 40 Nr. 110.

⁷⁹ *Preis/Ulber*, Anm. zu BGH, Urteil vom 25. Oktober 2012 – III ZR 266/11, JZ 2013, 579 (582); *Reuter*, Der Betriebsrat als Mandant (2018), S. 168; ähnlich *Bell/Helm*, ArbRAktuell 2013, 39 (42), die sich darauf beziehen, dass nicht der Betriebsratsentschluss, sondern die gesetzgeberische Gestaltung des § 40 Abs. 1 BetrVG zur Enttäuschung des Vertrauens des Dritten geführt habe.

aber nicht enttäuscht.[80] Ein darüber hinausgehenden „blindes Vertrauen" in die Außenrechtsfähigkeit des Betriebsrats und damit die Wirksamkeit des (gesamten) Vertrages sei nicht schutzwürdig.[81] Damit sei die Interessenlage nicht vergleichbar, woran eine analoge Anwendung des § 179 BGB auf die Vertretung des teilrechtsfähigen Betriebsrats scheitere.

bb) Unbillige Haftungsverteilung nur auf den Betriebsratsvorsitzenden

Kritisiert wird außerdem die Handelndenhaftung lediglich des Betriebsratsmitglieds, welches die Willenserklärung für den Betriebsrat abgibt anstelle einer Haftung aller Betriebsratsmitglieder, die den für das Rechtsgeschäft mit dem Dritten maßgeblichen Beschluss fassen.[82] Die Haftung allein des Vorsitzenden, der einen vom Betriebsrat als Organ gefassten Beschluss nach außen transportiert und dem dabei nach der Konzeption des BetrVG kein Handlungsspielraum zusteht, wird als unbillig angesehen.[83] Der BGH konstatiere eine dem Gremium übergeordnete Stellung des Betriebsratsvorsitzenden, indem er ihn alleine für die Richtigkeit des Beschlusses und dessen Umfangs haften lässt.[84] Eine solche Stellung gibt die gesetzgeberische Konzeption im Betriebsverfassungsrecht aber nicht her, ist doch der Vorsitzende gem. § 26 Abs. 2 Satz 1 BetrVG bekanntermaßen zur Vertretung des Betriebsrats im Rahmen der von ihm gefassten Beschlüsse verpflichtet, selbst wenn er selbst gegen den Beschluss gestimmt hat. Die Annahme des BGH, der Betriebsratsvorsitzende begründe bei dem Kontrahieren mit einem Dritten eine privatrechtliche Verpflichtung, wird als praxisfern kritisiert.[85] Darüber hinaus wird angeführt, der Senat habe sich nicht ausreichend mit dem Urteil des BAG, in welchem eine gesamtschuldnerische Haftung aller Betriebsratsmitglieder und auch nur dann, wenn das Rechtsgeschäft außerhalb der dem Betriebsrat gesetzlich zugewiesenen Fälle liegt, beschäftigt.[86] Insbesondere sei nicht ersichtlich, ob er sich mit seinem Konzept neben das Haftungsmodell des BAG habe stellen wollen oder ob er dieses konkretisiere.[87]

---

[80] *Schmitt*, Die Haftung betriebsverfassungsrechtlicher Gremien und ihrer Mitglieder (2017), S. 777.
[81] *Preis/Ulber*, Anm. zu BGH, Urteil vom 25. Oktober 2012 – III ZR 266/11, JZ 2013, 579 (582); *Reuter*, Der Betriebsrat als Mandant (2018), S. 168.
[82] Lunk/Rodenbusch, NJW 2014, 1989 (1991); *Bell/Helm*, ArbRAktuell 2013, 39 (41, 42).
[83] *Preis/Ulber*, Anm. zu BGH, Urteil vom 25. Oktober 2012 – III ZR 266/11, JZ 2013, 579 (582); *Bell/Helm*, ArbRAktuell 2013, 39 (41, 42); *H. Hanau*, FS Düwell (2021), S. 817 (825).
[84] *Bell/Helm*, ArbRAktuell 2013, 39 (42).
[85] Ebd.
[86] Lunk/Rodenbusch, NJW 2014, 1989 (1991).
[87] Ebd.

c) Stellungnahme

§ 179 BGB ist analog auf den Betriebsratsvorsitzenden, der im Namen des Betriebsrats ein Geschäft außerhalb dessen Außenrechtsfähigkeit schließt, anwendbar. Die eine Analogie ablehnenden Stimmen im Schrifttum stützen ihre Ansicht vor allem auf den Umstand, dass der Verkehrsschutz, den § 179 Abs. 1 BGB gewährt, auf das Vertrauen des Vertragspartners in die Vertretungsmacht und nicht in die „1:1-Umsetzung" des Betriebsratsbeschlusses durch den Vorsitzenden sei.[88] Während letzteres Vertrauen im Regelfall nicht enttäuscht werde, sei ein darüber hinausgehendes Vertrauen in die Außenrechtsfähigkeit des Betriebsrats als Gremium nicht schützenswert.[89]

Diese Rechtsansicht beruht auf einer künstlichen Aufspaltung des Vertrauensbegriffs. Der Kontrahent des Betriebsrats entwickelt angesichts der Willenserklärung des Betriebsratsvorsitzenden zunächst Vertrauen in den Umstand, dass ein Betriebsrat existiert, dieser einen wirksamen Beschluss über die Beauftragung des Dritten zu den in Rede stehenden Konditionen gefasst hat und der Vorsitzende diesen Beschluss ordnungsgemäß nach außen hin umsetzt. Damit untrennbar verbunden ist das Vertrauen darauf, dass der Betriebsrat im Rahmen seiner Beschlussfassung die betrieblichen Umstände gewissenhaft abgewogen und eine auf konkreten Tatsachen basierte Entscheidung darüber gefällt hat, ob das avisierte Rechtsgeschäft nach Art, Umfang und Kostenhöhe für die Betriebsratsarbeit erforderlich und verhältnismäßig und damit vom Freistellungsanspruch gegen den Arbeitgeber gedeckt ist.

Die Interessenlage ist mit der eines Vertretergeschäfts, bei dem an der Rechtsfähigkeit des Vertretenen keine Zweifel bestehen, vergleichbar: § 179 BGB statuiert eine gesetzliche Vertrauenshaftung im Interesse des Verkehrsschutzes.[90] Diese rechtfertigt sich dadurch, dass dem Vertreter die Aufklärung, ob und inwieweit er Vertretungsmacht hat, leichter fällt als dem Geschäftsgegner.[91] Das Fehlen der Vertretungsmacht ist daher seinem Verkehrsbereich zuzuordnen, sodass er im Zweifel für die fehlende Vertretungsmacht einstehen muss.[92] Ein betriebsexterner Dritter ist bei Abschluss eines Rechtsgeschäfts mit einem im Namen des Betriebsrats handelnden Betriebsratsvorsitzenden in ähnlicher Weise mit der objektiven Ungewissheit über die Wirksamkeit des Vertrags belastet. Anders als bei einer direkten Anwendung von § 179 Abs. 1 BGB ergibt sich diese Ungewissheit nicht aus der Möglichkeit eines illegitimen Verhaltens des Vertreters, der ein Rechtsgeschäft im Namen eines

---

[88] Siehe unter C. 4 b) aa).
[89] Ebd.
[90] BGH v. 02.02.2000 – VIII ZR 12/99, NJW 2000, 1407; BGH v.12.11.2008 – VIII ZR 170/07, NJW 2009, 215; *Schubert* in: MüKo zum BGB, § 179 Rn 2; *Schäfer* in: BeckOK-BGB, § 179 Rn 1.
[91] Ebd.
[92] *Schubert* in: MüKo zum BGB, § 179 BGB Rn 2.

anderen eingeht, ohne Vertretungsmacht zu haben, sondern aus der nur partiell bestehenden Außenrechtsfähigkeit des Betriebsrats als Gremium. Insoweit ähnelt die Konstellation der Rechtsfigur des *nicht existenten Vertretenen*.[93]

Ausschlaggebend ist aber, dass der Betriebsratsvorsitzende als Teil des Gremiums einen Wissensvorsprung in Hinblick auf die Reichweite der Außenrechtsfähigkeit des Betriebsrats gegenüber dem Dritten hat, der eine Zuweisung des Haftungsrisikos in Form der Vertreterhaftung nach § 179 Abs. 1 BGB analog rechtfertigt. Dieser Wissensvorsprung knüpft nicht an die generelle Kenntnis um die nur partiell bestehende Außenrechtsfähigkeit des Betriebsrats an – dies dürfte regelmäßig auch dem Vertragspartner bekannt sein, zumindest aber liegt es innerhalb seiner Risikosphäre, sich vor Vertragsschluss mit einem Betriebsrat über die Rechtslage zu informieren.[94] Stattdessen besteht ein Informationsgefälle zwischen dem Vertragspartner des Betriebsrats und dem Vorsitzenden in Hinblick auf die tatsächlichen Umstände, die zum Zustandekommen des die Beauftragung des Dritten vorsehenden Betriebsratsbeschlusses geführt haben. Der Betriebsrat entscheidet als Gremium, ob das Rechtsgeschäft mit dem Dritten nach Art, Umfang und Kostenhöhe erforderlich ist i.S.d. § 40 Abs. 1 BetrVG. Diese Einschätzung fällt ihm in zweierlei Hinsicht leichter als dem Vertragspartner: Zunächst ist der Betriebsrat Teil des Betriebs und damit besser mit den konkreten Umständen und betrieblichen Erfordernissen sowie der Kostenübernahmebereitschaft des Arbeitgebers vertraut als der Dritte. Von entscheidender Bedeutung ist aber, dass der Betriebsrat auch *„näher dran"* ist an der Erforderlichkeitsprüfung als der Vertragspartner, weil ihm durch die Rechtsprechung ein Beurteilungsspielraum zugebilligt wird, der dazu führt, dass die Einschätzung des Betriebsrats im Wege einer arbeitsgerichtlichen Kontrolle nur daraufhin geprüft wird, ob die Hinzuziehung des Dritten der Erledigung einer gesetzlichen Aufgabe des Betriebsrats diente und der Betriebsrat nicht nur die Interessen der Belegschaft berücksichtigt, sondern auch den berechtigten Interessen des Arbeitgebers Rechnung getragen hat.[95] Da es dem Betriebsrat obliegt, die Entscheidung über die Erforderlichkeit der Hinzuziehung des Dritten i.S.d. § 40 Abs. 1 BetrVG nach diesen Maßstäben auszurichten, steht dieser – und auch sein Vorsitzender – dem Risiko einer Überschreitung der Erforderlichkeitsgrenze und damit der Außenrechtsfähigkeit des Betriebsrats näher als der Dritte.

Ob die zu dem Betriebsratsbeschluss führende Erforderlichkeitsprüfung durch den Betriebsrat den geforderten Maßstäben gerecht wurde, ist für den Dritten nicht nachvollziehbar. Aus diesem Grund ist es unrealistisch, anzunehmen, der Kontrahent des Betriebsrats entwickle angesichts der Willenserklärung des Vorsitzenden lediglich Vertrauen in den Umstand, dieser setze den

---

[93] Siehe BGH v. 25.10.2012 – III ZR 266/11, BGHZ 195, 174, NZA 2012, 1382.
[94] Siehe unter C. III. b).
[95] BAG v. 14.12.2016 – 7 ABR 8/15, NZA 2017, 514.

entsprechenden Betriebsratsbeschluss über seine Beauftragung ordnungsgemäß um. Es ist schon nicht ersichtlich, weshalb der Dritte sich in Anlehnung an dieses Vertrauen überhaupt dazu veranlasst sehen sollte, für den Betriebsrat tätig zu werden, da sich dessen Außenrechtsfähigkeit ersichtlich nicht aus der ordnungsgemäßen Vertretung des Betriebsrats durch den Vorsitzenden ergibt. Stattdessen entwickelt er ein berechtigtes Vertrauen in den Umstand, dass der vom Vorsitzenden umgesetzte Beschluss zum Abschluss des Rechtsgeschäfts auf einer vollständigen und richtigen Sachverhaltsermittlung, einem zutreffenden Verständnis des Erforderlichkeitsbegriffes und einer gewissenhaften Abwägung der Interessen unter Würdigung aller Umstände des Einzelfalls beruht und der Betriebsrat sich hierbei an allgemeingültigen Denkgesetzen und Erfahrungssätzen orientiert hat. Ist dies der Fall, scheitert der Freistellungsanspruch gegen den Arbeitgeber nicht daran, dass sich das Rechtsgeschäft mit dem Dritten im Nachhinein als objektiv nicht erforderlich erweist.[96]

Nach alledem bedingt die gewissenhafte Beurteilung der Erforderlichkeit durch den Betriebsrat also die Reichweite des Freistellungsanspruchs gegen den Arbeitgeber, an den wiederum die partielle Außenrechtsfähigkeit des Betriebsrats anknüpft.

Das Vertrauen des Dritten, dass der Betriebsrat seinen Beurteilungsspielraum im Rahmen der Erforderlichkeitsprüfung nicht überschritten hat, ist aus diesem Grund untrennbar mit dem Vertrauen in die Vertretungsmacht des Vorsitzenden verbunden. Dieses Vertrauen ist auch schützenswert, weil es sich dabei eben nicht um ein pauschales „blindes Vertrauen" in die Außenrechtsfähigkeit des Betriebsrats handelt.[97] Vielmehr fällt die Beurteilung über die Reichweite der Erforderlichkeit angesichts der Tatsache, dass der Dritte keinen Einblick hat, auf welche Weise der Beschluss über seine Beauftragung zustande gekommen ist, nicht in seinen Risikobereich, sondern in den des Betriebsrats.[98] § 179 BGB ist daher analog anzuwenden auf den Betriebsratsvorsitzenden, der einen Vertrag mit einem Dritten abschließt und dabei die Außenrechtsfähigkeit des Betriebsrats überschreitet.

---

[96] BAG v. 24.06.1969 – 1 ABR 6/69, AP BetrVG § 39 Nr. 8; *Fitting*, § 40 Rn 9; *Thüsing* in: Richardi, § 40 Rn 8.

[97] So aber *Reuter*, Der Betriebsrat als Mandant (2018), S. 167: „Der Berater darf nicht durch ein opportunistisches ‚blindes' Vertrauen auf die Erklärung des Betriebsratsvorsitzenden sein erkanntes Schadensrisiko, das bei einem Vertrag mit dem nur teilvermögensfähigen Betriebsrat besteht, auf den Betriebsratsvorsitzenden verlagern, der den Mangel der Vertretungsmacht nicht besser als er selbst erkennen kann und an dem Vertrag materiell nicht interessiert ist."

[98] A.A.: OLG Frankfurt a. M. v. 21.09.2011 – 1 U 184/10; *Schmitt*, Die Haftung betriebsverfassungsrechtlicher Gremien und ihrer Mitglieder (2017), 773.

5. Ergebnis

Der Betriebsratsvorsitzende, der in Überschreitung der Grenze der Außenrechtsfähigkeit des Betriebsrats einen Vertrag mit einem Dritten über eine Leistung abschließt, die zur Erfüllung der Aufgaben des Betriebsrats nach dem BetrVG nicht erforderlich ist, haftet diesem gegenüber gem. § 179 Abs. 1 BGB analog als Vertreter ohne Vertretungsmacht für den unwirksamen Teil des Vertrags.

Die Haftung ist gem. § 179 Abs. 2 BGB analog auf das negative Interesse beschränkt, wenn der Betriebsratsvorsitzende gutgläubig war in Hinblick auf das Bestehen der Außenrechtsfähigkeit des Betriebsrats.

Wenn der Dritte bei Abschluss des Rechtsgeschäfts um die (teilweise) fehlende Außenrechtsfähigkeit des Betriebsrats wusste oder hätte wissen müssen, ist eine Haftung des Vorsitzenden gem. § 179 Abs. 3 BGB analog ausgeschlossen.

II. Vorschläge für Haftungsbegrenzungsmöglichkeiten in der Praxis

Die verschuldensunabhängige Haftung gem. § 179 Abs. 1 BetrVG kann das handelnde Betriebsratsmitglied bei einem unerkannten Überschreiten der Erforderlichkeitsgrenze in Anbetracht der stellenweise nicht unerheblichen Beratungshonorare empfindlich treffen.[99] Aus diesem Grund haben sowohl der erkennende Senat des BGH in seiner Grundsatzentscheidung über die Haftung von Betriebsratsmitgliedern als auch die Beratungspraxis im Schrifttum Maßnahmen vorgeschlagen, um das Haftungsrisiko zu begrenzen.

1. Vom Senat vorgeschlagene Maßnahmen

Der Senat hat eine verschuldensunabhängige Haftung des Vorsitzenden gem. § 179 Abs. 1 BGB analog für unproblematisch gehalten, weil der Betriebsrat dem Risiko durch vertragliche Vorkehrungen effektiv begegnen könnte.

a) Vorherige Rechtsberatung über die Erforderlichkeit der externen Beratung

Der Senat hat in seiner Entscheidung zur Haftung von Betriebsratsmitgliedern betont, es stehe dem Betriebsrats frei, sich vor Abruf der Leistung des Dritten von einem Rechtsberater über die Erforderlichkeit der Maßnahme beraten zu

---

[99] In dem der Entscheidung BGH v. 25.10.2012 – III ZR 266/11, BGHZ 195, 174, NZA 2012, 1382 zugrunde liegenden Fall ging es immerhin um EUR 86.762,90.

lassen.[100] Sollte dieser die Situation unzutreffend einschätzen, sodass es zu einer Haftung des Vorsitzenden kommt, sei dieser jedenfalls durch einen Regressanspruch gegen den Rechtsanwalt geschützt, weil der zwischen dem Betriebsrat und dem Rechtsanwalt geschlossene Vertrag insoweit Schutzwirkung zugunsten des handelnden Betriebsratsmitglieds hätte.[101]

b) Abtretung des Freistellungsanspruchs gegen den Arbeitgeber

Ferner könne der Betriebsrat seinen Vorsitzenden schützen, indem er bei Vertragsschluss keine Zahlungsverpflichtung eingeht, sondern stattdessen nur die Abtretung des Freistellungsanspruch mit dem Dritten vereinbart.[102]

c) Vertraglicher Haftungsausschluss

Zuletzt weist der Senat darauf hin, dass der Betriebsrat die Haftung nach § 179 Abs. 1 BGB durch eine entsprechende Vereinbarung mit dem Dritten ganz ausschließen oder zumindest eine Haftungsbeschränkung vereinbaren könne.[103]

2. Im Schrifttum vorgeschlagene Maßnahmen

Im Schrifttum wurden im Nachgang der Entscheidung des BGH verschiedene Wege skizziert, die zu einer Begrenzung des Haftungsrisikos des Vorsitzenden führen könnten.

a) Vorherige Abstimmung mit dem Arbeitgeber

In der Literatur wird empfohlen, vor Abschluss des Vertrags mit dem Dritten Umfang und Kosten der abzurufenden Leistung mit dem Arbeitgeber abzustimmen.[104] Dies sei Betriebsräten anzuraten, obwohl für eine vorherige Abstimmung über Kostenhöhe und -übernahme insbesondere im Rahmen des § 111 Satz 2 BetrVG keine gesetzliche Verpflichtung bestehe.[105] Zwar müsse

---

[100] BGH v. 25.10.2012 – III ZR 266/11, BGHZ 195, 174, NZA 2012, 1382; zust.: *Walker*, FS v. Hoyningen-Huene (2014), S. 535 (541); *Jaeger/Steinbrück*, NZA 2013, 402 (406); Dzida, NJW 2013, 433 (434 ff.); *Weller*, GWR 2013, 31; *Braunschneider*, ZBVR online 2013, 15 (20).

[101] BGH v. 25.10.2012 – III ZR 266/11, BGHZ 195, 174, NZA 2012, 1382.

[102] Ebd.

[103] Ebd.; zust.: *Kloppenburg*, Anm. zu BGH 3. Zivilsenat, Urteil vom 25.10.2012 – III ZR 266/11, jurisPR-ArbR1/2013 Anm. 1; *Dzida*, NJW 2013, 433 (435).

[104] *Jaeger/Steinbrück*, NZA 2013, 401 (405); *Schulze*, AiB 2013, 7 (9); *Eckert*, DStR 2013, 921 (923); *Müller*, Anm. zu BGH, Urteil vom 25. Oktober 2012 – III ZR 266/11, EzA § 40 BetrVG 2001 Nr. 24; *Weller*, GWR 2013, 31.

[105] Ebd; wobei stellenweise empfohlen wird, dass eine dreiseitige Vereinbarung zwischen Betriebsrat, Berater/Sachverständigem und Arbeitgeber abgeschlossen werden sollte, siehe *Eckert*, DStR 2013, 921 (923).

der Arbeitgeber dem Betriebsrat nicht seine Aufgabe abnehmen, eine sorgfältige Entscheidung über die Erforderlichkeit der externen Beratung zu treffen, allerdings könne man aus dem Gebot der vertrauensvollen Zusammenarbeit gem. § 2 Abs. 1 BetrVG schlussfolgern, dass der Arbeitgeber dem Betriebsrat zumindest eine Rückäußerung schulde.[106] Gegen diese Verbot verstoße er, wenn er die (freiwillige) Anfrage des Betriebsrat ignoriere und sich eine Ablehnung der Kostenübernahme für den Zeitpunkt der Rechnungsstellung aufhebe.[107] In diesem Fall sei es vertretbar, den Freistellungsanspruch aus § 40 Abs. 1 BetrVG auch für den eigentlich nicht erforderlichen Teil des Vertrags als gegeben anzusehen.[108]

b) Abschluss einer D&O Versicherung

Eine weitere Überlegung im Schrifttum ist es, das Haftungsrisiko des Vorsitzenden über eine sog. Directors-and-Officers-Versicherung (D&O-Versicherung) abzusichern.[109] Bei dieser besonders für den Bereich des Managements eines Unternehmens vorgesehenen Art der Versicherung handelt es sich um eine freiwillige Vermögensschadenshaftpflichtversicherung von Unternehmensleitern, durch die der Schutz des versicherten Organmitglieds vor einer etwaigen Innenhaftung (Schadensersatzpflicht gegenüber der die Versicherung nehmenden Gesellschaft) oder vor einer Außenhaftung (Schadensersatzpflicht gegenüber Dritten) bezweckt wird.[110] Versicherungsnehmer ist i.d.R. das jeweilige Unternehmen.[111] Im Zusammenhang mit der Absicherung des Risikos einer Außenhaftung des Betriebsratsvorsitzenden durch eine D&O-Versicherung stellt sich vor allem die Frage, wer für die Versicherungspolice aufkommen soll. Der Betriebsrat als Gremium kommt schon wegen seiner Vermögenslosigkeit nicht in Betracht; aber auch das ehrenamtlich tätige Betriebsratsmitglied kann nicht zum Abschluss der Versicherung als Versicherungsnehmer verpflichtet werden.[112] Insoweit wird vereinzelt vertreten, es spreche nach Lage der Dinge „viel dafür, eine solche Versicherung als erforderliche Sachmittelausstattung gem. § 40 BetrVG anzusehen."[113]

---

[106] *Jaeger/Steinbrück*, NZA 2013, 401 (407).
[107] Ebd.
[108] Ebd.
[109] *Bergmann*, NZA 2013, 57 (61); *Preis/Ulber*, Anm. zu BGH, Urteil vom 25. Oktober 2012 – III ZR 266/11, JZ 2013, 579 (584); *Braunschneider*, ZBVR online 2013, 15 (20); kritisch *Jaeger/Steinbrück*, NZA 2013, 401 (407).
[110] *Muschner* in: Rüffer/Halbach/Schimikowski, § 43 VVG Rn 21.
[111] Ebd.
[112] *Dommermuth-Alhäuser/Heup*, BB 2013, 1461 (1467).
[113] *Bergmann*, NZA 2013, 57 (61).

3. Kritik: Keine ausreichende Entlastung des handelnden Betriebsratsmitglieds

Die vom Senat und im Schrifttum vorgeschlagenen Maßnahmen für eine Begrenzung des Haftungsrisikos in der Praxis führen entweder zu Widersprüchen mit der betriebsverfassungsrechtlichen Konzeption zur Hinzuziehung externer Berater oder aber zu Unstimmigkeiten, was die Kostentragungspflicht angeht.

a) Keine Erforderlichkeit einer vorherigen Erforderlichkeitsprüfung durch Rechtsberater

Der Vorschlag des Senats zur vorherigen Einholung von Rechtsrat über die Frage der Erforderlichkeit der abzurufenden Leistung durch einen externen Berater verfängt nicht. Zunächst entgeht der Betriebsratsvorsitzende bei einer fehlerhaften Einschätzung der Erforderlichkeit durch den hinzugezogenen externen Rechtsberater nicht der Haftung, sondern er bleibt darauf verwiesen, einen Regressanspruch gegen den Rechtsanwalt, der mit der Prüfung beauftragt war, geltend zu machen.[114] Er wäre folglich noch immer mit dessen Insolvenzrisiko belastet.

Ferner würde eine Übertragung der Erforderlichkeitsprüfung auf einen Dritten auf Kosten des Arbeitgebers mit der Folge des Entstehens einer Schutzwirkung zu Gunsten des Betriebsratsvorsitzenden voraussetzen, dass die Prüfung der Erforderlichkeit ihrerseits erforderlich wäre.[115] Das ist aber nicht der Fall.[116] Der Arbeitgeber schuldet die Kostenübernahme gem. § 40 Abs. 1 BetrVG nur für die für die Betriebsratsarbeit erforderliche Rechtsberatung. Eine Beratung über die Prüfung der Erforderlichkeit für eine schlussendlich nicht erforderliche Leistung kann daher nicht ihrerseits erforderlich sein. Sähe man dies anders, würde sich die Möglichkeit der Erforderlichkeitsprüfung durch einen Rechtsanwalt ohnehin auf Zweifelsfälle beschränken[117], in denen angenommen werden kann, dass die Erforderlichkeitsgrenze so schwer einschätzbar ist, dass eine gesonderte Überprüfung auch für den letztlich als nicht erforderlich eingeschätzten Teil des Vertrags als erforderlich gelten muss, weil erst die vorweggenommene anwaltliche Prüfung diesen Schluss erlaubte.[118]

Die Vertreter dieser Auffassung verkennen aber, dass der Beurteilungsspielraum bei der Konkretisierung des Begriffs der Erforderlichkeit i.S.v. § 40

---

[114] *H. Hanau*, FS Düwell (2021), S. 817 (822).

[115] *Jaeger/Steinbrück*, NZA 2013, 401 (406).

[116] A.A.: *Braunschneider*, ZBVR online 2013, 15 (20), der sowohl das Votum des Anwalts über § 80 Abs. 3 BetrVG als auch das Verfahren vor dem Arbeitsgericht gem. § 40 Abs. 1 BetrVG als erforderlich und daher von der Kostentragungspflicht des Arbeitgebers gedeckt ansieht.

[117] So vorgeschlagen in BGH v. 25.10.2012 – III ZR 266/11, BGHZ 195, 174, NZA 2012, 1382.

[118] So *Jaeger/Steinbrück*, NZA 2013, 401 (406).

II. Vorschläge für Haftungsbegrenzungsmöglichkeiten in der Praxis

Abs. 1 BetrVG als unbestimmter Rechtsbegriff[119] dem Betriebsrat als Gremium zusteht – nicht dem externen Rechtsberater. Die Schaffung eines Beurteilungsspielraums stellt immer eine Abweichung des Topos der originären Rechtsanwendungskompetenz der Zivil- und Arbeitsgerichte dar und bildet daher die Ausnahme.[120] Sie geht außerdem mit einem hohen Rechtfertigungsbedürfnis einher.[121] Wird die Rechtsanwendungskompetenz in Form eines Beurteilungsspielraums an einen anderen Kompetenzträger als die Gerichtsbarkeit delegiert, muss anhand des Sinn und Zwecks der jeweiligen Norm untersucht werden, wer als vorgerichtlicher Rechtsanwender in Betracht kommt.[122] Die Delegation der Rechtsanwendungskompetenz im Rahmen des § 40 Abs. 1 BetrVG in Bezug auf die Konkretisierung des unbestimmten Rechtsbegriffs der Erforderlichkeit wurde von der Rechtsprechung entwickelt und gilt inzwischen als herrschende Meinung.[123] Es kann nicht ohne Weiteres angenommen werden, dass mit der Verlagerung der Erforderlichkeitsprüfung auf einen externen Dritten gleichzeitig der dem Betriebsrat zustehende Beurteilungsspielraum „weitergereicht" werden könnte. Im Gegenteil verbietet es sich, anzunehmen, der Betriebsrat könne die ihm von der Rechtsprechung zuerkannte Letztentscheidungskompetenz einfach – und vermeintlich auf Kosten des Arbeitgebers – „wegdelegieren", um unliebsamen Haftungsfolgen zu entgehen.

Eine Verschiebung der Erforderlichkeitsprüfung auf einen externen Berater würde daher bedeuten, dass die vom Rechtsberater getroffene Entscheidung über das „Ob" der Erforderlichkeit voll gerichtlich überprüfbar wäre. Verweigert der Arbeitgeber die Kostenübernahme sowohl für die aus seiner Sicht nicht erforderliche Prüfung der Erforderlichkeit durch einen externen Rechtsberater sowie für die – letztlich auf Grundlage der Entscheidung des Rechtsanwalts erbrachte – Leistung eines Dritten, müsste das mit der Überprüfung befasste Gericht folglich nicht jede Entscheidung des Rechtsanwalts als richtig gelten lassen, welche sich noch innerhalb der Grenzen des Spielraums einer gewissenhaften Entscheidung aus ex-ante-Sicht unter Berücksichtigung aller Umstände des Einzelfalls befindet, sondern es könnte einen rein objektiven Maßstab bei der Überprüfung der Erforderlichkeit anlegen. Im Ergebnis kann eine Fehleinschätzung des hinzugezogenen Rechtsberaters mithin eher zu einer Verneinung der Erforderlichkeit durch das Gericht führen, als wenn der Betriebsrat die Entscheidung selbst gefällt hätte. Der Vorsitzende müsste dann im

---

[119] Siehe BAG v. 15.11.2000 – 7 ABR 9/99 = ZBVR 2001, 127, 128; NZA 1999, 945 (946); Wittig, Beurteilungsspielräume im Betriebsverfassungsgesetz (2003), S. 3.
[120] Wittig, Beurteilungsspielräume im Betriebsverfassungsgesetz (2003), S. 51.
[121] Ebd.
[122] *Wittig*, Beurteilungsspielräume im Betriebsverfassungsgesetz (2003), S. 49, 50.
[123] BAG v. 16.10.1986 – 6 ABR 14/84, NZA 1987, 643; BAG v. 3.12.1987 – 6 ABR 79/85, AP BetrVG 1972 § 20 Nr. 13; BGH v. 25.10.2012 – III ZR 266/11, BGHZ 195, 174, NZA 2012, 1382; *Weber* in: GK-BetrVG, § 40 Rn 13; *Fitting*, § 40 Rn 9; *Mauer* in: BeckOK-ArbR, § 40 BetrVG Rn 1.

Zweifel sowohl für die Kosten der letztlich als nicht erforderlich eingestuften abgerufenen Leistung eines Dritten einstehen als auch für die Kosten des für die Erforderlichkeitsprüfung hinzugezogenen Rechtsanwalts. Der Vorschlag des Senats über die Hinzuziehung eines Rechtsberaters zur Einschätzung der Erforderlichkeit verlagert das Problem daher lediglich auf eine vorgeschaltete Ebene und führt nicht zu dem angestrebten Ergebnis einer Haftungserleichterung des Vorsitzenden.

b) Keine Beschränkung des Betriebsrats auf Abtretung des Anspruchs aus § 40 Abs. 1 BetrVG bei Vertragsschluss

Der Betriebsrat kann zudem nicht – wie vom Senat vorgeschlagen – darauf verwiesen werden, bei Vertragsschluss mit einem Dritten lediglich die Abtretung des ihm gegen den Arbeitgeber zustehenden Freistellungsanspruchs als Gegenleistung zu vereinbaren. Zunächst betont der Senat in seiner Entscheidung selbst, dass Betriebsräte beim Kontrahieren mit externen Dritten durchaus ein Zahlungsversprechen abgeben können und der gesetzgeberischen Konstruktion des § 40 Abs. 1 BetrVG nach nicht auf die Abtretung des Freistellungsanspruchs beschränkt sind.[124] Dieser Umstand führt dazu, dass sich potentielle Vertragspartner von Betriebsräten kaum damit zufrieden geben werden, wenn ihnen zur Vermeidung von Haftungsproblemen als Entgelt lediglich die Verschaffung des Freistellungsanspruchs nach § 40 Abs. 1 BetrVG und keine Geldzahlung versprochen wird.[125]

Tatsächlich lag genau dieser Fall der Entscheidung des BGH[126] zugrunde: Der Berater hat die Abtretung des Freistellungsanspruchs durch den Betriebsrat abgelehnt, vermutlich, weil dies zur Konsequenz gehabt hätte, dass er zur Durchsetzung des Anspruchs gegen den Arbeitgeber die Erforderlichkeit der (ganzen) erbrachten Leistung diesem gegenüber hätte beweisen müssen.[127] Die Vereinbarung lediglich der Abtretung des Freistellungsanspruchs als Gegenleistung geht für den Kontrahenten des Betriebsrats daher mit einem nicht unerheblichen Risiko einher, bei einer Fehleinschätzung über die Erforderlichkeit keine Vergütung zu erhalten. Es ist nicht nachvollziehbar, weshalb sich externe Berater – insbesondere in Situationen, in denen die Betriebssituation unübersichtlich ist und sich die Einschätzung der Erforderlichkeit entsprechend schwierig gestaltet – auf ein solches Risiko einlassen sollten.

---

[124] BGH v. 25.10.2012 – III ZR 266/11, BGHZ 195, 174, NZA 2012, 1382.
[125] A.A.: *Reuter*, Der Betriebsrat als Mandant (2018), S. 127, der anführt, es gebe keine Anzeichen dafür, dass Betriebsräte Schwierigkeiten hätten, einen Berater als Vertragspartner zu gewissen, wenn sie bei Vertragsschluss lediglich den Anspruch aus § 40 Abs.1 BetrVG als Gegenleistung abzutreten bereit sind.
[126] BGH v. 25.10.2012 – III ZR 266/11, BGHZ 195, 174, NZA 2012, 1382.
[127] Vgl. auch Lunk/Rodenbusch, NJW 2014, 1989 (1989).

Der Verweis auf die Möglichkeit, bei Vertragsschluss lediglich die Abtretung des Anspruchs aus § 40 Abs. 1 BetrVG zu vereinbaren, kann aus diesem Grund nur sehr begrenzt dazu beitragen, das Haftungsrisiko des handelnden Betriebsratsmitglieds zu reduzieren.

c) Keine Notwendigkeit für den Dritten, sich auf vertraglichen Haftungsausschluss einzulassen

Die gegen die Möglichkeit der Abtretung des Freistellungsanspruchs aufgeführten Argumente sprechen auch gegen den Vorschlag des Senats, der Betriebsrat könne mit dem externen Dritten einen vertraglichen Haftungsausschluss vereinbaren. Auch diesbezüglich ist nicht ersichtlich, weshalb sich der potentielle Vertragspartner des Betriebsrats auf das Risiko, einen Teil seiner Leistung ohne Gegenleistung zu erbringen, einlassen sollte.

d) Keine Vereinbarkeit einer vorherigen Einigung mit Arbeitgeber auf Kostenübernahme mit Gesetzeszweck von § 111 Satz 2 BetrVG und § 40 Abs. 1 BetrVG

Eine vorherige Einigung mit dem Arbeitgeber über die für die Beauftragung eines externen Beraters entstehenden Kosten ist im Anwendungsbereich des § 80 Abs. 3 BetrVG ohnehin zwingend vorgeschrieben, während sie mit dem Gesetzeszweck von § 111 Satz 2 BetrVG und § 40 Abs. 1 BetrVG nicht zu vereinbaren ist. Das Abstimmungserfordernis stellt den wesentlichen Unterschied von § 80 Abs. 3 BetrVG zu § 40 Abs. 1 BetrVG in Bezug auf die Beauftragung eines Rechtsanwalts sowie § 111 Satz 2 BetrVG, der die Hinzuziehung eines externen Beraters bei Betriebsänderungen in Betrieben mit mehr als 300 Arbeitnehmern regelt, dar. Der Gesetzgeber hat § 111 Satz 2 BetrVG in das Normgefüge des Betriebsverfassungsgesetzes eingepasst, um den Betriebsrat durch ein unbürokratisches Hinzuziehen von externem Sachverstand in die Lage zu versetzen, die Auswirkungen einer Betriebsänderung rasch zu erfassen und innerhalb von kurzer Zeit mit Hilfe des Beraters fundierte Alternativvorschläge so rechtzeitig zu erarbeiten, dass eine Einflussnahme auf die Entscheidung des Arbeitgebers möglich ist.[128] Das Telos des § 111 Satz 2 BetrVG ist daher ganz unmissverständlich auf eine Beschleunigung des ansonsten einschlägigen Verfahrens zur Hinzuziehung eines Sachverständigen nach § 80 Abs. 3 BetrVG gerichtet. Die Notwendigkeit einer vorherigen Abstimmung mit dem Arbeitgeber würde den Gesetzeszweck aus diesem Grund in unzulässiger Weise konterkarieren.[129]

---

[128] BT-Drs. 14/5741, S. 51.
[129] Vgl. *Reuter*, Der Betriebsrat als Mandant (2018), S. 249.

Ähnlich verhält es sich mit Blick auf § 40 Abs. 1 BetrVG: Ginge man davon aus, der Betriebsrat müsse sich im Fall von Rechtsstreitigkeiten mit dem Arbeitgeber über die Beauftragung eines Rechtsanwalts in Bezug auf den Beratungsumfang und die Beratungskosten im Vorhinein mit diesem abstimmen, hätte dies zur Folge, dass der Arbeitgeber durch die gewonnen Einsichten in die Prozessschritte Rückschlüsse auf die vom Betriebsrat bzw. seinem Anwalt im Rahmen des Rechtsstreits verfolgte Taktik ziehen könnte. Von einer egalitären Verfahrensposition zwischen Betriebsrat und Arbeitgeber, die ja gerade durch die Möglichkeit der Konsultation eines Rechtsanwalts über § 40 Abs. 1 BetrVG hergestellt werden soll, kann dann keine Rede mehr sein. Die Einholung der Zustimmung des Arbeitgebers vor der Beauftragung eines Dritten kann vom Betriebsrat aus diesem Grund abseits der Fälle des § 80 Abs. 3 BetrVG nicht verlangt werden.

e) Keine Erforderlichkeit der Kosten für eine D&O Versicherung

Auch der Abschluss einer D&O-Versicherung ist nicht dazu geeignet, das Kostenrisiko, welches das handelnde Betriebsratsmitglied trifft, zu reduzieren. Insbesondere kann der Arbeitgeber nicht dazu verpflichtet werden, die Kosten für eine solche Versicherung zu übernehmen.[130] Gem. § 40 Abs. 1 BetrVG trifft den Arbeitgeber die Kostentragungspflicht nur in Hinblick auf die Kosten *rechtmäßiger* Betriebsratsarbeit – die Versicherung würde aber stets in dem Fall greifen und auch nur für diesen Fall abgeschlossen werden, in dem das Betriebsratsmitglied die rechtlichen Grenzen des betriebsratlichen Wirkungskreises überschreitet und dadurch einen Schaden verursacht.[131]

Ferner wird in der Literatur zu Recht eingewandt, eine D&O-Versicherung habe den Zweck, besonders hohe Haftungsrisiken, denen Organmitglieder ausgesetzt sind und die zu einer Inanspruchnahme der Gesellschaft durch einen Dritten führen können, abzudecken – an beiden Merkmalen fehle es, wenn Betriebsratsmitglieder persönlich hafteten, da es weder um vergleichbare Haftungsrisiken ginge, noch ein Risiko des Arbeitgebers bestehe, vom Dritten in Anspruch genommen zu werden.[132] Da der Betriebsrat als Gremium vermögenslos ist, können die Kosten für die Versicherung auch nicht von ihm übernommen werden. Letztlich liefe eine Reduzierung des Haftungsrisikos durch den Abschluss einer D&O Versicherung also darauf hinaus, dass das dem Risiko ausgesetzte Betriebsratsmitglied die Kosten selbst übernehmen müsste. Die bezweckte finanzielle Entlastung wäre damit nicht erreicht.

---

[130] Ebenso *Jaeger/Steinbrück*, NZA 2013, 401 (407).
[131] *Dommermuth-Alhäuser/Heup*, BB 2013, 1461 (1467, 1468); a.A.: *Braunschneider*, ZBVR online 2013, 15 (20).
[132] *Jaeger/Steinbrück*, NZA 2013, 401 (407).

III. Möglichkeiten einer gesetzlichen Haftungsprivilegierung zugunsten des handelnden Betriebsratsmitglieds

Das Betriebsratsamt ist gem. § 37 Abs. 1 BetrVG ein Ehrenamt. Da ein Ehrenamt unentgeltlich ausgeübt wird und die Betriebsratsmitglieder wegen ihrer Tätigkeit gem. § 78 Satz 2 BetrVG nicht benachteiligt werden dürfen, wird in der Rechtsprechung und Literatur die Möglichkeit einer gesetzlichen Begrenzung des Haftungsrisikos des Betriebsratsmitglieds, das dem Dritten gegenüber für ein Fehlverhalten des Gremiums mit seinem Privatvermögen einstehen muss, diskutiert.

1. BGH: Kein Bedürfnis für eine über die Haftungsbeschränkung aus §§ 179 Abs. 2, Abs. 3 BGB analog hinausgehende Haftungsprivilegierung aufgrund eines weit zu verstehenden Beurteilungsspielraums

Der erkennende Senat des BGH ist in seiner Grundsatzentscheidung zur Haftung von Betriebsratsmitgliedern davon ausgegangen, es bestehe kein Bedürfnis für eine über die Regelungen in § 179 Abs. 2, Abs. 3 BGB hinausgehende Beschränkung der Haftung des für den Betriebsrat rechtsgeschäftlich handelnden Betriebsratsvorsitzenden.[133] Gem. § 179 Abs. 2 BGB analog ist die Haftung auf das negative Interesse des Vertragspartners beschränkt, wenn das handelnde Betriebsratsmitglied den Mangel der Vertretungsmacht nicht gekannt hat.[134] Entscheidend ist also, ob der Vorsitzende als das den Betriebsrat nach außen vertretende Betriebsratsmitglied „Kenntnis davon hatte, dass er im konkreten Fall die ‚Erforderlichkeitsgrenze' im Sinne des § 40 Abs. 1 BetrVG überschritt".[135] Handelt er dagegen gutgläubig in Bezug auf die Erforderlichkeit des mit dem Dritten eingegangene Rechtsgeschäft, muss er nur für den Vertrauensschaden und nicht für den Erfüllungsschaden einstehen. Zudem ist die Haftung gem. § 179 Abs. 3 BGB analog ausgeschlossen, wenn dem Dritten bekannt oder infolge von Fahrlässigkeit unbekannt war, dass der Vertragsschluss einen außerhalb des gesetzlichen Wirkungskreises des Betriebsrats liegenden Gegenstand betraf oder das durch den Vertrag ausgelöste Honorar oder die abgerufenen Leistungen (teilweise) über das Maß des Erforderlichen hinausgingen.[136]

---

[133] BGH v. 25.10.2012 – III ZR 266/11, BGHZ 195, 174, NZA 2012, 1382; zust.: *Uffmann*, Anm. (2) zu BGH v. 25.10.2012 – III ZR 266/11, AP BetrVG 1972 § 40 Nr. 110.
[134] BGH v. 25.10.2012 – III ZR 266/11, BGHZ 195, 174, NZA 2012, 1382.
[135] Ebd.
[136] Ebd.

Eine über die Haftungserleichterung aus §§ 179 Abs. 2, Abs. 3 BGB analog hinaus gehende ungeschriebene Haftungsprivilegierung zugunsten des handelnden Betriebsratsmitglieds lehnt der Senat ab.[137] Es sei nicht nur zweifelhaft, im Verhältnis zu einem Dritten, der in keiner Sonderbeziehung zu den Betriebsratsmitgliedern stehe, eine Haftungsprivilegierung anzunehmen, sondern es bestehe hierfür auch kein Bedürfnis.[138] Vielmehr sei das Haftungsrisiko des handelnden Betriebsratsmitglieds

„bereits dadurch reduziert, dass die Frage, wann und in welchem Umfang die Hinzuziehung eines Beraters erforderlich ist, aus der ex-ante-Sicht zu beurteilen ist, wobei dem Betriebsrat ein Beurteilungsspielraum zusteht, dessen Grenzen im Interesse der Funktions- und Handlungsfähigkeit des Betriebsrats nicht zu eng zu ziehen sind".139

2. Verbleibendes Haftungsrisiko trotz Anwendbarkeit des § 179 Abs. 3 und Abs. 3 BGB

Die Anwendbarkeit von § 179 Abs. 2, Abs. 3 BGB führt nicht dazu, dass das Haftungsrisiko des den Betriebsrat vertretenden Vorsitzenden sich auf ein zumutbares Maß reduziert.[140] § 179 Abs. 2 BGB, dessen Tatbestand in der Konstellation des einen Vertrag unter Überschreitung der Außenrechtsfähigkeit des Betriebsrats abschließenden Vorsitzenden häufig erfüllt sein wird, weil dieser gutgläubig in Hinblick auf die Erforderlichkeit war, lässt die Haftung nicht völlig entfallen, sondern begrenzt sie lediglich auf das negative Interesse. Der Betriebsratsvorsitzende muss dem Dritten also den Schaden ersetzen, der diesem aufgrund des Vertrauens auf das Bestehen der Vertretungsmacht entstanden ist. Hat der externe Berater seine Leistung bereits erbracht – was bei Streitigkeiten zwischen externen Beratern und Betriebsräten regelmäßig der Fall sein wird, weil die gerichtliche Auseinandersetzung meist erst folgt, wenn der Dritte geleistet und der Arbeitgeber die Kostenübernahme verweigert hat – ist der Vertrauensschaden identisch mit dem Erfüllungsinteresse, sodass der Betriebsratsvorsitzende in keiner Weise besser gestellt ist.[141] Selbst wenn der Berater noch nicht tätig wurde, aber aufgrund des Vertrauens in einen wirksamen Vertragsschluss mit dem Betriebsrat einen anderen Auftrag ausgeschlagen hat, kann die auf den vom negativen Interesse umfassten entgangenen Gewinn gerichtete Haftungssumme immens sein.[142] Gem. § 179 Abs. 3 BGB entfällt die

---

[137] BGH v. 25.10.2012 – III ZR 266/11, BGHZ 195, 174, NZA 2012, 1382; zust.: *Happe*, Die persönliche Rechtsstellung von Betriebsräten (2017), S. 131 ff.
[138] BGH v. 25.10.2012 – III ZR 266/11, BGHZ 195, 174, NZA 2012, 1382.
[139] BGH v. 25.10.2012 – III ZR 266/11, BGHZ 195, 174, NZA 2012, 1382.; zust.: *Uffmann*, Anm. (2) zu BGH v. 25.10.2012 – III ZR 266/11, AP BetrVG 1972 § 40 Nr. 110.
[140] Ebenso *Dommermuth-Alhäuser/Heup*, BB 2013, 1261 (1467).
[141] *H. Hanau*, FS Düwell (2021), S. 817 (822).
[142] Ebenso *Dommermuth-Alhäuser/Heup*, BB 2013, 1261 (1467); *Schmitt*, Die Haftung betriebsverfassungsrechtlicher Gremien und ihrer Mitglieder (2017), S. 733.

Haftung, wenn der Vertragspartner den Mangel an der Vertretungsmacht kannte oder kennen musste – ein Umstand, der im Streitfall von dem handelnden Betriebsratsmitglied bewiesen werden muss.[143] Da es sich hierbei um eine innere Tatsache handelt, fällt dieser Beweis schwer.[144]

3. Verwässerung des Beurteilungsspielraums

Die vom erkennenden Senat des BGH propagierte Einräumung eines „im Interesse der Funktions- und Handlungsfähigkeit des Betriebsrats nicht zu eng zu ziehenden" Beurteilungsspielraums[145] auf Tatbestandsebene ist methodisch nicht der richtige Anknüpfungspunkt für die Reduzierung des Haftungsrisikos des handelnden Betriebsratsmitglieds.[146] Dem Betriebsrat steht bei der Einschätzung der Erforderlichkeit ein Beurteilungsspielraum zu, in dessen Rahmen er sich nicht auf die Berücksichtigung seiner subjektiven Interessen beschränken darf, sondern die Interessen der Belegschaft an der ordnungsgemäßen Ausübung des Betriebsratsamtes sowie das berechtigte Interesse des Arbeitgebers an einer Begrenzung der anfallenden Kosten gegeneinander abzuwägen hat.[147] Durch die Einräumung des Beurteilungsspielraums wird bewirkt, dass die Entscheidung des Betriebsrats nicht voll gerichtlich überprüfbar ist, sondern die richterliche Kontrolle sich darauf beschränkt, ob der Betriebsrat die Konsultation des Dritten aus der *ex-ante*-Perspektive bei gewissenhafter Überprüfung und bei ruhiger und vernünftiger Würdigung aller Umstände als für die Verrichtung der Betriebsratstätigkeit erforderlich halten durfte.[148] Insoweit schützt der Beurteilungsspielraum den Betriebsrat davor, dass ein rein objektiver Maßstab bei der Überprüfung der Erforderlichkeit angelegt wird.[149]

Wenn der BGH nun betont, dieser Beurteilungsspielraum sei im Streitfall vom erkennenden Gericht im Interesse der Funktions- und Handlungsfähigkeit des Betriebsrats nicht zu eng zu ziehen, wird die ohnehin nur eingeschränkte Überprüfbarkeit der Erforderlichkeitsprüfung durch das Gremium aus der *ex-ante*-Sicht in unzulässiger Weise verwässert. *Preis/Ulber* haben in Anbetracht

---

[143] BGH v. 25.10.2012 – III ZR 266/11, BGHZ 195, 174, NZA 2012, 1382.
[144] Ebenso *Dommermuth-Alhäuser/Heup*, BB 2013, 1261 (1467).
[145] BGH v. 25.10.2012 – III ZR 266/11, BGHZ 195, 174, NZA 2012, 1382.; zust.: *Uffmann*, Anm. (2) zu BGH v. 25.10.2012 – III ZR 266/11, AP BetrVG 1972 § 40 Nr. 110.
[146] A.A.: *Uffmann*, Anm. (2) zu BGH v. 25.10.2012 – III ZR 266/11, AP BetrVG 1972 § 40 Nr. 110.
[147] St. Rspr., vgl. etwa BAG v. 12.05.1999 – 7 ABR 36/97, AP Nr. 65 zu § 40 BetrVG 1972; BAG v. 03.09.2003, AP BetrVG 1972 § 40 Nr. 79.
[148] Vgl. Kort, Anm. zu BAG v. 09.06.1999 – 7 ABR 66/97, AP BetrVG 1972 § 40 Nr. 66 m.w.N in Bezug auf die Erforderlichkeit von Sachmitteln.
[149] *Esser*, RdA 1976, 229 (232); *Wittig*, Beurteilungsspielräume im Betriebsverfassungsgesetz (2003), S. 242.

des Risikos, dass der Betriebsrat nicht vollumfänglich von seinen Rechten Gebrauch machen kann, weil sich zumindest das handelnde Mitglied einem Haftungsrisiko ausgesetzt sieht, ausgeführt:

„Um zu sachgerechten Ergebnissen zu gelangen, bleibt als Ausweg eigentlich nur noch, die Erforderlichkeitsprüfung derart einzuschränken, dass im Rahmen des § 111 BetrVG faktisch jede Beauftragung, die nicht grob fahrlässig oder vorsätzlich die Kompetenzen des Betriebsrats überschreitet, als erforderlich anzusehen ist. Dadurch ließe sich die vom BGH erzeugte Beeinträchtigung der Funktionsfähigkeit des betriebsverfassungsrechtlichen Anspruchs nach § 111 Satz 2 BetrVG kompensieren, indem man die Rechtsprechung des BGH sozusagen ins Leere laufen lässt".[150]

Vorgeschlagen wird also, den Beurteilungsspielraum so weit auszudehnen, dass nahezu jede Maßnahme noch als erforderlich gelten muss, sofern dem handelnden Betriebsratsmitglied nicht offensichtlich vorsätzliches oder grob fahrlässiges Handeln zu unterstellen ist.

Ist der Erforderlichkeitsbegriff als unbestimmter Rechtsbegriff ohnehin schon vage[151], wird er durch die vom BGH gewollte Aufweichung des Beurteilungsspielraums völlig konturlos. In der Konsequenz führt die Rechtsprechung des Senats zu einer Berücksichtigung interessensgeleiteter Billigkeits- und Gerechtigkeitserwägungen zur Herbeiführung eines „sachgerechten Ergebnisses"[152] zugunsten des handelnden Betriebsratsmitglieds auf Tatbestandsebene und damit zu einer Manipulation des Haftungsgrunds. Erscheint die den Betriebsratsvorsitzenden aufgrund eines Überschreitens der betriebsratlichen Kompetenzen beim Vertragsschluss mit einem Dritten zu erwartende Schadenssumme unerträglich hoch, muss das erkennende Gericht sich entscheiden, ob es den Vorsitzenden – trotz entgegenstehender Gerechtigkeitserwägungen, die mit den Tatbestandsvoraussetzungen des § 40 Abs. 1 BetrVG gleichwohl nichts zu tun haben – mit diesen Kosten belastet oder ob der dem Betriebsrat zustehende Beurteilungsspielraum dem Verständnis des BGH folgend nicht doch derart ausgedehnt werden kann, dass die Einschätzung des Gremiums gerade noch als im Rahmen des Erforderlichen liegend angesehen werden könnte. Letztlich ist die gerichtliche Entscheidung nach der Haftungskonzeption des BGH daher immer eine „Alles-oder-Nichts"-Entscheidung.

An dieser Stelle werden die Tatbestandsvoraussetzungen des § 40 Abs. 1 BetrVG in unzulässiger Weise überdehnt. Allgemeine Gerechtigkeitserwägungen, welche dafür sprechen, das Haftungsrisiko für den Betriebsratsvorsitzenden zu reduzieren, dürfen auf Tatbestandsebene allenfalls dergestalt

---

[150] *Preis/Ulber*, Anm. zu BGH, Urteil vom 25. Oktober 2012 – III ZR 266/11, JZ 2013, 579 (584).
[151] Siehe auch *Fischer*, NZA 2014, 343 (347).
[152] Ebd.

berücksichtigt werden, dass die zugrunde liegende Vorschrift teleologisch reduziert oder erweitert wird[153]. Dagegen können sie weder in die Erforderlichkeitsprüfung i.S.d. § 40 Abs. 1 BetrVG als solche noch in den dem Betriebsrat gewährten Beurteilungsspielraum ausstrahlen. Letzterer darf nicht dazu missbraucht werden, abseits der für die Erforderlichkeitsprüfung geltenden Kriterien[154] unliebsame Rechtsfolgen vorzubeugen.

Ferner zwingt die Lösung des BGH dazu, die Entscheidung des *Gremiums* über die Erforderlichkeit der Heranziehung eines Dritten gem. § 40 Abs. 1 BetrVG daran zu messen, ob es aufgrund der drohenden rechtlichen Folgen für den *Vorsitzenden* möglicherweise zu einer generellen unangemessen Beeinträchtigung der Funktions- und Handlungsfähigkeit des Betriebsrats kommen könnte. Es ist aber ein Unterschied, ob es um den Beurteilungsspielraum des Betriebsratsgremiums geht oder um die Beurteilung der Erforderlichkeit durch ein Betriebsratsmitglied, welches die Entscheidung über die Hinzuziehung externen Sachverstands alleine trifft. Der Vorsitzende haftet dem Haftungsmodell des BGH zufolge als *falsus procurator* gem. § 179 Abs. 1 BGB analog nicht für seine persönliche Fehleinschätzung, sondern für die des Gremiums.[155]

4. Bedürfnis einer Haftungsbeschränkung auf Vorsatz und grobe Fahrlässigkeit aufgrund der Ehrenamtlichkeit der Betriebsratstätigkeit

Im Schrifttum wird zur Reduzierung des Haftungsrisikos des Vorsitzenden eine Haftungsbeschränkung auf Vorsatz und grobe Fahrlässigkeit vorgeschlagen.[156] Die verschuldensunabhängige Haftung des handelnden Betriebsratsmitglieds für die fehlende Vertretungsmacht sei nicht mit dem Ehrenamtsprinzip vereinbar.[157] Der Gesetzgeber habe mit der Ausgestaltung der §§ 31a, 31b BGB, welche eine Haftungsbeschränkung im Innenverhältnis auf Vorsatz

---

[153] Siehe hierzu der Vorschlag von *Picht* unter C III. d).
[154] Siehe unter B. II. 4.
[155] Vgl. auch *Preis/Ulber*, Anm. zu BGH, Urteil vom 25. Oktober 2012 – III ZR 266/11, JZ 2013, 579 (582).
[156] Siehe nur *Fitting*, § 1 Rn 216, 218; *Thüsing* in: Richardi, Vorbemerkungen zu § 26 BetrVG Rn 14; Lunk/Rodenbusch, NJW 2014, 1989 (1994); *Müller/Jahner*, BB 2013, 440 (443); *Dommermuth-Alhäuser/Heup*, BB 2013, 1461 (1467); *Preis/Ulber*, Anm. zu BGH, Urteil vom 25. Oktober 2012 – III ZR 266/11, JZ 2013, 579 (583); *P. Hanau*, RdA 1979, 324 (327); *Hayen*, AuR 2013, 95 (96); *Schwab*, FS Bauer (2010), S. 1001 (1005); *Picht*, Haftung des Betriebsrats und seiner Mitglieder bei rechtsgeschäftlichen Verbindlichkeiten (2018), S. 127 ff.; *Belling*, Die Haftung des Betriebsrats und seiner Mitglieder für Pflichtverletzungen (1990), S. 246 ff.
[157] *Thüsing* in: Richardi, Vorbemerkungen zu § 26 Rn 14; *Belling*, Die Haftung des Betriebsrats und seiner Mitglieder für Pflichtverletzungen (1990), S. 244 ff.; Lunk/Rodenbusch, NJW 2014, 1989 (1992); *Preis/Ulber*, Anm. zu BGH, Urteil vom 25. Oktober 2012 – III ZR 266/11, JZ 2013, 579 (582); *Dommermuth-Alhäuser/Heup*, BB 2013, 1461 (1467).

und grobe Fahrlässigkeit bei ehrenamtlich tätigen Organ- oder Vereinsmitgliedern gegenüber dem Verein vorsehen, zum Ausdruck gebracht, dass Haftungsrisiken für ehrenamtlich Tätige auf ein zumutbares Maß, nämlich Vorsatz und grobe Fahrlässigkeit, zu begrenzen seien.[158] Folgte man dem Haftungsmodell des BGH und lehnte eine Haftungsprivilegierung für Betriebsratsmitglieder ab, sei mit erheblichen negativen Auswirkungen auf die Bereitschaft zur Kandidatur, die Verantwortungsfreudigkeit und persönliche Unabhängigkeit der Betriebsratsmitglieder und damit auf die Leistungs- und Funktionsfähigkeit des Betriebsrats als Gremium insgesamt zu rechnen.[159] Eine Haftung dürfe daher nur in Frage kommen, wenn dem handelnden Betriebsratsmitglied Vorsatz oder grobe Fahrlässigkeit vorzuwerfen ist.[160] Im Schrifttum werden unterschiedliche Lösungsansätze vertreten, auf welche Weise eine Privilegierung der Haftung erreicht werden kann und welchem der betriebsverfassungsrechtlichen Akteure im Bereich der einfachen und mittleren Fahrlässigkeit die Folgen aus der Unwirksamkeit des Vertrages zur Last fallen sollen.

a) Haftungsbeschränkung nach § 254 BGB aufgrund eines Rechtsfähigkeitsrisikos des Dritten

Teilweise wird eine Haftungsprivilegierung gem. § 254 BGB analog vorgeschlagen, wobei das Mitverschulden des geschädigten Dritten an der Schadensentstehung in dem Rechtsfähigkeitsrisiko, welches der Vertragspartner bei der Eingehung rechtsgeschäftlicher Beziehungen mit einem Betriebsrat trage, gesehen wird.[161]

aa) Begründung

Wer mit einem Betriebsrat kontrahiere, trage

„unabhängig von seiner Kenntnis oder grob fahrlässigen Unkenntnis im Sinne des § 179 Abs. 3 S. 1 BGB [–] zumindest dem Grunde nach das Risiko von dessen Rechtsfähigkeit und damit des Bestehens seiner Forderung gegen den Betriebsrat".[162]

---

[158] Siehe BT-Drs. 16/10120, S. 6; BT-Drs. 17/11316, S. 8, S. 17; *Dommermuth-Alhäuser/Heup*, BB 2013, 1461 (1466); Lunk/Rodenbusch, NJW 2014, 1989 (1993).

[159] *Preis/Ulber*, Anm. zu BGH, Urteil vom 25. Oktober 2012 – III ZR 266/11, JZ 2013, 579 (582); *Dommermuth-Alhäuser/Heup*, BB 2013, 1461 (1467); *Hayen*, AuR 2013, 95 (96); Belling, Die Haftung des Betriebsrats und seiner Mitglieder für Pflichtverletzungen (1990), S. 376; *Reuter*, Der Betriebsrat als Mandant (2018), S. 178; a.A. *Triebel*, Die Haftung des Betriebsrats und der Durchgriff auf seine Mitglieder (2003), S. 178.

[160] *Schwab*, FS Bauer (2010), S. 1001 (1006); *Linsenmaier*, FS Wissmann, S. 378 (391); Fitting, § 1 Rn 211; *Preis/Ulber*, Anm. zu BGH, Urteil vom 25. Oktober 2012 – III ZR 266/11, JZ 2013, 579 (582, 583); *Dommermuth-Alhäuser/Heup*, BB 2013, 1461 (1467).

[161] *Dommermuth-Alhäuser/Heup*, BB 2013, 1461 (1467).

[162] Ebd.

Die Situation sei insoweit mit dem Kontrahieren zwischen einem Minderjährigen mit einem Dritten vergleichbar, da die Geschäftsunfähigkeit nach § 105 Abs. 1 BGB und damit die Nichtigkeit des abgeschlossenen Vertrags auch hier in den Risikobereich des Vertragspartners falle.[163] Das Rechtsfähigkeitsrisiko begründet den Vertretern dieser Auffassung zufolge also ein generelles Mitverschulden des Dritten. In der Konsequenz haftet das handelnde Betriebsratsmitglied nur für Vorsatz und grobe Fahrlässigkeit.[164] Zudem führe die Annahme eines Rechtsfähigkeitsrisikos des Dritten zu einer Besserstellung des handelnden Betriebsratsmitglieds bei der Beweislast: Da der Dritte das Rechtsfähigkeitsrisiko trage, habe er zu beweisen, dass es sich nicht realisiert hat, das Betriebsratsmitglied also vorsätzlich oder grob fahrlässig gehandelt hat.[165]

bb) Kritik: Keine Vergleichbarkeit des Betriebsrats mit Geschäftsunfähigem nach § 105 Abs. 1 BGB

Die Zuweisung des Rechtsfähigkeitsrisikos an den Kontrahenten des Betriebsrats überzeugt nicht. Zunächst ist der Betriebsrat nicht mit einem Geschäftsunfähigen vergleichbar, dem es an der für wirksame Handlungen im Rechtsverkehr erforderlichen Einsichts- und Urteilsfähigkeit fehlt[166].[167] Das Machtgefälle, das zwischen einem geschäftsfähigen und einem geschäftsunfähigen Vertragspartner herrscht, besteht zwischen dem Betriebsrat und seinem Kontrahenten nicht, da beide Vertragspartner der Schwierigkeit gegenübergestellt sind, die Grenze der Erforderlichkeit und damit der Außenrechtsfähigkeit des Betriebsrats nicht genau einschätzen zu können. In dieser Hinsicht wird sogar vertreten, der Vertragspartner sei dem Betriebsrat gegenüber unterlegen, da er – zumindest, wenn es sich um einen juristisch unkundigen Berater handelt – weder von der relativen Teilaußenrechtsfähigkeit des Betriebsrats weiß, noch die betrieblichen Umstände genau kennt.[168]

Eine Zuweisung des Risikos an den Vertragspartner wäre aber auch nicht zweckmäßig. Müsste der Vertragspartner eines Betriebsrats stets befürchten, zumindest für einen Teil seiner Leistung aufgrund des ihn treffenden Rechtsfähigkeitsrisikos keine Gegenleistung zu erhalten, würde das Recht des Be-

---

[163] *Dommermuth-Alhäuser/Heup*, BB 2013, 1461 (1467).
[164] Ebd.
[165] Ebd.
[166] *Schmitt* in: MüKo zum BGB, § 105 BGB Rn 1.
[167] Ebenso *Picht*, Haftung des Betriebsrats und seiner Mitglieder bei rechtsgeschäftlichen Verbindlichkeiten (2018), S. 116.
[168] Siehe hierzu C) I 4. c); ebenso Lunk/Rodenbusch, NJW 2014, 1989 (1992); *Uffmann*, Anm. (2) zu BGH v. 25.10.2012 – III ZR 266/11, AP BetrVG 1972 § 40 Nr. 110; a.A. in Hinblick auf einen auf die Beratung von Betriebsräten spezialisierten Berater: *Preis/Ulber*, Anm. zu BGH, Urteil vom 25. Oktober 2012 – III ZR 266/11, JZ 2013, 579 (582); *Dommermuth-Alhäuser/Heup*, BB 2013, 1461 (1467); *Molkenbur/Weber*, DB 2014, 242 (244).

triebsrats auf Hinzuziehung eines Beraters folgenorientiert funktional beeinträchtigt, weil der Dritte die Grenze seiner Beratungsleistung zur Vermeidung von Honorarausfällen schon bei geringen Zweifeln an der Erforderlichkeit enger ziehen würde.[169] Denn anders als bei dem Kontrahieren mit einem Minderjährigen kann der Betriebsrat als Gremium das die Erforderlichkeitsgrenze überschreitende Rechtsgeschäft auch nicht im Nachhinein genehmigen. In Fällen, die in den Tatbestand des § 111 Satz 2 BetrVG fallen und in denen der Betriebsrat auf ein rasches Tätigwerden des Beraters angewiesen ist, würde das Zögern des Dritten den von § 111 Satz 2 BetrVG bezweckten Beschleunigungseffekt konterkarieren.[170] Die Zuweisung des Rechtsfähigkeitsrisikos an den Vertragspartner führt daher zu einer nicht hinnehmbaren Einschränkung der Unabhängigkeit und Handlungsfähigkeit des Betriebsrats.

b) Haftungsbeschränkung durch teleologische Reduktion der haftungsbegründenden Vorschriften nach dem Rechtsgedanken der §§ 31a, 31b BGB

Ferner wird vorgeschlagen, die gesetzgeberische Wertung der §§ 31a, 31b BGB auf Betriebsratsmitglieder zu übertragen und die Haftung bei einem Handeln außerhalb der Grenzen der Außenrechtsfähigkeit des Betriebsrats im Rahmen einer teleologischen Reduktion der haftungsbegründenden Vorschriften zu begrenzen.[171]

aa) Begründung

Die Vertreter dieser Auffassung führen an, es sei kein sachlicher Grund dafür ersichtlich, warum eine für den Verein ehrenamtlich handelnde Person im Innenverhältnis nur bei grober Fahrlässigkeit und Vorsatz haften solle, eine für den Betriebsrat ehrenamtlich handelnde Person hingegen verschuldensunabhängig.[172] Gleichwohl wird das Vorliegen der Voraussetzungen für eine Analogie verneint, weil die §§ 31a, 31b BGB als reine Regressnormen im Innenverhältnis ausgestaltet sind.[173] Die Betriebsratsmitglieder würden aber nicht unmittelbar für den Arbeitgeber – der grundsätzlich als juristische Person in Regress genommen werden könne –, sondern für den Betriebsrat tätig. Dieser komme als Regressschuldner aufgrund seiner fehlenden Vermögensfähigkeit

---

[169] Ebenso *Uffmann*, Anm. (2) zu BGH v. 25.10.2012 – III ZR 266/11, AP BetrVG 1972 § 40 Nr. 110.
[170] *Picht*, Haftung des Betriebsrats und seiner Mitglieder bei rechtsgeschäftlichen Verbindlichkeiten (2018), S. 116.
[171] Lunk/Rodenbusch, NJW 2014, 1989 (1993).
[172] Ebd.
[173] *H. Hanau*, FS Düwell (2021), S. 817 (828); *Dommermuth-Alhäuser/Heup*, BB 2013, 1461 (1467); Lunk/Rodenbusch, NJW 2014, 1989 (1993).

außerhalb der Grenzen seiner Außenrechtsfähigkeit nicht in Betracht.[174] Anstelle einer analogen Anwendung der Vorschriften sei daher die haftungsrechtliche Wertung des Gesetzgebers zum Ehrenamt rechtsgedanklich auf das Amt des Betriebsrats zu übertragen, indem die haftungsbegründenden Normen entsprechend teleologisch zu reduzieren seien.[175] Die Haftungsbeschränkung finde damit unmittelbar im Außenverhältnis Anwendung, also im Verhältnis des Betriebsratsmitglieds zu dem betriebsexternen Dritten.[176] Im Ergebnis weisen die Vertreter dieser Auffassung das aus der Teilrechtsfähigkeit des Betriebsrats hervorgehende Risiko damit dem Vertragspartner zu.

bb) Kritik: Rechtsgedanke der §§ 31a, 31b BGB erlaubt keine Haftungsprivilegierung im Außenverhältnis

Eine teleologische Reduktion der haftungsbegründenden Vorschriften kann nur dann das Mittel der Wahl sein, wenn der Gesetzeswortlaut der Norm so weit gefasst ist, dass eine Vielzahl von Sachverhalten darunter fällt, obwohl einige dieser Sachverhalte aufgrund des vom Gesetzgeber vorgesehenen Normzwecks nicht erfasst sein sollen.[177] Der Norm*anwender* darf sich also nicht zum Norm*setzer* aufschwingen, sondern er bleibt den Regelungsabsichten des Gesetzgebers verhaftet, indem er die missglückte Sprachfassung „in denkendem Gehorsam" korrigiert.[178] Vor diesem Hintergrund kommt eine teleologische Reduktion der haftungsbegründenden Vorschriften in Anbetracht des Rechtsgedankens der §§ 31a, 31b BGB nicht in Betracht. Die §§ 31a, 31b BGB lassen keinen Rückschluss darauf zu, der Gesetzgeber habe in der Konstellation des bei Vertragsschluss mit einem Dritten die Außenrechtsfähigkeit des Betriebsrats überschreitenden Vorsitzenden eine Haftungsbeschränkung unmittelbar im Außenverhältnis zum Vertragspartner gewollt. Zwar ist der Zweck der §§ 31a, 31b BGB auf die Förderung der Bereitschaft zur ehrenamtlichen Tätigkeit gerichtet, allerdings wird die Gefahr einer Vermögenseinbuße zur Erreichung dieses Zweckes auf den Verein übertragen, in dessen Interesse der Handelnde tätig geworden ist und nicht auf den Vertragspartner. Macht sich ein ehrenamtliches Vereins- oder Organmitglied oder ein sonstiger Vertreter einem Dritten gegenüber schadensersatzpflichtig, haftet es im Au-

---

[174] *Dommermuth-Alhäuser/Heup*, BB 2013, 1461 (1467).
[175] Lunk/Rodenbusch, NJW 2014, 1989 (1993).
[176] Lunk/Rodenbusch, NJW 2014, 1989 (1994).
[177] *Höpfner*, RdA 2018, 321 (328); *Danwerth*, ZfPW 2017, 230 (233).
[178] *Höpfner*, RdA 2018, 321 (328).

ßenverhältnis, ohne dass eine Begrenzung auf Vorsatz und grobe Fahrlässigkeit besteht.[179] Es handelt sich bei den §§ 31a, 31b BGB daher um Regressnormen, die einzig im Innenverhältnis Anwendung finden.[180] Die Heranziehung des Rechtsgedankens auf die Konstellation des Vorsitzenden, der einen Vertrag außerhalb des Wirkungskreises des Betriebsrats abschließt, kann aus diesem Grund gar keine Haftungserleichterung unmittelbar im Außenverhältnis begründen.

Überdies überzeugt es auch in dogmatischer Hinsicht nicht, die Haftung des Betriebsratsvorsitzenden durch eine Analogie zu § 179 Abs.1 BGB zu begründen und die Vorschrift hernach wieder teleologisch zu reduzieren. Voraussetzung für eine Analogie ist das Bestehen einer planwidrigen Gesetzeslücke. Soll diese durch die analoge Anwendung einer für einen der Interessenlage nach vergleichbaren Fall geschaffene Norm geschlossen werden, ist es unsinnig, wenn die analoge Anwendbarkeit der selben Norm im Nachgang wieder teleologisch reduziert wird. Eine teleologische Reduktion der haftungsbegründenden Vorschriften nach dem Rechtsgedanken der §§ 31a, 31b BGB kommt daher nicht in Betracht.

c) Von § 40 Abs. 1 BetrVG gedeckter Rückgriffs- und Freistellungsanspruch des handelnden Betriebsratsmitglieds gegen den Betriebsrat nach dem Rechtsgedanken von § 110 HGB

Von *Rosset* wird vertreten, auch der nicht erforderliche Teil eines Rechtsgeschäfts zwischen dem Betriebsrat und einem Dritten sei vom Freistellungsanspruch gegen den Arbeitgeber gedeckt, wenn das handelnde Betriebsratsmitglied die Kosten für erforderlich habe halten dürfen.[181]

aa) Begründung

Der Betriebsratsvorsitzende überschreite bei einem Vertragsschluss mit einem Dritten außerhalb der Außenrechtsfähigkeit des Betriebsrats seine Kompetenzen in ähnlicher Weise wie ein Personengesellschafter bei der irrtümlichen Überschreitung von Geschäftsführerbefugnissen. Aus diesem Grund sei der Rechtsgedanke des § 110 HGB heranzuziehen, demzufolge ein Gesellschafter, der in den Gesellschaftsangelegenheiten Aufwendungen macht, die er den Um-

---

[179] *Leuschner* in: MüKo zum BGB, § 31a BGB Rn 17.
[180] *Leuschner* in: MüKo zum BGB, § 31a BGB Rn 17; *H. Hanau*, FS Düwell (2021), S. 817 (828).
[181] *Rosset*, Rechtssubjektivität des Betriebsrats und Haftung seiner Mitglieder (1985), S. 120 ff., der den Regressanspruch gegen den Betriebsrat, den er aus § 110 HGB herleitet, aber unzutreffend als Beurteilungsspielraum bezeichnet, während er im Folgenden annimmt, bei der Erforderlichkeitsprüfung bestehe ein Ermessensspielraum.

ständen nach für erforderlich halten durfte, Ersatz von der Gesellschaft verlangen darf.[182] § 110 HGB spiegele insoweit ein „allgemeines Rechtsprinzip wider, nämlich das der Risikohaftung des Geschäftsherrn".[183] Dementsprechend stehe dem Betriebsratsvorsitzenden ein Anspruch gegen den Betriebsrat als Gremium auf Ersatz des Schadens zu, wenn er die Durchführung des Betriebsratsbeschlusses für erforderlich halten durfte.[184] Der Ersatzanspruch bestehe auch, wenn der Betriebsratsbeschluss unwirksam sei, weil das Rechtsverhältnis zwischen dem Betriebsrat und dem Handelndem – also i.d.R. dem Vorsitzenden – davon unabhängig sei.[185] Der Ersatzanspruch gegen den Betriebsrat sei wiederherum vom Kostenerstattungsanspruch des Betriebsrats gegen den Arbeitgeber gem. § 40 Abs. 1 BetrVG gedeckt.[186]

bb) Kritik: § 110 HGB als reine Regressnorm im Innenverhältnis

Aus dem Rechtsgedanken des § 110 HGB heraus lässt sich keine Zuweisung des Haftungsrisikos an den Arbeitgeber begründen. § 110 HGB ist – ähnlich wie die §§ 31a, 31b BGB – eine reine Regressnorm im Innenverhältnis zwischen Gesellschafter und Gesellschaft, die sich nicht auf den Kostenanspruch gegen den Arbeitgeber gem. § 40 Abs. 1 BetrVG erstrecken kann, weil dadurch eben dieses Innenverhältnis verlassen würde. Der Betriebsrat als Gremium und der Arbeitgeber können in dieser Hinsicht nicht einfach gleichgesetzt werden, indem (vermeintliche) Kosten des Betriebsrats als Gremium für unrechtmäßige Betriebsratsarbeit aufgrund eines Regresses eines seiner Mitglieder ohne gesetzliche Grundlage auf den Arbeitgeber übertragen werden.

Ferner wird durch das Konzept *Rossets* im Ergebnis erreicht, dass der Arbeitgeber letztlich für alle Schäden aufkommen muss, die durch die Überschreitung der Außenrechtsfähigkeit des Betriebsrats bei einer Fehleinschätzung über die Erforderlichkeit entstehen: Da der Betriebsratsvorsitzende den Beschluss über die Hinzuziehung eines Dritten – ob rechtmäßig oder nicht – gem. § 26 Abs. 2 Satz 1 BetrVG nach außen hin umzusetzen hat, wird er die Durchführung des Beschlusses immer für erforderlich halten *müssen*. *Rosset* nimmt in dieser Hinsicht einen Beurteilungsspielraum an, ohne zu begründen, wie sich dieser in die Konzeption des § 26 Abs. 2 Satz 1 BetrVG einfügen soll

---

[182] *Rosset*, Rechtssubjektivität des Betriebsrats und Haftung seiner Mitglieder (1985), S. 120 ff.
[183] *Rosset*, Rechtssubjektivität des Betriebsrats und Haftung seiner Mitglieder (1985), S. 120.
[184] *Rosset*, Rechtssubjektivität des Betriebsrats und Haftung seiner Mitglieder (1985), S. 121.
[185] Ebd.
[186] *Rosset*, Rechtssubjektivität des Betriebsrats und Haftung seiner Mitglieder (1985), S. 122.

und inwieweit dieser gerechtfertigt ist. In der Praxis würde diese Vorgehensweise ferner zu der Schwierigkeit führen, dass ein Gericht im Streitfall einerseits die Entscheidung des Gremiums über die Erforderlichkeit i.S.v. § 40 Abs. 1 BetrVG einer eingeschränkten gerichtlichen Kontrolle unterziehen müsste sowie andererseits die Entscheidung des Betriebsratsvorsitzenden hinsichtlich der Durchführung des Betriebsratsbeschlusses. An dieser Stelle lässt die Lösung *Rossets* Ausführungen dazu vermissen, inwiefern sich die Entscheidungen des Gremiums und des Vorsitzenden innerhalb des eingeräumten Beurteilungsspielraums voneinander abgrenzen und anhand welcher Kriterien die Einschätzung des Vorsitzenden über die Durchführung des Beschlusses zu messen wäre.

d) Haftungsbeschränkung durch ergänzende Auslegung des § 40 Abs. 1 BetrVG

Picht vertritt die Auffassung, § 40 Abs. 1 BetrVG sei aufgrund der Gesetzessystematik und des Sinns und Zwecks der Vorschrift dahingehend ergänzend auszulegen, als den Betriebsratsmitgliedern auch für Schäden, die durch einfache oder mittlere Fahrlässigkeit verursacht wurden, ein Freistellungsanspruch gegen den Arbeitgeber zustehe.[187]

aa) Begründung

Die ergänzende Auslegung ergebe sich daraus, dass auf der einen Seite der Dritte im Rechtsverkehr zu schützen sei, auf der anderen Seite aber das Betriebsratsmitglied aufgrund der betriebsverfassungsrechtlichen Anforderungen nicht mit Schäden, die in Ausübung der betriebsratlichen Tätigkeiten nur leicht oder mittel fahrlässig entstanden sind, verantwortlich gemacht werden dürfe.[188] Die Haftung des Betriebsratsvorsitzenden, der bei Vertragsschluss die Außenrechtsfähigkeit des Betriebsrats überschreitet und daher dem Dritten gegenüber zum Vertreter ohne Vertretungsmacht wird, sei insoweit vergleichbar mit Schadensersatzansprüchen des Vertragspartners gegen die Vertreter anderer Kollegialorgane.[189] In diesen Konstellationen hafteten im Außenverhältnis stets sowohl der Rechtsträger, für den die Mitglieder tätig geworden sind, als auch das handelnde Mitglied selbst.[190] Im Innenverhältnis dagegen stehe dem

---

[187] *Picht*, Haftung des Betriebsrats und seiner Mitglieder bei rechtsgeschäftlichen Verbindlichkeiten (2018), S. 127 ff.

[188] *Picht*, Haftung des Betriebsrats und seiner Mitglieder bei rechtsgeschäftlichen Verbindlichkeiten (2018), S. 127 ff.

[189] Ausführlich: *Picht*, Haftung des Betriebsrats und seiner Mitglieder bei rechtsgeschäftlichen Verbindlichkeiten (2018), S. 117 ff., der einen Vergleich mit Vereinsvorständen, Ratsmitgliedern, Bürgermeistern und Aufsichtsratsmitgliedern zieht.

[190] *Picht*, Haftung des Betriebsrats und seiner Mitglieder bei rechtsgeschäftlichen Verbindlichkeiten (2018), S. 124.

Rechtsträger nur dann ein Regressanspruch gegen die Mitglieder des Kollegialorgans zu, wenn diese schuldhaft gehandelt haben.[191]

Auf den Betriebsrat lasse sich dieser Haftungsgedanke zwar nicht direkt übertragen, weil ein Anspruch des Dritten gegen den Rechtsträger, für den die Betriebsratsmitglieder handelten – den Betriebsrat – aufgrund der relativen Teilrechtsfähigkeit nicht in Betracht komme.[192] Dennoch sei der Rechtsverkehr in vergleichbarer Weise schützenswert wie bei den aufgezählten Kollegialorganen, weil der Dritte bei den rechtsgeschäftlichen Handlungen des Betriebsrats auf die Solvenz des Arbeitgebers vertraue.[193] Die Belastung des Arbeitgebers mit der Kostenlast für die in dieser Konstellation entstehenden Schäden entspreche dem Sinn und Zweck von § 40 Abs. 1 BetrVG, der dem Arbeitgeber aufgrund der Vermögenslosigkeit des Betriebsrats und der Ehrenamtlichkeit der Betriebsratsmitglieder die Kostentragungspflicht aufbürde.[194] Dadurch entstehe das Innenverhältnis, in welchem die Haftungsbeschränkung eingreife, nicht zwischen den Betriebsratsmitgliedern und dem Betriebsrat, sondern zwischen den Betriebsratsmitgliedern und dem Arbeitgeber.[195] In dieser Hinsicht komme es nicht darauf an, dass es sich bei den Schäden nicht um nach § 40 Abs. 1 BetrVG ersatzfähige Aufwendungen handelt.[196] Vielmehr seien vom Aufwendungsbegriff sämtliche Kosten erfasst, die Betriebsratsmitgliedern durch von ihnen verursachte Schäden entstanden sind, solange diese mit dem tätigkeitsspezifischen Risiko der Betriebsratstätigkeit verbunden seien.[197] Eine bewusste Schädigung des Arbeitgebers und ein Ausufern der Kosten werde dadurch vermieden, dass der Freistellungsanspruch auf den Ersatz solcher Schäden, die durch leichte oder mittlere Fahrlässigkeit verursacht wurden, begrenzt ist.[198]

---

[191] *Picht*, Haftung des Betriebsrats und seiner Mitglieder bei rechtsgeschäftlichen Verbindlichkeiten (2018), S. 124.
[192] *Picht*, Haftung des Betriebsrats und seiner Mitglieder bei rechtsgeschäftlichen Verbindlichkeiten (2018), S. 125.
[193] Ebd.
[194] *Picht*, Haftung des Betriebsrats und seiner Mitglieder bei rechtsgeschäftlichen Verbindlichkeiten (2018), S. 127.
[195] *Picht*, Haftung des Betriebsrats und seiner Mitglieder bei rechtsgeschäftlichen Verbindlichkeiten (2018), S. 128.
[196] *Picht*, Haftung des Betriebsrats und seiner Mitglieder bei rechtsgeschäftlichen Verbindlichkeiten (2018), S. 127.
[197] *Picht*, Haftung des Betriebsrats und seiner Mitglieder bei rechtsgeschäftlichen Verbindlichkeiten (2018), S. 127, 128.
[198] *Picht*, Haftung des Betriebsrats und seiner Mitglieder bei rechtsgeschäftlichen Verbindlichkeiten (2018), S. 128, 129.

bb) Kritik: Kein eindeutiges Auslegungsergebnis zugunsten einer Haftungsprivilegierung

Der Arbeitgeber kann nicht durch ergänzende Auslegung des § 40 Abs. 1 BetrVG zum Kostenschuldner für Schäden der Betriebsratsmitglieder, die durch einfache oder mittlere Fahrlässigkeit bei der Fehleinschätzung der Erforderlichkeit gegenüber einem außerhalb der Betriebssphäre stehenden Dritten entstanden sind, erklärt werden. *Pichts* Argumentation, die Binnensystematik des Betriebsverfassungsrechts gebiete eine ergänzende Auslegung, weil § 40 Abs. 1 BetrVG „im Regelungszusammenhang mit § 37 Abs. 1 BetrVG"[199] stünde, der eine Belastung der ehrenamtlich tätigen Betriebsratsmitglieder mit nicht grob fahrlässig oder vorsätzlich verursachten Schäden nicht erlaube, lässt unberücksichtigt, dass es ebenfalls aus § 37 BetrVG – nämlich aus seinem Abs. 2 – hervorgeht, dass der Arbeitgeber nur mit Kosten belastet werden darf, die für die Betriebsratsarbeit erforderlich sind.[200] Bei der systematischen Auslegung eines Gesetzes geht es darum, gesetzliche Wertungen aufeinander abzustimmen, um ein möglichst widerspruchsfreies Wertgefüge zu erreichen.[201] Es ist insoweit begründungsbedürftig, weshalb die Wertung von § 37 Abs. 1 BetrVG die des § 37 Abs. 2 BetrVG überwiegen sollte, wird doch durch beide Absätze der Schutz in grundrechtlich geschützte Rechtspositionen – einmal des Betriebsratsmitglieds und einmal des Arbeitgebers – bewirkt.

Ferner ist das Telos des § 40 Abs. 1 BetrVG nicht darauf gerichtet, den Arbeitgeber mit *sämtlichen* Kosten des Betriebsrats zu belasten, sondern nur mit den *erforderlichen*, wenngleich die Beschränkung auf die Erforderlichkeit ebenfalls erst im Wege der systematischen Auslegung in § 40 Abs. 1 BetrVG hineingelesen wird.[202] Eine Erweiterung der Kostentragungspflicht des Arbeitgebers auf nicht erforderliche, aber nur leicht oder mittel fahrlässig verursachte Kosten würde bedeuten, das durch Auslegung des § 40 Abs. 1 BetrVG i.V.m. § 37 Abs. 2 BetrVG gewonnene Kriterium der Erforderlichkeit durch Auslegung des § 40 Abs. 1 BetrVG i.V.m. § 37 Abs. 1 BetrVG wieder einzuschränken. Die von *Picht* vorgeschlagene ergänzende Auslegung von § 40 Abs. 1 BetrVG kann daher nicht auf den Sinn und Zweck von § 40 Abs. 1 BetrVG selbst

---

[199] *Picht*, Haftung des Betriebsrats und seiner Mitglieder bei rechtsgeschäftlichen Verbindlichkeiten (2018), S. 127.

[200] So die ganz h.M., siehe nur BAG v. 27.09.1974 – 1 ABR 67/73, AP BetrVG 1972 § 40 Nr. 8 unter Hinweis darauf, dass dies bereits in der Rechtsprechung des Senats zu der Vorgängerregelung des § 40 BetrVG galt, vgl. BAG 19, 314 (318); BAG v. 11.12.1987 – 7 ABR 76/86; BAG v. 19.04.1989 – 7 ABR 87/87, NZA 1989, 936; so auch *Weber* in: GK-BetrVG, § 40 Rn 12; *Glock* in: HWGNRH, § 40 Rn 11; *Thüsing* in: Richardi BetrVG, § 40 Rn 6; *Fitting*, § 40 Rn 9.

[201] *Wank*, Auslegung und Rechtsfortbildung im Arbeitsrecht (2013), S. 76.

[202] *Thüsing* in: Richardi, § 40 Rn 6; *Domernicht*, Kosten und Sachaufwand des Betriebsrats (2018), Kap. II Rn 28.

gestützt werden. Vielmehr handelt es sich bei der Frage, ob entweder das handelnde Betriebsratsmitglied selbst oder der Arbeitgeber mit dem Kostenrisiko belastet werden soll, um eine Wertungsfrage, die nicht aus § 40 Abs.1 BetrVG selbst heraus beantwortet werden kann.

IV. Ergebnis

Für Betriebsratsverträge, die der Betriebsrat mit Dritten abschließt und bei denen es zu einer Fehleinschätzung über die Erforderlichkeit der abzurufenden Leistung kommt, sodass die Grenze der Außenrechtsfähigkeit der Betriebsrats überschritten wird, haftet nach überwiegender Auffassung[203] für den in der Folge unwirksamen Teil des Rechtsgeschäfts das den Betriebsrat nach außen vertretende Betriebsratsmitglied als *falsus procurator* nach § 179 Abs. 1 BGB analog. Aus dem Haftungsgrund des § 179 Abs. 1 BGB ergibt sich, dass der Dritte als Vertrauender schutzwürdig ist, weshalb ihm der Anspruch zuzuerkennen ist. Da das handelnde Betriebsratsmitglied in den allermeisten Fällen bei Vertragsschluss gutgläubig in Hinblick auf die Erforderlichkeit der abzurufenden Leistung ist, greift die Haftungsbeschränkung des § 179 Abs. 2 BGB regelmäßig zu seinen Gunsten. Allerdings ist ihm damit angesichts der Tatsache, dass sich positives und negatives Interesse des Dritten meist entsprechen, nicht viel geholfen.

Das verbleibende Haftungsrisiko für den im Namen des Betriebsrats handelnden Vorsitzenden ist beträchtlich. Die von verschiedenen Stimmen in der Literatur vorgeschlagene Haftungsbeschränkung auf Vorsatz und grobe Fahrlässigkeit entbehrt bislang einer passenden gesetzlichen Grundlage. Selbst wenn man argumentativ einem der dargestellten Ansätze für die Herbeiführung einer gesetzlichen Haftungsbeschränkung folgen würde, führte dies – mit Ausnahme des Modells einer Zurechnung des Rechtsfähigkeitsrisikos über § 254 BGB analog – dazu, dass es entweder zu einer vollen Haftung oder gleich zu einem gänzlichen Haftungsausschluss des Vorsitzenden kommen würde. Damit bleibt dem Gericht eine je nach Einzelfall gerechte Haftungsaufteilung zwischen dem Vorsitzenden und dem Arbeitgeber versagt. Folgt man dem Haftungsmodell des BGH, haftet der Vorsitzende also für ein Fehlverhalten des Gremiums, unabhängig davon, ob er sich selbst pflichtwidrig verhalten hat. Das erscheint ungerecht. Um diese Rechtsfolge abzuwenden, ist zu erwarten,

---

[203] BGH v. 25.10.2012 – III ZR 266/11, BGHZ 195, 174, NZA 2012, 1382; *Uffmann*, Anm. (2) zu BGH v. 25.10.2012 – III ZR 266/11, AP BetrVG 1972 § 40 Nr. 110; *Thüsing* in: Richardi, Vorbemerkung zu § 26 Rn 17; *Thüsing/Fütterer*, EWiR 2012, 783 (784); *Schwarze* in: Otto/Schwarze/Krause, § 8 Rn 17; *Dzida*, NJW 2013, 433 (433); *Zange*, BB 2013, 384 ff.; *Schwab*, NZA-RR 2016, 173 (175); *Walker*, FS v. Hoyningen-Huene (2014), S. 535 (546, 547).

dass die erkennenden Gerichte im Streitfall dazu neigen werden, den weiten Beurteilungsspielraum des Betriebsrats bei der Einschätzung über die Erforderlichkeit i.S.d. § 40 Abs. 1 BetrVG äußerst großzügig zu bemessen. Diese Erwartung wird auch dadurch genährt, dass ein Großteil der Lehrbuch- und Kommentarliteratur die Entscheidung des BGH gebetsmühlenartig wiedergibt, ohne die dahinterstehenden Wertungen zu hinterfragen.[204] Die analoge Anwendung von § 179 Abs. 1 BGB auf den Betriebsratsvorsitzenden, der ein Rechtsgeschäft mit einem Dritten im Namen des Betriebsrats eingeht, führt in der Praxis daher stets zu einer „*Alles-oder-Nichts*"-Entscheidung, welche der aufgrund der betriebsverfassungsrechtlichen Besonderheiten bestehenden spezifischen Interessenlage der Akteure nicht gerecht wird.

---

[204] Siehe nur *Thüsing* in: Richardi, Vorbemerkung § 26 BetrVG Rn 17; *Kloppenburg* in: Düwell, BetrVG-Komm., § 1 Rn 156; *ders.* in Boecken/Düwell/Diller/Hanau, § 1 Rn 74 ff.; *Ludwig* in: Grobys/Panzer-Heemeier, StichwortKommentar Arbeitsrecht, Arbeitnehmerhaftung Rn 10; *Schubert* in: MüKo zum BGB, § 179 BGB Rn 9; *Otto* in: Otto/Schwarze/Krause, § 7 Rn 11; *Schwab*, NZA-RR 2016, 173 (175).

C. Haftungsprivilegierung des Betriebsrats nach den Grundsätzen der beschränkten Arbeitnehmerhaftung

Ein Instrument für eine die besonderen Verhältnisse im Betriebs- und Arbeitsverhältnis berücksichtigende gerechte Haftungsaufteilung sind die durch die Rechtsprechung des BAG entwickelten Grundsätze der beschränkten Arbeitnehmerhaftung[1]: Schädigt ein Arbeitnehmer während der Ausübung seiner Tätigkeit Rechtsgüter des Arbeitgebers, müsste er diesem gegenüber nach den allgemeinen Vorschriften des BGB unabhängig vom Verschuldensgrad einstehen. Aufgrund der Grundsätze der beschränkten Arbeitnehmerhaftung kommt dem Arbeitnehmer in dieser Situation jedoch eine Haftungserleichterung zugute, wobei der Umfang der Erleichterung vom Grad des Verschuldens abhängt, mit dem der Arbeitnehmer den Schaden verursacht hat.[2] Während der Arbeitnehmer bei leichtester Fahrlässigkeit vollständig von der Haftung befreit ist, kommt es im Bereich mittlerer Fahrlässigkeit zu einer Schadensteilung zwischen Arbeitgeber und Arbeitnehmer.[3] Bei grober Fahrlässigkeit und Vorsatz hat der Arbeitnehmer in aller Regel den gesamten Schaden zu tragen.[4] Fügt ein Arbeitnehmer den im Rahmen einer betrieblich veranlassten Tätigkeit verursachten Schaden nicht dem Arbeitgeber, sondern einem betriebsfremden Dritten zu, haftet er nach außen hin zunächst unbeschränkt.[5] Ihm steht dann aber im Innenverhältnis zum Arbeitgeber ein Freistellungsanspruch zu, der – je nach

---

[1] *Sandmann*, Die Haftung von Arbeitnehmern, Geschäftsführern und leitenden Angestellten (2001), S. 4; zur Entwicklung der Enthaftung des Arbeitnehmers siehe *Otto* in: Otto/Schwarze/Krause, § 2.

[2] Siehe statt vieler BAG v. 27.09.1994 – GS 1/89 (A), AP BGB § 611 Haftung des Arbeitnehmers Nr. 103.

[3] BAG v. 16.02.1995 – 8 AZR 493/93, NZA 1995, 565.

[4] *Joussen*, RdA 2006, 129 (129).

[5] Das Verhältnis zwischen Arbeitnehmer als Schädiger und dem Dritten als Geschädigten bleibt von den Grundsätzen des innerbetrieblichen Schadensausgleichs unangetastet, da aufgrund der Relativität der Schuldverhältnisse der Arbeitsvertrag keine Wirkung diesem gegenüber entfalten kann (Grundsatz der unbeschränkten Außenhaftung), vgl. BGH v. 21.12.1993 – VI ZR 103/93, AP Nr. 104 zu BGB § 611 Haftung des Arbeitnehmers; *Maties* in: BeckOGK-BGB, Stand: 01.07.2019, § 611a 1710.

Verschuldensgrad – auf vollständige oder anteilige Freistellung von der Schadensersatzpflicht gegenüber dem Dritten gerichtet ist.[6] Durch die Anwendung der Grundsätze über den innerbetrieblichen Schadensausgleich verringert sich die vom Arbeitnehmer zu tragende Kostenlast also jeweils entsprechend des im Verhältnis zum Arbeitgeber festgestellten Verschuldensgrads, wodurch das ansonsten geltende starre *„Alles-oder-Nichts-Prinzip"* des BGB durchbrochen wird.[7]

I. Maßstäbe für eine Übertragung der Grundsätze der beschränkten Arbeitnehmerhaftung

Die Anwendbarkeit der Grundsätze über die beschränkte Arbeitnehmerhaftung im Einzelfall setzt voraus, dass der Schädiger zu dem von der Privilegierung erfassten Personenkreis gehört (persönlicher Geltungsbereich) und es sich bei der schadensverursachenden Tätigkeit um eine betrieblich veranlasste Tätigkeit handelt (sachlicher Geltungsbereich).[8] Beides kann in Hinblick auf Betriebsratsmitglieder, die im Rahmen ihrer Amtsausübung einen Schaden verursachen, nicht ohne Weiteres angenommen werden. Zwar kann nur in den Betriebsrat gewählt werden, wer auch Arbeitnehmer des Betriebs ist, allerdings unterscheiden sich die betriebsverfassungsrechtlich geschuldeten Aufgaben des Betriebsratsmitglieds elementar von seinen arbeitsvertraglichen Pflichten.[9] Amts- und Arbeitsvertragspflichten sind nicht deckungsgleich; die Rechtsstellung von Betriebsratsmitgliedern, die von der Belegschaft in den Betriebsrat gewählt werden, ist eine andere als die in ihrer Funktion als Arbeitnehmer.[10] Ob die Grundsätze des innerbetrieblichen Schadensausgleichs dennoch auf Betriebsratsmitglieder übertragbar sind, ist bisher nicht gerichtlich entschieden worden. Da die privilegierte Arbeitnehmerhaftung bis heute keine gesetzliche Kodifikation erfahren hat[11] und es aus diesem Grund keinen gesetzlichen Tatbestand des innerbetrieblichen Schadensausgleichs gibt, kann diese Frage nicht durch Gesetzesauslegung ermittelt werden. Vielmehr stellt sich die Frage, wie

---

[6] Std. Rspr., siehe BAG v. 27.09.1994 – GS 1/89 (A), AP BGB § 611 Haftung des Arbeitnehmers Nr. 103; *Schwarze* in: Otto/Schwarze/Krause, § 16 Rn 20 ff.; *Maties* in: BeckOGK-BGB, Stand: 01.07.2019, § 611a 1711.

[7] *Otto* in: Otto/Schwarze/Krause, § 1 Rn 5 ff.; *Schlobach*, Das Präventionsprinzip im Recht des Schadensersatzes (2004), S. 231.

[8] *Waltermann*, JuS 2009, 193 (195).

[9] *Kruse*, Die Rechte des Arbeitgebers gegenüber dem Betriebsrat aus der Betriebsverfassung (2010), S. 205 ff.

[10] *Kruse*, Die Rechte des Arbeitgebers gegenüber dem Betriebsrat aus der Betriebsverfassung (2010), S. 203; Säcker, RdA 1965, 372 (374).

[11] *Schumacher*, Die privilegierte Haftung des Arbeitnehmers (2012), S. 157.

die zur Arbeitnehmerhaftung entwickelten Grundsätze rechtsquellentheoretisch einzuordnen sind.

1. Privilegierte Arbeitnehmerhaftung als richterliche Rechtsfortbildung

Dort wo die Auslegung endet, beginnt nach der klassischen juristischen Methodenlehre der Bereich der Rechtsfortbildung.[12] Durch die Rechtsfortbildung wird die strenge Bindung des Richters an das Gesetz dahingehend gelockert, dass eine erkennbar planwidrige Gesetzeslücke durch die allgemein als legitim anerkannte Ergänzung und Weiterführung des geschriebenen Rechts durch den Richter geschlossen werden darf.[13] Ausgangspunkt für eine Rechtsfortbildung ist daher die Feststellung einer planwidrigen Lücke im Gesetz.[14] *Krause* stellt als weitere Voraussetzungen für eine zulässige richterliche Rechtsfortbildung unter Berücksichtigung der Kernaussagen der Rechtsprechung des BVerfG und der h.L. darauf ab, dass ein expliziter gesetzgeberischer Wille durch die Weiterbildung des Rechts nicht konterkariert werden darf, diese sich in das Gefüge des geltenden Rechts einpasst und in den relevanten Fachkreisen auf Akzeptanz stößt.[15]

Als Teil des Richterrechts grenzt sich die zulässige Rechtsfortbildung von der Verfestigung allgemeiner Rechtssätze zu Gewohnheitsrecht ab: Während Richterrecht nur gesetzesähnliche, aber keine gesetzesgleiche Wirkung hat[16], sodass die Befugnis der Rechtsprechung zur fortwährenden Weiterentwicklung des Rechts bestehen bleibt, hat das zu Gewohnheitsrecht erstarkte (Richter-)Recht die gleiche Wirkung wie das geschriebene Recht.[17] Die Abänderung oder

---

[12] *Jachmann-Michel* in: Maunz/Düring, GG-Komm., Art. 95 GG Rn 14; *Wank*, Auslegung und Rechtsfortbildung im Arbeitsrecht (2013), S. 111 ff.

[13] Die Zulässigkeit richterlicher Rechtsfortbildung ist spätestens seit der „*Soraya*"-Entscheidung des BVerfG v. 14.02.1973 – 1 BvR 112/65, BVerfGE 34, 269 anerkannt; siehe auch *Classen* in: Mangoldt/Klein/Starck, GG-Komm., Art. 97 GG Rn 13, der allerdings betont, dass Rechtsfortbildung durch die Gerichte wegen der sachgerechten Funktionsteilung der Staatsorgane immer ein „Versagen" des Gesetzgebers voraussetzt; *Uhle* in: Maunz/Düring, GG-Komm., Art. 70 GG Rn 48; *Larenz*, Methodenlehre der Rechtswissenschaft (1991), 6. Auflage, S. 366; *Linsenmaier*, RdA 2019, 157 (158); *Schumacher*, Die privilegierte Haftung des Arbeitnehmers (2012), S. 202.

[14] *Sandmann*, Die Haftung von Arbeitnehmern, Geschäftsführern und leitenden Angestellten (2001), S. 19; *Schumacher*, Die privilegierte Haftung des Arbeitnehmers (2012), S. 205.

[15] *Krause* in: Otto/Schwarze/Krause, § 4 Rn 22, wobei eine einhellige Zustimmung in Fachkreisen nicht verlangt werden kann.

[16] *Degenhart* in Sachs, GG-Komm., Art. 70 GG Rn 28; *Schumacher*, Die privilegierte Haftung des Arbeitnehmers (2012), S. 199.

[17] *Degenhart* in Sachs, GG-Komm., Art. 70 GG Rn 27; *Schumacher*, Die privilegierte Haftung des Arbeitnehmers (2012), S. 159; *Krebs/Becker*, JuS 2013, 97 (97).

Fortbildung von Gewohnheitsrecht erfordert aus diesem Grund ein Tätigwerden des Gesetzgebers.[18] Das Gewohnheitsrecht ist in seiner Fortbildung und Entwicklung daher starrer als das späteren Abweichungen flexibler begegnende Richterrecht, welches keine gesetzesähnliche Verbindlichkeit begründet.[19] Die Erstreckung der Haftungsgrundsätze der privilegierten Arbeitnehmerhaftung auf Betriebsratsmitglieder müsste sich also an unterschiedlichen Maßstäben messen lassen, je nachdem, ob das Rechtsinstitut des innerbetrieblichen Schadensausgleichs als Richter- oder Gewohnheitsrecht zu klassifizieren ist.

a) Keine gewohnheitsrechtliche Verfestigung des Anwendungsbereichs der beschränkten Arbeitnehmerhaftung

Gewohnheitsrecht entsteht

„auf Grund längerer Übung, die eine dauernde und ständige, gleichmäßige und allgemeine ist und von den Beteiligten als verbindliche Rechtsnorm anerkannt wird."[20]

Die nach heutigem Stand der Rechtsprechung geltenden Grundsätze der privilegierten Arbeitnehmerhaftung genügen – zumindest bezogen auf ihre Reichweite – nicht den Anforderungen an das Entstehen von Gewohnheitsrecht.[21] Anerkannt ist allenfalls der von *Däubler* als „negatives Gewohnheitsrecht"[22] bezeichneter Konsens, dass im Bereich leichter Fahrlässigkeit von Arbeitnehmern eine Abkehr von den Grundprinzipien des allgemeinen Haftungsrechts des BGB erfolgen soll.[23] Darüber hinaus kann von einer unbeschränkten Erstarkung der Haftungsgrundsätze zu Gewohnheitsrecht nicht die Rede sein.[24] Ganz im Gegenteil wurde das Recht der Arbeitnehmerhaftung im vergangenen Jahrhundert immer wieder durch die Rechtsprechung fortgebildet[25]: Während sich die Rechtsprechung jahrzehntelang auf die Gefahrneigung der Arbeit als

---

[18] *Krebs/Becker*, JuS 2013, 97 (101); *Langenbucher*, ZfA 1997, 523 (532).

[19] *Krebs/Becker*, JuS 2013, 97 (97); *Schumacher*, Die privilegierte Haftung des Arbeitnehmers (2012), S. 199 ff.

[20] BVerfG v. 14.02.1973 – 3 BvR 667/72, BVerfGE 34, 293; BVerfG v. 19.10.1982 – 2 BvF 1/81, BVerfGE 61, 149; Roseck in: Mangoldt/Klein/Starck, GG-Komm., Art. 70 GG Rn 32; Schumacher, Die privilegierte Haftung des Arbeitnehmers (2012), S. 160.

[21] Für eine ausführliche Darstellung des Meinungsspektrums in der Literatur siehe *Schumacher*, Die privilegierte Haftung des Arbeitnehmers (2012), S. 158 ff.

[22] *Däubler*, NJW 1986, 867 (868); ebenso *Krause* in: Otto/Schwarze/Krause, § 4 Rn 20.

[23] BAG v. 24.11.1987 – 8 AZR 524/82, AP Nr. 93 zu § 611 BGB Haftung des Arbeitnehmers; *Schumacher*, Die privilegierte Haftung des Arbeitnehmers (2012), S. 160 ff.; *Sandmann*, Die Haftung von Arbeitnehmern, Geschäftsführern und leitenden Angestellten (2001), S. 18.

[24] Ebenso *Schumacher*, Die privilegierte Haftung des Arbeitnehmers (2012), S. 163; *Annuß*, Die Haftung des Arbeitnehmers (1998), S. 120; *Krause* in: Otto/Schwarze/Krause, § 4 Rn 20.

[25] *Linsenmaier*, RdA 2019, 157 (160).

Voraussetzung für eine Haftungsprivilegierung gestützt hat, wird heute vor allem auf das Betriebsrisiko abgestellt[26]; während die Grundsätze des innerbetrieblichen Schadensausgleichs früher nur für Arbeitnehmer des Betriebs i.S.v. § 5 Abs. 1 BetrVG gelten sollte[27], plädiert die heute wohl h.M. für eine Übertragung auch auf leitende Angestellte[28]. Auch die von der Rechtsprechung „fast schon inflationär geschaffenen" verschuldensgradbezogenen Abstufungen der Haftung unterliegen einem stetigen Wandel.[29] Die Entwicklung der Rechtsprechung ist daher keinesfalls abgeschlossen.[30] Insoweit kann eine gewohnheitsrechtliche Anerkennung der Grundsätze über die beschränkte Arbeitnehmerhaftung auch in Anbetracht der jahrzehntelangen Entwicklung und Fortbildung des Rechtsinstituts nicht verzeichnet werden.[31]

b) Rechtsfortbildung extra legem

Die Grundsätze des innerbetrieblichen Schadensausgleichs sind in ihrer Ausgestaltung und Reichweite ein Produkt richterlicher Rechtsfortbildung.[32] Eine Gesetzeslücke liegt in Anbetracht der allgemeinen zivilrechtlichen Haftungsvorschriften streng genommen zwar nicht vor, allerdings ist eine als *extra legem* bezeichnete Rechtsfortbildung auch dann denkbar, wenn das Gesetz einen Wertungsgesichtspunkt offen lässt.[33] Der Gesetzgeber hat in dieser Hinsicht

---

[26] *Krause* in: Otto/Schwarze/Krause, § 4 Rn 24.

[27] BGH v. 7.10.1969 – VI ZR 223/67, AP BGB § 611 Nr. 51 Haftung des Arbeitnehmers; BGH v. 14. 12. 1985, VersR 1985, 693.

[28] BAG v. 11.11.1976 – 3 AZR 266/75, AP Nr. 80 zu § 611 BGB Haftung des Arbeitnehmers; BGH, Urteil vom 25.06.2001 – II ZR 38/99, NJW 2001, 3123; LAG Niedersachsen v. 07.07.2003 – 5 Sa 188/02; *Joussen*, RdA 2006, 129, 132; *Sandmann*, Die Haftung von Arbeitnehmern, Geschäftsführern und leitenden Angestellten (2001), S. 552 ff.; *Krause*, NZA 2003, 577 (581); Pallasch, RdA 2013, 338 (349).

[29] *Krause* in: Otto/Schwarze/Krause, § 4 Rn 25, 26.

[30] *Sandmann*, Die Haftung von Arbeitnehmern, Geschäftsführern und leitenden Angestellten (2001), S. 28.

[31] *Schumacher*, Die privilegierte Haftung des Arbeitnehmers (2012), S. 167.

[32] *Krause* in: Otto/Schwarze/Krause, § 4 Rn 24, die die Arbeitnehmerhaftung allerdings nur in Bezug auf den Anwendungsbereich der Enthaftungsregeln als „gelungene Fortbildung des Rechts" bezeichnen, während die von der Rechtsprechung entwickelten Verschuldensgrade als zu inkonsistent empfunden werden, um den Anforderungen an eine zulässige Rechtsfortbildung zu genügen; *Sandmann*, Die Haftung von Arbeitnehmern, Geschäftsführern und leitenden Angestellten (2001), S. 17 ff.; *Schumacher*, Die privilegierte Haftung des Arbeitnehmers (2012), S. 166.

[33] *Sandmann*, Die Haftung von Arbeitnehmern, Geschäftsführern und leitenden Angestellten (2001), S. 20, S. 49.

bereits bei Entstehung des BGB zu erkennen gegeben, dass die haftungsrechtlichen Vorschriften für den Bereich der Arbeitsverträge unzureichend seien[34] – ein Zustand, der bis heute anhält.[35] Der sich für den Richter ergebende Spielraum zur Fortbildung des Rechts ergibt sich letztlich daraus, dass eine unbeschränkte Anwendung der allgemeinen Haftungsvorschriften des BGB auf Arbeitnehmer aufgrund von Gerechtigkeits- und Billigkeitserwägungen – hier wird gegenwärtig vor allem auf das dem Arbeitgeber zuzurechnende Betriebsrisiko abgestellt[36] – seit jeher als unangemessen empfunden wird.[37] Die Regelungslücke besteht insoweit nur auf der Wertungsebene.[38] Die eine unbeschränkte Haftung vorsehenden Vorschriften des BGB sind aus diesem Grund teleologisch zu reduzieren.[39] Es entsteht eine verdeckte Regelungslücke, die mangels spezialgesetzlicher Vorschriften durch den Richter zu füllen ist.[40]

Damit sieht sich die Begründung der Rechtsfortbildung *extra legem* dem ihr wohl immanenten Vorwurf der Zirkelschlüssigkeit ausgesetzt: Das Gesetz wird aufgrund des aus der Sphäre des Arbeitgebers stammenden Betriebsrisikos als nicht abschließend empfunden, während erst die Anerkennung des Betriebsrisikos den Grund für das Vorhandensein einer Regelungslücke schafft.[41] Dennoch entspricht es nicht der Erwartung an einen Richter, in sturer Anwendung des geschriebenen Rechts „einen allgemein als unerträglich erkannten Zustand zu perpetuieren".[42] Das BVerfG führt hierzu im Rahmen seiner Grundsatzentscheidung über die Begründetheit (ungeschriebener) immaterieller Schadensersatzansprüche aufgrund einer Verletzung des Persönlichkeitsrechts aus:

„Die Aufgabe der Rechtsprechung kann es insbesondere erfordern, Wertvorstellungen, die der verfassungsmäßigen Rechtsordnung immanent, aber in den Texten der geschriebenen

---

[34] BAG v. 27.09.1994 – GS 1/89 (A), AP Nr. 103 zu BGB § 611 Haftung des Arbeitnehmers; *Wacke*, RdA 1987, 321 (321, 322); *Sandmann*, Die Haftung von Arbeitnehmern, Geschäftsführern und leitenden Angestellten (2001), S. 20; a.A. *Annuß*, Die Haftung des Arbeitnehmers (1998), S. 118.

[35] BT-Drs. 14/6857, S. 48; BAG v. 27.09.1994 – GS 1/89 (A), AP Nr. 103 zu BGB § 611 Haftung des Arbeitnehmers; *Otto* in: Otto/Schwarze/Krause, § 2 Rn 14, *Krause* in: Otto/Schwarze/Krause § 4 Rn 18.

[36] *Otto* in: Otto/Schwarze/Krause, § 1 Rn 7.

[37] Tatsächlich reicht die Anerkennung der Grundsätze einer eingeschränkten Haftung aufgrund einer Eingezogenheit in einen fremden „*Betrieb*" und bei Tätigwerden in fremden Interesse bis in das Recht der römischen Freigelassenenarbeit zurück, in dem anerkannt war, das unerkannt gebliebene „*Scheinsklaven*", wenn sich ihre Freiheit herausstellte, ihrem Herren nur bei schwerem Verschulden haften, siehe *Wacke*, RdA 1987, 321 (324).

[38] *Wilhelmi*, NZG 2017, 681 (685).

[39] *Däubler*, NJW 1986, 867 (868).

[40] Ebd.

[41] *Sandmann*, Die Haftung von Arbeitnehmern, Geschäftsführern und leitenden Angestellten (2001), S. 50.

[42] *Sandmann*, Die Haftung von Arbeitnehmern, Geschäftsführern und leitenden Angestellten (2001), S. 50; BVerfG v. 14.02.1973 – 1 BvR 112/65, NJW 1973, 1221.

I. Maßstäbe für eine Übertragung der beschränkten Arbeitnehmerhaftung 93

Gesetze nicht oder nur unvollkommen zum Ausdruck gelangt sind, in einem Akt des bewertenden Erkennens, dem auch willenhafte Elemente nicht fehlen, ans Licht zu bringen und in Entscheidungen zu realisieren. Der Richter muß sich dabei von Willkür freihalten; seine Entscheidung muß auf rationaler Argumentation beruhen. Es muß einsichtig gemacht werden können, daß das geschriebene Gesetz seine Funktion, ein Rechtsproblem gerecht zu lösen, nicht erfüllt. Die richterliche Entscheidung schließt dann diese Lücke nach den Maßstäben der praktischen Vernunft und den ‚fundierten allgemeinen Gerechtigkeitsvorstellungen der Gemeinschaft'."[43]

Die rechtsethischen Grundsätze, die eine Privilegierung der Haftung von Arbeitnehmern notwendig erscheinen lassen, rechtfertigen in diesem Sinne das Loslösen vom strengen Gesetzeswortlaut.[44] Die konkrete Ausgestaltung der Grundsätze der beschränkten Arbeitnehmerhaftung ist dabei weiterhin Domäne der Rechtsprechung und Lehre[45] und wurde im Laufe der Zeit immer wieder in Frage gestellt, teilweise aufgegeben und fortentwickelt.[46] Vor diesem Hintergrund wurden die einzelnen gerichtlichen Entscheidungen stellenweise als Rechtsfortbildung der ersten, zweiten und dritten Generation bezeichnet.[47]

c) Dogmatische Einpassung der beschränkten Arbeitnehmerhaftung in das geltende Recht über § 254 BGB analog

Ebenso abwechslungsreich wie die Rechtsprechung zum Anwendungsbereich der beschränkten Arbeitnehmerhaftung sind die für eine dogmatische Herleitung bemühten Begründungsansätze.[48] Die Rechtsprechung[49] und der überwie-

---

[43] BVerfG v. 14.02.1973 – 1 BvR 112/65, NJW 1973, 1221.

[44] *Krause* in: Otto/Schwarze/Krause, § 4 Rn 23.

[45] *Krause*, NZA 2003, 577 (578); *Krause* in: Otto/Schwarze/Krause, § 4 Rn 18.

[46] Ausführlich zu Fragen der Rechtsfortbildung im Hinblick auf die Arbeitnehmerhaftung siehe *Wank*, Auslegung und Rechtsfortbildung im Arbeitsrecht (2013), S. 124 ff.

[47] *Wank*, Auslegung und Rechtsfortbildung im Arbeitsrecht (2013), S. 124 ff.; die Unterscheidung zwischen Richterrecht der ersten und zweiten Generation geht zurück auf *P. Hanau*, FS Hübner, S. 467 (475 ff.).

[48] Ausführlich zu den unterschiedlichen haftungsgrundorientierten und haftungsfolgenorientierten Ansätzen siehe *Krause* in: Otto/Schwarze/Krause, § 5 Rn 1 ff.; *Schumacher*, Die privilegierte Haftung des Arbeitnehmers (2012), S. 61 ff.

[49] BAG v. 28.04.1970 – 1 AZR 146/6, AP Nr. 55 zu BGB § 611 Haftung des Arbeitnehmers; BAG v. 07.07.1970 – 1 AZR 505/69, AP Nr. 58 zu BGB § 611 Haftung des Arbeitnehmers Nr. 58; BAG v. 03.11.1970 – 1 AZR 228/70, AP Nr. 61 zu BGB § 611 Haftung des Arbeitnehmers; BAG v. 23.03.1983 – 7 AZR 391/79, AP Nr. 82 zu BGB § 611 Haftung des Arbeitnehmers; BAG v. 24.11.1987 – 8 AZR 524/82, AP Nr. 93 zu BGB § 611 Haftung des Arbeitnehmers; BAG v. 12.10.1989 – 8 AZR 276/88, AP Nr. 97 zu § 611 BGB Haftung des Arbeitnehmers in Abstellung auf den Rechtsgedanken des § 254 BGB; BAG v. 12.06.1992 – GS 1/89, AP Nr. 101 zu BGB § 611 Haftung des Arbeitnehmers; BAG v. 27.09.1994 – GS 1/89 (A), AP Nr. 103 zu BGB § 611 Haftung des Arbeitnehmers; BGH v. 11.03.1996 – II ZR 230/94, AP Nr. 109 zu § 611 BGB Haftung des Arbeitnehmers; BAG v. 18.04.2002 – 8 AZR 348/01, AP Nr. 122 zu § 611 Haftung des Arbeitnehmers; BAG v. 18.01.2007 – 8 AZR 250/06, AP Nr. 15 zu § 254 BGB.

gende Teil des Schrifttums[50] stellen auf den Betriebsrisikogedanken ab, der als verschuldensunabhängiger Zurechnungsfaktor dem arbeitnehmerseitigen Verschulden über § 254 BGB analog gegenübergestellt werden soll.[51] Dem Arbeitgeber wird unter dem Gesichtspunkt seiner Verantwortung für die Organisation des Betriebs und die Gestaltung der Arbeitsbedingungen ein abstrakter Mitverschuldensanteil zugerechnet, der gegen das individuelle Verschulden des Arbeitnehmers im konkreten Fall abgewogen wird.[52] Die Grundgedanken und Wertungen, die eine Beschränkung der Haftung für Arbeitnehmer rechtfertigen, werden also über den Rückgriff auf § 254 BGB, der gewissermaßen das Vehikel für die richterliche Fortbildung des Rechts darstellt, in das geltende Recht eingebettet.[53]

2. Konsequenzen für die Übertragbarkeit der Haftungsprivilegierung auf Betriebsratsmitglieder

Der gegenwärtige Rechtsprechungsstand zu den Grundsätzen der beschränkten Arbeitnehmerhaftung ist, gemessen an den für eine richterliche Rechtsfortbildung geltenden Maßstäben, kein feststehender Topos. Die Erstreckung der Haftungsprivilegierung auf Betriebsratsmitglieder kann daher nicht mit dem formalen Hinweis auf die Andersartigkeit der Betriebsratstätigkeit im Gegensatz zur Arbeitnehmertätigkeit abgelehnt werden.[54] Vielmehr schreiben die für eine Rechtsfortbildung geltenden verfassungsrechtlichen und methodischen Maßstäbe niemals nur eine Lösung als allein zulässig vor.[55] Die konkrete Ausgestaltung der Arbeitnehmerhaftung richtet sich aus diesem Grund nicht an feststehenden Termini aus, sondern am Inhalt der hinter der Rechtsfortbildung stehenden Wertungsgesichtspunkte.[56] Der persönliche wie sachliche Geltungsbereich der Haftungsprivilegierung ist nicht als starres Gesetzeskonstrukt zu

---

[50] *Canaris*, RdA 1966, 41 (45, 46); Köbler, RdA 1970, 97; Reinhardt, Die dogmatische Begründung der Haftungsbeschränkung des Arbeitnehmers, 1977, S. 210; *Koller*, Die Risikozurechnung bei Vertragsstörungen in Austauschverträgen (1979), S. 402 ff.; Gick, JuS 1980, 393 (398); Kohte, S. 226 ff.; *Waltermann*, RdA 2005, 98 (99); *Waltermann*, JuS 2009, 193 (195); *Krause*, NZA 2003, 577 (579); *Schlobach*, Das Präventionsprinzip im Recht des Schadensersatzes (2004), S. 230; *Fischinger*, Haftungsbeschränkung im Bürgerlichen Recht (2015), S. 517; *Wilhelmi*, NZG 2017, 681 (683); a.A. BT-Drucks. 14/6857, S. 48 (Haftungsbeschränkung aus § 276 Abs. 1 BGB-RE).
[51] Ausführlich zur Begründung sowie Kritik an der Heranziehung des § 254 BGB analog siehe *Krause* in: Otto/Schwarze/Krause, § 5 Rn 10 ff.
[52] *Fischels*, RdA 2019, 208 (210); *Waltermann*, JuS 2009, 193 (195).
[53] Vgl. *Krause* in: Otto/Schwarze/Krause, § 5 Rn 11.
[54] Vor einer allzu formalistischen Betrachtungsweise warnend: *Joussen*, RdA 2006, 129 (137).
[55] *Krause* in: Otto/Schwarze/Krause, § 4 Rn 26.
[56] *Sandmann*, Die Haftung von Arbeitnehmern, Geschäftsführern und leitenden Angestellten (2001), S. 51.

verstehen, sondern einer erneuten Fortbildung des Rechts zugänglich.[57] Einzige Voraussetzung für eine derartige Weiterbildung der Rechtsfortbildung ist es, dass die Rechtsprechung die Entwicklung neuer Rechtsgrundsätze innerhalb des von der Verfassung und der Methodenlehre vorgegebenen Rahmens vollzieht, sodass sich die gefundenen Ordnungsgrundsätze widerspruchsfrei in das Gefüge des geltenden Rechts einpassen lassen.[58]

Gemessen an diesen Grundsätzen ergibt sich der persönliche und sachliche Anwendungsbereich der beschränkten Arbeitnehmerhaftung aus der systematischen Frage nach ihren theoretischen Grundlagen.[59] Die Reichweite der Haftungsprivilegierung kann im Wege einer erneuten Fortbildung des Rechts auf Betriebsratsmitglieder erstreckt werden, wenn die wertungsrechtlichen und dogmatischen Erwägungen, auf deren Grundlage sie basieren, für sie ebenfalls gelten.[60]

II. Erweiterung der Rechtsfortbildung der privilegierten Arbeitnehmerhaftung auf Betriebsratsmitglieder

Ob eine Erweiterung der Rechtsfortbildung der privilegierten Arbeitnehmerhaftung im Bereich der persönlichen Haftung von Betriebsratsmitgliedern statthaft ist, bemisst sich danach, ob auch dort die materiellen Voraussetzungen der Rechtsfortbildung vorliegen.[61] Voraussetzung für die Fortbildung des Rechts ist das Vorliegen einer planwidrigen Regelungslücke in Hinblick auf die Haftung von Betriebsratsmitgliedern einerseits und die Übertragbarkeit der nach derzeitigem Stand der Rechtsprechung angestrengten Wertungen, welche eine Haftungsbegrenzung von Arbeitnehmern rechtfertigen, auf Betriebsratsmitglieder andererseits.[62]

---

[57] *Sandmann*, Die Haftung von Arbeitnehmern, Geschäftsführern und leitenden Angestellten (2001), S. 51.

[58] *Annuß*, Die Haftung des Arbeitnehmers (1998), S. 29, 30; *Krause* in: Otto/Schwarze/Krause, § 4 Rn 26.

[59] *Joussen*, RdA 2006, 129 (137).

[60] *Joussen*, RdA 2006, 129 (137); siehe auch *Wilhelmi*, NZG 2017, 681 (686), der allerdings methodisch anstelle von einer Fortentwicklung der Rechtsfortbildung auf eine analoge Anwendung von Richterrecht abstellt.

[61] Ebenso im Bereich der Organhaftung: *Wilhelmi*, NZG 2017, 681 (684).

[62] Vgl. *Fischinger*, Haftungsbeschränkung im Bürgerlichen Recht (2015), S. 566.

1. Planwidrige Gesetzeslücke

Ausgangspunkt für die Feststellung einer planwidrigen Gesetzeslücke ist das Gesetzesrecht.[63] Ein speziell für Betriebsratsmitglieder geltendes umfassendes Haftungsregime sieht weder das Betriebsverfassungsrecht noch ein anderes Gesetz vor. Allerdings regelt § 23 Abs. 1 BetrVG die Rechtsfolge von Amtspflichtverletzungen: Verletzt ein Betriebsratsmitglied seine gesetzlichen Pflichten in grober Weise, droht ihm auf Antrag eines Viertels der wahlberechtigten Arbeitnehmer, des Arbeitgebers oder einer im Betrieb vertretenen Gewerkschaft hin der in § 23 Abs. 1 BetrVG normierte Ausschluss aus dem Betriebsrat. Eine unmittelbare vertragliche Schadensersatzhaftung der Betriebsratsmitglieder nach den §§ 280 ff. BGB scheidet dagegen aus, weil die ansonsten drohende finanzielle Belastung die Handlungs- und Funktionsfähigkeit des Betriebsrats zu sehr einschränken würde.[64] Die persönliche Haftung eines Betriebsratsmitglieds kommt aus diesem Grund nur dann in Betracht, wenn es im Rahmen der Betriebsratsarbeit den Tatbestand einer unerlaubten Handlung i.S.d. §§ 823 ff. BGB erfüllt[65] oder einen Vertrag mit einem Dritten abschließt, dabei aber die Außenrechtsfähigkeit des Betriebsrats überschreitet, sodass es gem. § 179 Abs. 1 BGB analog als *falsus procurator* haftet.[66] Die gesetzlichen Haftungsvorschriften greifen in beiden Fällen bei vorsätzlichem und fahrlässigem Handeln ein und sehen keine Haftungsbeschränkung vor.

Daraus zu schlussfolgern, das Gesetz sei in Bezug auf die Haftung von Betriebsratsmitgliedern nicht lückenhaft, würde jedoch unberücksichtigt lassen, dass sich die haftungsrechtliche Situation insoweit nicht von der eines Arbeitnehmers, der nicht Amtsträger ist, unterscheidet – die Rechtsfortbildung der beschränkten Arbeitnehmerhaftung knüpft gerade nicht an das tatsächliche Fehlen einer gesetzlichen Regelung an, sondern daran, dass die haftungsrechtlichen Vorschriften im Arbeitsverhältnis als unzureichend empfunden und aus diesem Grund teleologisch reduziert werden.[67] Die Regelungslücke könnte also auch im Betriebsverhältnis nicht auf der tatsächlichen, sondern auf der Wertungsebene bestehen. Für die Beantwortung der Frage, ob das Gesetz in Hinblick auf die Haftung von Betriebsratsmitgliedern lückenhaft ist, ist daher nicht formal auf das vorhandene Regelwerk des BGB abzustellen, sondern danach

---

[63] *Sandmann*, Die Haftung von Arbeitnehmern, Geschäftsführern und leitenden Angestellten (2001), S. 20.

[64] BGH v. 25.10.2012 – III ZR 266/11, BGHZ 195, 174, NZA 2012, 1382; *Fitting*, § 1 Rn 215; *Ludwig* in: Grobys/Panzer-Heemeier, Stichw.Komm.-ArbR, Betriebsratskosten, Rn 38; *Kloppenburg* in: Düwell, BetrVG-Komm., § 1 BetrVG Rn 155; a.A. *Schuster/Schunder*, NZA 2020, 92 (95); *P. Hanau*, RdA 1979, 324 (326).

[65] *Thüsing* in: Richardi, Vorbemerkungen zu § 26 Rn 15; *Bergmann/Teichert*, ZBVR online 2014, 32 (39).

[66] BGH v. 25.10.2012 – III ZR 266/11, BGHZ 195, 174, NZA 2012, 1382.

[67] Siehe unter D. I. 1. b).

zu fragen, ob die Regelungen als abschließend verstanden werden müssen. Anders als bei Arbeitnehmern, die nicht Amtsträger sind und für die der Gesetzgeber die vom BAG entwickelten Grundsätze für eine Haftungserleichterung bei betrieblich veranlassten Schäden inzwischen bestätigt und damit die planwidrige Lückenhaftigkeit des Gesetzes anerkannt hat[68], muss diese in Hinblick auf Betriebsratsmitglieder, die Schäden in Ausübung der Betriebsratsarbeit verursachen, positiv festgestellt werden[69].

Da allerdings der gesamte Bereich der Haftung von Betriebsratsmitgliedern nicht spezialgesetzlich geregelt ist und zumindest die Haftung des den Betriebsrat nach außen vertretenden Vorsitzenden aus einer analogen Anwendung des § 179 Abs. 1 BGB geschlussfolgert wird, was ebenfalls die planwidrige Lückenhaftigkeit des Gesetzes zur Voraussetzungen hat, liegt der Schluss nahe, dass auch das Fehlen einer Vorschrift zur Beschränkung ebendieser Haftung nicht auf eine bewusste gesetzgeberische Entscheidung zurückzuführen ist. Ganz im Gegenteil hat der Gesetzgeber mit der Schaffung des § 37 Abs. 1 BetrVG, demgemäß die Betriebsratsmitglieder ihr Amt unentgeltlich als Ehrenamt ausführen, zu erkennen gegeben, dass eine Haftung für Vorsatz und jede Form der Fahrlässigkeit mit der gesetzgeberischen Wertung nicht zu vereinbaren ist.[70] Das Ehrenamtsprinzip und die Unentgeltlichkeit der Amtsführung sichern die persönliche Unabhängigkeit des Betriebsratsmitglieds, welches bei der Wahrnehmung seiner vom BetrVG übertragenen Rechte nicht durch die etwaige Gewährung oder den Entzug materieller Güter beeinflussbar sein soll.[71] Aus diesem Grund dürfen Betriebsratsmitgliedern gem. § 78 Satz 2 BetrVG im Interesse einer unparteiischen und unabhängigen Amtsführung aus dessen Wahrnehmung weder Vor-, noch Nachteile entstehen.[72] Müssten Betriebsratsmitglieder dagegen befürchten, schon bei einer leicht fahrlässig verursachten Verletzung der Rechtsgüter des Arbeitgebers stets den vollen Schaden ersetzen zu müssen, wären sie nicht nur im Vergleich zu sonstigen Arbeitnehmern des Betriebes benachteiligt, sondern außerdem einem erhöhten Schadensrisiko ausgesetzt, das sie dazu veranlassen könnte, sich erst gar nicht zur

---

[68] BT-Drs. 14/6857, S. 48.

[69] Dies gilt umso mehr, weil der BGH im Rahmen seiner Entscheidung BGH v. 25.10.2012 – III ZR 266/11, BGHZ 195, 174, NZA 2012, 1382 kein Bedürfnis für eine Haftungserleichterung anerkannte; siehe unter C III 1.

[70] Ebenso *Thüsing* in: Richardi, Vorbemerkungen zu § 26 Rn 14; *Belling*, Die Haftung des Betriebsrats und seiner Mitglieder für Pflichtverletzungen (1990), S. 244 ff.; Lunk/Rodenbusch, NJW 2014, 1989 (1992); *Preis/Ulber*, Anm. zu BGH, Urteil vom 25. Oktober 2012 – III ZR 266/11, JZ 2013, 579 (582); *Dommermuth-Alhäuser/Heup*, BB 2013, 1461 (1467); vgl. auch *Otto* in: Otto/Schwarze/Krause, § 7 Rn 11.

[71] *Fitting*, § 37 Rn 7.

[72] *Fitting*, § 37 Rn 7; *Koch* in: ErfK zum ArbR, § 37 Rn 1.

Wahl in den Betriebsrat aufstellen zu lassen oder bei der Amtstätigkeit übertriebene Vorsicht walten zu lassen.[73] Der vom Gesetzgeber durch das Ehrenamtsprinzip intendierte Schutz der persönlichen Unabhängigkeit der Betriebsratsmitglieder würde nicht mehr erreicht.[74]

Das strenge „Alles-oder-Nichts-Prinzip" des allgemeinen Schuldrechts wird der sozialen Dimension des Ehrenamts daher nicht gerecht. Die eine verschuldensunabhängige Haftung statuierenden Vorschriften sind teleologisch zu reduzieren. Damit besteht die planwidrige Gesetzeslücke – genau wir bei Arbeitnehmern, die nicht Amtsträger sind – auf der Wertungsebene. Die Fortbildung des persönlichen Geltungsbereichs der beschränkten Arbeitnehmerhaftung auf Betriebsratsmitglieder scheitert daher nicht schon an dem Fehlen einer planwidrigen Regelungslücke.

2. Übertragbarkeit der für Arbeitnehmer geltenden Haftungsprinzipien auf Betriebsratsmitglieder

Die Prinzipien, welche eine Haftungsprivilegierung von Arbeitnehmern rechtfertigen, werden in Rechtsprechung und Literatur im Wesentlichen auf zwei Grundgedanken zurückgeführt: Das dem Arbeitgeber unter Heranziehung allgemeiner haftungsrechtlicher Erwägungen zuzuweisende betriebliche Risikopotenzial einerseits und den spezifischen sozialen Aspekt, den Arbeitnehmer vor ihm wirtschaftlich unzumutbaren Belastungen zu schützen, andererseits.[75] Die Rechtsgrundlage, in welche diese Prinzipien eingepasst werden, wird von der h.M. in § 254 BGB analog gesehen.[76] Im Gegensatz zu gesetzlichen Haftungsmilderungen, etwa über § 521 BGB für den Schenker, § 599 BGB für den Verleiher oder § 680 BGB für den Geschäftsführer, die das Vertretenmüssen auf Tatbestandsebene auf Vorsatz und grobe Fahrlässigkeit beschränken, setzt die richterrechtliche Rechtsfortbildung der beschränkten Arbeitnehmerhaftung

---

[73] *Preis/Ulber*, Anm. zu BGH, Urteil vom 25. Oktober 2012 – III ZR 266/11, JZ 2013, 579 (582); *Dommermuth-Alhäuser/Heup*, BB 2013, 1461 (1467); *Belling*, Die Haftung des Betriebsrats und seiner Mitglieder für Pflichtverletzungen (1990), S. 246; *Reuter*, Der Betriebsrat als Mandant (2018), S. 178; a.A. *Triebel*, Die Haftung des Betriebsrats und der Durchgriff auf seine Mitglieder (2003), S. 178.

[74] Ebenso *Belling*, Die Haftung des Betriebsrats und seiner Mitglieder für Pflichtverletzungen (1990), S. 376; *Preis/Ulber*, Anm. zu BGH, Urteil vom 25. Oktober 2012 – III ZR 266/11, JZ 2013, 579 (582); *Dommermuth-Alhäuser/Heup*, BB 2013, 1461 (1467); *Müller/Jahner*, BB 2013, 440 (443), die sich für eine Haftungsbeschränkung nach den Grundsätzen über die privilegierte Arbeitnehmerhaftung in Bezug auf Betriebsratsmitglieder aussprechen.

[75] *Otto* in: Otto/Schwarze/Krause, § 3 Rn 2.

[76] Ständige Rspr. seit BAG v. 27.09.1994 – GS 1/89 (A), AP Nr. 103 zu BGB § 611 Haftung des Arbeitnehmers; *Otto* in: Otto/Schwarze/Krause, § 3 Rn 4; *Schumacher*, Die privilegierte Haftung des Arbeitnehmers (2012), S. 109.

nicht am Haftungsgrund an, sondern sie betrifft die Haftungsfolgen.[77] Vorteil dieser Lösung ist vor allem die Abkehr von dem ansonsten geltenden „*Alles-oder-nichts*"-Prinzips, da alle Versuche, die den Grund für die Haftungsbeschränkung auf Tatbestandebene verorten, zwangsläufig entweder zu einer vollen Haftung des Arbeitnehmers oder zu einem vollständigen Haftungsausschluss führen.[78]

Wenngleich der haftungsfolgenorientierte Ansatz nach der geltenden Rechtsprechung dadurch gegenüber anderen Lösungsmodellen flexibler ist und eine Haftungsquotelung unter Abstellung auf den Einzelfall erlaubt[79], ist damit noch keine Aussage über die Berechtigung der hinter dem Ansatz stehenden Wertungsgesichtspunkte gewonnen.[80] Bei näherer Untersuchung präsentieren sich die seit Jahrzehnten von der Rechtsprechung und h.L. diesbezüglich ins Feld geführten Argumentationslinien als äußerst wechselhaft und in ihrem Kern angreifbar.[81] Das gesamte Verfahren der Haftungsprivilegierung unter analoger Anwendung des § 254 BGB ermöglicht zwar eine interessengerechte Verortung der Haftungsgrundsätze in das allgemeine System des Schadensrechts, kann sich gleichzeitig dem Vorwurf einer gewissen Beliebigkeit in der Handhabe aber nicht erwehren.[82] Da es an einem eindeutigen und klar abgrenzbaren Begründungsansatz für die Haftungsbegrenzung fehlt, müssen für die Fortbildung der Rechtsfortbildung der privilegierten Arbeitnehmerhaftung auf Betriebsratsmitglieder zumindest all diejenigen Wertungsgesichtspunkte auf ihre Übertragbarkeit hin untersucht werden, die in Rechtsprechung und Lehre derzeit bemüht werden.[83] Aufgrund der Vielzahl von Begründungsansätzen und

---

[77] *Waltermann*, JuS 2009, 193 (195).

[78] *Schumacher*, Die privilegierte Haftung des Arbeitnehmers (2012), S. 108; *Waltermann*, JuS 2009, 193 (195); *Looschelders* in: BeckOGK-BGB, Stand: 01.03.2020, § 254 Rn 2.

[79] *Schumacher*, Die privilegierte Haftung des Arbeitnehmers (2012), S. 109; *Waltermann*, JuS 2009, 193 (195).

[80] *Schumacher*, Die privilegierte Haftung des Arbeitnehmers (2012), S. 109.

[81] *Otto* in: Otto/Schwarze/Krause, § 3 Rn 3; *Schumacher*, Die privilegierte Haftung des Arbeitnehmers (2012), S. 123, 141; vgl. auch *Bachmann*, ZIP 2017, 841 (842).

[82] *Schumacher*, Die privilegierte Haftung des Arbeitnehmers (2012), S. 109, 123; *Dütz*, NJW 1986, 1779 (1784); vgl. auch *Annuß*, Die Haftung des Arbeitnehmers (1998), S. 122, 123.

[83] Vgl. *Bachmann*, ZIP 2017, 841 (842), der eine Übertragbarkeit der Grundätze auf Organmitglieder untersucht.

Begrifflichkeiten, die im Schrifttum unterschiedlich kategorisiert und kombiniert werden, ist dabei nicht immer klar zu erkennen, inwieweit sich die jeweils herangezogenen Kriterien überschneiden.[84]

Für die Begründung der Haftungsprivilegierung kommt es gleichwohl gerade auf die Verzahnung aller herangezogenen Kriterien an. Nur in ihrem Zusammenspiel kommt ihnen der Erklärungswert bei, dessen es bedarf, um die richterliche Rechtsfortbildung der beschränkten Arbeitnehmerhaftung zu rechtfertigen. Allerdings kann allein aufgrund der stellenweise massiven Kritik aus dem Schrifttum, die gegen einzelne Wertungsgesichtspunkte erhoben wurde, nicht davon ausgegangen werden, dass eine Erweiterung der Rechtsfortbildung erst dann zulässig ist, wenn alle in der Rechtsprechung und herrschenden Lehre gefundenen Maßstäbe 1:1 auch auf Betriebsratsmitglieder anwendbar sind. Dem steht schon entgegen, dass die Rechtsfortbildung der beschränkten Arbeitnehmerhaftung auch in der Vergangenheit fortgebildet wurde, indem – wie heute weitgehend konsentiert ist[85] – leitende Angestellte in die Haftungsprivilegierung einbezogen wurden, obschon einzelne für die Haftungsbeschränkung herangezogene Wertungskriterien nicht auf sie anwendbar sind.[86] Die Haftungssituation ist aus diesem Grund bereits dann ver-

---

[84] Siehe nur die unterschiedlichen Einschätzungen zu den angeblich tragenden Säulen der Haftungsbeschränkung: *Otto* nennt als die zwei Grundgedanken des „betrieblichen Risikopotentials" und den „spezifisch sozialen Aspekt, den Arbeitnehmer vor einer für ihn unwirtschaftlichen Belastung zu schützen", *Otto* in: Otto/Schwarze/Krause, § 3 Rn 2; *Schumacher* untersucht als nachhaltige Ansätze drei Modelle als Begründungsansätze, "die bis heute einer schier unerschöpflichen Kontroverse unterliegen", worunter seines Erachtens die Fürsorgepflicht sowie das Betriebsrisiko des Arbeitgebers sowie „die relativ neu in die Debatte eigenständig eingeführten verfassungsrechtlichen Erwägungen" fallen, Die privilegierte Haftung des Arbeitnehmers (2012), S. 110; *Frisch* stützt die Theorie der Risikohaftung auf „zwei tragende Aspekte", „die Fremdnützigkeit der Tätigkeit des Entlasteten und den Beherrschungsvorsprung des Belasteten", Haftungserleichterung für GmbH-Geschäftsführer nach dem Vorbild des Arbeitsrechts (1998), S. 174; *Bachmann* stellt auf „vier Säulen" ab, „die in Rechtsprechung und Lehre vornehmlich bemüht werden", nämlich „Betriebsrisiko", „Billigkeit", „Schutz vor Existenzvernichtung" und „Fürsorgepflicht", während sich als potenzieller Kern des Betriebsrisikos selbst wiederum vier Gedanken erweisen, nämlich die Organisationsgewalt des Arbeitgebers, die Beherrschbarkeit, der Symmetriegedanke (Fremdnützigkeit) sowie der Absorptionsgedanke (Versicherbarkeit), ZIP 2017, 841 (842); *Fischels* prüft die wirtschaftliche Abhängigkeit, Risikobeherrschung durch den Arbeitgeber, die Fehleranfälligkeit im Dauerschuldverhältnis, die Fremdnützigkeit der Arbeitnehmertätigkeit und schließlich verfassungsrechtliche Wertungen, RdA 2019, 208.
[85] BAG v. 11.11.1976 – 3 AZR 266/75, AP Nr. 80 zu § 611 BGB Haftung des Arbeitnehmers; BGH, Urteil vom 25.06.2001 – II ZR 38/99, NJW 2001, 3123; LAG Niedersachsen v. 07.07.2003 – 5 Sa 188/02; *Joussen*, RdA 2006, 129 (132); *Sandmann*, Die Haftung von Arbeitnehmern, Geschäftsführern und leitenden Angestellten (2001), S. 552 ff.; *Krause*, NZA 2003, 577 (581); Pallasch, RdA 2013, 338 (349).
[86] Ähnlich *Bachmann*, ZIP 2017, 841 (843).

gleichbar, wenn die allgemeinen Prinzipien, auf denen die Haftungsbegrenzung für Arbeitnehmer basiert, – unabhängig davon, ob jeder einzelne Aspekt unmittelbar auf die Stellung von Betriebsratsmitgliedern im Betrieb übertragen werden kann[87] –, im Wesentlichen und vor allem in ihrem strukturellen Zusammenspiel auch auf Betriebsratsmitglieder anwendbar sind, sodass ein Herausfallen dieser Personengruppe aus der Privilegierung zu unsachgemäßen Ergebnissen führen würde.

a) Betriebsrisiko

Das Betriebsrisiko ist nach heutigem Stand der Rechtsprechung zur Arbeitnehmerhaftung das zentrale Element für die Rechtfertigung einer Privilegierung der Haftung[88]: Verursacht der Arbeitnehmer durch eine betriebliche Tätigkeit einen Schaden, wird dem Verschulden des Arbeitnehmers in analoger Anwendung des § 254 BGB das Betriebsrisiko des Arbeitgebers gegenübergestellt, sodass es – zumindest im Bereich der fahrlässigen Verursachung – zu einer Schadensteilung oder sogar vollständigen Schadensübernahme durch den Arbeitgeber kommt.[89] Der Begriff des Betriebsrisikos steht seinerseits stellvertretend für diverse Aspekte, die dem Arbeitgeber aufgrund seiner Stellung im Betrieb zugerechnet werden und die sich aufgrund der ihnen von der Rechtsge-

---

[87] Vgl. *Fischels*, RdA 2019, 208 (210), der betont, dass es sich bei den einzelnen Kriterien um generalisierende Anschauungen handelt, die nicht in jedem Einzelfall vorliegen müssen, sondern dem Arbeitsverhältnis typischerweise zugrunde liegen.

[88] BAG v. 28.04.1970 – 1 AZR 146/6, AP Nr. 55 zu BGB § 611 Haftung des Arbeitnehmers; BAG v. 07.07.1970 – 1 AZR 505/69, AP Nr. 58 zu BGB § 611 Haftung des Arbeitnehmers Nr. 58; BAG v. 03.11.1970 – 1 AZR 228/70, AP Nr. 61 zu BGB § 611 Haftung des Arbeitnehmers; BAG v. 24.11.1987 – 8 AZR 524/82, AP Nr. 93 zu BGB § 611 Haftung des Arbeitnehmers; BAG v. 12.10.1989 – 8 AZR 276/88, AP Nr. 97 zu § 611 BGB Haftung des Arbeitnehmers in Abstellung auf den Rechtsgedanken des § 254 BGB; BAG v. 12.06.1992 – GS 1/89, AP Nr. 101 zu BGB § 611 Haftung des Arbeitnehmers; BAG v. 27.09.1994 – GS 1/89 (A), AP Nr. 103 zu BGB § 611 Haftung des Arbeitnehmers; BGH v. 11.03.1996 – II ZR 230/94, AP Nr. 109 zu § 611 BGB Haftung des Arbeitnehmers; BAG v. 18.04.2002 – 8 AZR 348/01, AP Nr. 122 zu § 611 Haftung des Arbeitnehmers; BAG v. 18.01.2007 – 8 AZR 250/06, AP Nr. 15 zu § 254 BGB; *Otto* in: Otto/Schwarze/Krause, § 3 Rn 1; *Schlobach*, Das Präventionsprinzip im Recht des Schadensersatzes (2004), S. 230; *Fischinger*, Haftungsbeschränkung im Bürgerlichen Recht (2015), S. 517; *Wilhelmi*, NZG 2017, 681 (683); *Waltermann*, RdA 2005, 98 (99); *Krause*, NZA 2003, 577 (579).

[89] Ständige Rspr. seit BAG v. 27.09.1994 – GS 1/89 (A), AP Nr. 103 zu BGB § 611 Haftung des Arbeitnehmers; siehe auch *Otto* in: Otto/Schwarze/Krause, § 3 Rn 4; *Schumacher*, Die privilegierte Haftung des Arbeitnehmers (2012), S. 113.

meinschaft beigemessenen Wertung mildernd auf die ansonsten uneingeschränkte Haftung des einen Schaden verursachenden Arbeitnehmers auswirken sollen.[90]

In Rechtsprechung und Schrifttum werden teilweise sehr heterogene Faktoren mit dem Betriebsrisikobegriff verbunden[91]; nicht alle davon lassen sich pauschal auf alle Formen von Arbeitsverhältnissen und -branchen anwenden. Vielmehr bilden die einzelnen Faktoren erst in ihrem Zusammenspiel und in Ergänzung mit dem im Arbeitsrecht geltenden sozialen Schutzgedanken eine nachvollziehbare Erklärung dafür, weshalb die Haftung im Arbeitsverhältnis anders zu beurteilen ist als in anderen Austauschverträgen.[92] Bei der Prüfung, ob die Kriterien auf Betriebsratsmitglieder übertragbar sind, dürfen diese daher nicht als starre Begründungsschablonen angewandt werden. Ferner ist die Überbetonung eines einzelnen Kriteriums, etwa der Weisungsgebundenheit[93], als Begründung für die Enthaftung zu vermeiden.[94]

aa) Organisationsherrschaft und Weisungsrecht des Arbeitgebers

Der Umstand, dass der Arbeitgeber die Arbeitsumgebung sowie die Arbeitsabläufe einseitig bestimmt und effektiv beherrscht, ohne dass die Arbeitnehmer den vorgegebenen Arbeitsbedingungen in tatsächlicher oder rechtlicher Hinsicht ausweichen können, wird als Organisationsrisiko der Sphäre des Arbeitgebers zugerechnet.[95]

---

[90] *Fischinger*, Haftungsbeschränkung im Bürgerlichen Recht (2015), S. 518; ähnlich Pallasch, RdA 2013, 338 (339); *Sandmann*, Die Haftung von Arbeitnehmern, Geschäftsführern und leitenden Angestellten (2001), S. 61.
[91] *Otto* in: Otto/Schwarze/Krause, § 3 Rn 5.
[92] *Schlachter*, FS OLG Jena (1994), S. 251 (258, 259).
[93] So aber *Schmitt*, Die Haftung betriebsverfassungsrechtlicher Gremien und ihrer Mitglieder (2017), S. 599., die die Interessenlage zwischen Betriebsratsmitgliedern und sonstigen Arbeitnehmern für nicht vergleichbar hält, weil weder die vom Betriebsrat repräsentierten Arbeitnehmer noch der Arbeitgeber den Betriebsratsmitgliedern gegenüber weisungsbefugt sind.
[94] Lediglich eine verkürzte Prüfung der Anwendbarkeit der Grundsätze der beschränkten Arbeitnehmerhaftung auf Betriebsratsmitglieder vornehmend: *Kruse*, Die Rechte des Arbeitgebers gegenüber dem Betriebsrat aus der Betriebsverfassung (2010), S. 206 ff., der vor allem das Kriterium der Organisationsherrschaft des Arbeitgebers auf seine Anwendbarkeit auf die Betriebsratstätigkeit hin überprüft; ebenso *Georgi*, Das Ehrenamtsprinzip in der Betriebsverfassung (2017), S. 137, die zwar auf die hinter der Haftungsprivilegierung stehenden Wertungsgesichtspunkte eingeht, diese in Hinblick auf Betriebsratsmitglieder ohne weitere Begründung verwirft.
[95] BAG v. 27.09.1994 – GS 1/89 (A), AP Nr. 103 zu BGB § 611 Haftung des Arbeitnehmers; *Otto* in: Otto/Schwarze/Krause, § 3 Rn 10; *Frisch*, Haftungserleichterung für GmbH-Geschäftsführer nach dem Vorbild des Arbeitsrechts (1998), S. 155 ff.; *Schumacher*, Die privilegierte Haftung des Arbeitnehmers (2012), S. 115; *Dütz*, NJW 1986, 1779 (1783).

(1) Wertung

Die Risikobeherrschung durch den Arbeitgeber soll eine haftungsrechtliche Zurechnung zu seinen Lasten rechtfertigen, weil es ihm einerseits anheimgestellt ist, durch eine sichere Organisation der Betriebsumgebung mögliche Schäden vorzubeugen (Präventionsgedanke) und er andererseits durch die Gestaltung der Betriebsabläufe und -organisation einen entscheidenden Beitrag zu der Entstehung des Schadens geleistet haben kann (Kausalitätsgedanke).[96] Ferner hat der Arbeitgeber über das Weisungsrecht die Möglichkeit, den Tätigkeitsbereich des Arbeitnehmers zu beeinflussen, sodass er die Schaffung, Beibehaltung oder Veränderung eines Schadensrisikos effektiv steuern kann.[97] Damit kommt dem Arbeitgeber ein Handlungsspielraum in Hinblick auf die grundlegenden Entscheidungen über einen Risikobereich zugute, der dem Arbeitnehmer fehlt.[98]

Das gilt in Anlehnung an die früher geltende Rechtsprechung, nach der das Merkmal der „gefahrgeneigten Tätigkeit" Anknüpfungspunkt für eine Privilegierung war[99], ganz besonders für Arbeitsbereiche, in denen das betriebliche Geschehen mit besonderen Gefahren verbunden ist.[100] In diesen Bereichen ist es ohne Weiteres möglich, sich die objektive Gefährlichkeit der Arbeit – etwa wegen spezifischer Gefahren der Produktionsstätten und Arbeitsabläufe – als einen vom Arbeitgeber zu vertretenden Umstand als Schadensverursachungsbeitrag vorzustellen.[101] Aber auch in einer *„normalen"* Arbeitsumgebung[102], in der es zu keinen besonders gefahrbefrachteten Tätigkeiten kommt, trägt der Arbeitgeber die Verantwortung für die Gestaltung der Arbeitsbedingungen und

---

[96] BAG v. 27.09.1994 – GS 1/89 (A), AP Nr. 103 zu BGB § 611 Haftung des Arbeitnehmers; *Fischels*, RdA 2019, 208 (211).

[97] *Wilhelmi*, NZG 2017, 681 (686).

[98] *Schumacher*, Die privilegierte Haftung des Arbeitnehmers (2012), S. 115; *Frisch*, Haftungserleichterung für GmbH-Geschäftsführer nach dem Vorbild des Arbeitsrechts (1998), S. 198.

[99] Erstmals ArbG Plauen v. 04.11.1936 – 1 Ca 189/36 – ARS 29, 62.; BGH v. 10.01.1955 – III ZR 153/53, NJW 1955, 458; grundlegend BAG v. 25.09.1957 – GS 4 (5)/56, NJW 1958, 235; für eine knappe Übersicht über die historischen Entwicklung der beschränkten Arbeitnehmerhaftung siehe *Schwirtzek/Schwirtzek-Schoedon* in: Prozesse in Arbeitssachen, 3. Auflage 2013, § 6 Rn 470 ff.

[100] *Otto* in: Otto/Schwarze/Krause, § 3 Rn 6.

[101] *Sandmann*, Die Haftung von Arbeitnehmern, Geschäftsführern und leitenden Angestellten (2001), S. 61; vgl. auch *Bachmann*, ZIP 2017, 841 (843).

[102] Gemeint ist eine Arbeitsumgebung, in der keine „erhöhten arbeitsspezifischen Risiken", wie etwa in gefährlichen Produktionsanlagen, sondern lediglich „allgemeine Tätigkeitsrisiken" herrschen, zur Differenzierung siehe *Otto* in: Otto/Schwarze/Krause, § 3 Rn 6 ff., Rn 16.

die Betriebsorganisation[103], in welche die Arbeitnehmer eingegliedert und dabei den Weisungen des Arbeitgebers unterworfen sind.[104]

Das unselbstständige Beschäftigungsverhältnis ist also geprägt von einer Fremdbestimmtheit in Hinblick auf die Organisation der Arbeitsabläufe sowie die Unterordnung unter unternehmerische Planungs- und Grundlagenentscheidungen.[105] Ob dieser Umstand für sich genommen ausreicht, dem Arbeitgeber einen Beitrag an der Verursachung des Schadens zuzurechnen, wird in der Literatur angezweifelt. *Otto* führt kritisch aus, in der Sache laufe eine solche Auffassung darauf hinaus,

„das schlichte Vorhandensein einer Arbeitsumgebung bereits als einen haftungsmindernden Aspekt einzuordnen. Allein der Umstand, dass es der Arbeitgeber dem Arbeitnehmer ermöglicht, betriebliche Rechtsgüter zu schädigen, kann einen haftungsrechtlich relevanten Verursachungsbeitrag nicht begründen".[106]

Ferner wird zu bedenken gegeben, dass es auch Schadensverursachungsquellen gebe, die – sowohl in weisungsrechtlicher als auch in räumlicher Hinsicht – gänzlich außerhalb des Einflussbereichs des Arbeitgebers liegen, sodass zumindest diesbezüglich eine Fremdbestimmtheit nicht ohne Weiteres angenommen werden könne.[107]

Bachmann erinnert daran, dass der Arbeitgeber in der Organisation seines Betriebs aufgrund zahlreicher Rechtsvorschriften sowie der betrieblichen Mitbestimmung in der modernen Arbeitswelt weit weniger frei ist, als vom BAG

---

[103] BAG v. 27.09.1994 – GS 1/89 (A), AP BGB § 611 Haftung des Arbeitnehmers Nr. 103: „In diesem Sinne kann vor allem die Gefährlichkeit z.B. der Produktionsanlagen, der Produktion selbst oder die der hergestellten Produkte dem Arbeitgeber zuzurechnen sein und deshalb bei der Abwägung nach § 254 BGB zu einer Haftungsminderung des Arbeitnehmers führen. Das läßt aber nur die Berücksichtigung risikobehafteter Faktoren bei der Abwägung zu und erfaßt damit nur einen Teilbereich betrieblicher Tätigkeiten. Darüber hinaus besteht jedoch für den Arbeitgeber ein weiterer Zurechnungsgrund, der im Rahmen des § 254 BGB bei allen betrieblich veranlaßten Tätigkeiten zu berücksichtigen ist. Der Arbeitgeber muß sich im Rahmen der Abwägung nach § 254 BGB auch seine Verantwortung für die Organisation des Betriebs und die Gestaltung der Arbeitsbedingungen in rechtlicher und tatsächlicher Hinsicht zurechnen lassen".

[104] *Schumacher*, Die privilegierte Haftung des Arbeitnehmers (2012), S. 115.

[105] *Frisch*, Haftungserleichterung für GmbH-Geschäftsführer nach dem Vorbild des Arbeitsrechts (1998), S. 198, 199.

[106] *Otto* in: Otto/Schwarze/Krause, § 3 Rn 17; vgl. auch *P. Hanau*, NJW 1994, 1439 (1441); *Dütz*, NJW 1986, 1779 (1783).

[107] *Frisch*, Haftungserleichterung für GmbH-Geschäftsführer nach dem Vorbild des Arbeitsrechts (1998), S. 156; *Schumacher*, Die privilegierte Haftung des Arbeitnehmers (2012), S. 120; *Langenbucher*, ZfA 1997, 523 (540).

in seiner Grundsatzentscheidung über die Arbeitnehmerhaftung angenommen.[108] Deutlich zugenommen hat dagegen das Phänomen, dass Arbeitnehmern das Recht eingeräumt wird, über das „Wann" und „Wie" ihrer Aufgabenbewältigung weitgehend selbstbestimmt zu entscheiden.

In Anbetracht dieser Kritik schlägt *Sandmann* vor, das Organisationsrisiko des Arbeitgebers nicht pauschal, sondern immer nur dann als Kriterium für die Schadenszurechnung heranzuziehen, wenn der Arbeitgeber eine Schadensverhütung nicht mit der äußerst möglichen Sorgfalt betrieben hat.[109] Der arbeitgeberseitig zu tragende Verursachungsbeitrag soll dabei umso geringer werden, je mehr es der Arbeitnehmer selbst in der Hand hat, seine Arbeit frei zu gestalten und die notwendigen Schutzvorkehrungen zu treffen.[110] In diesem Zusammenhang wird in Hinblick auf den Gedanken der Weisungsunterworfenheit des Arbeitnehmers angeführt, dieser rechtfertige für sich genommen keine Haftungsprivilegierung, wenn die abstrakte Möglichkeit einer arbeitgeberseitigen Weisung gar nicht in Zusammenhang mit dem konkreten Schadenseintrittsrisiko stehe.[111]

Frisch und *Waltermann* dagegen gehen davon aus, die Risikozurechnung sei eine abstrakte, bei der es gerade nicht darauf ankomme, ob der Arbeitgeber im konkreten Fall dazu in der Lage war, das Schadensrisiko zu beeinflussen.[112] Man habe die Gefahrbeherrschbarkeit im Sinne einer Gefährdungshaftung zu verstehen, bei der die abstrakte Gefahrbeherrschung mit der Zurechnung zu einer eigenen Einfluss- und Wirkungssphäre gleichgesetzt werde.[113]

Ob die Schaffung einer solchen Gefährdungshaftung „qua Risikozuordnung"[114] durch richterliche Rechtsfortbildung zulässig ist, begegnet seinerseits rechtlichen Bedenken.[115] Dafür spricht allerdings, dass die Berücksichtigung eines Weisungs- bzw. Organisationsverschuldens auf Seiten des Arbeitgebers

---

[108] *Bachmann*, ZIP 2017, 841 (843).

[109] *Sandmann*, Die Haftung von Arbeitnehmern, Geschäftsführern und leitenden Angestellten (2001), S. 71, der das Betriebsrisiko in ein Organisationsrisiko und ein Tätigkeitsrisiko aufspaltet, wobei das Tätigkeitsrisiko der allgemeinen menschlichen Unzulänglichkeit geschuldet sein soll und sich konkret in der Haftung niederschlage, wenn das Schadensrisiko bei einer bestimmten Tätigkeit im Durchschnitt entsprechend hoch ist; vgl. auch *Schumacher*, Die privilegierte Haftung des Arbeitnehmers (2012), S. 118 ff.

[110] *Sandmann*, Die Haftung von Arbeitnehmern, Geschäftsführern und leitenden Angestellten (2001), S. 62.

[111] *Bachmann*, ZIP 2017, 841 (848).

[112] *Frisch*, Haftungserleichterung für GmbH-Geschäftsführer nach dem Vorbild des Arbeitsrechts (1998), S. 157, 158, 175; *Waltermann*, JuS 2009, 193 (196).

[113] *Frisch*, Haftungserleichterung für GmbH-Geschäftsführer nach dem Vorbild des Arbeitsrechts (1998), S. 157 m.w.N.

[114] *Annuß*, Die Haftung des Arbeitnehmers (1998), S. 117.

[115] *Schumacher*, Die privilegierte Haftung des Arbeitnehmers (2012), S. 117 ff.; *Annuß*, Die Haftung des Arbeitnehmers (1998), S. 119.

streng genommen nicht der Rechtsfortbildung der beschränkten Arbeitnehmerhaftung bedürfte, da das Außerachtlassen der erforderlichen Sorgfalt auch als echtes Mitverschulden über § 254 BGB in direkter Anwendung zugerechnet werden könnte. Wo dagegen die Grenze zwischen einem echten Mitverschulden und einer mit der äußerst möglichen Sorgfalt betriebenen Schadensverhütung[116], die eine analoge Anwendung von § 254 BGB rechtfertigen soll, verläuft, bleibt unklar. Selbst wenn man der bloß abstrakten Beherrschbarkeit einer Gefahrenquelle durch den Arbeitgeber eine Bedeutung bei der Schadenszurechnung beimisst, kann der daraus entstehende Schadensverursachungsbeitrag nach den Zurechnungsprinzipien des Zivilrechts jedoch kaum schwerer wiegen als ein konkretes fahrlässiges Verhalten des Arbeitnehmers, welches den Ausschlag für das Schadensereignis gegeben hat.[117] Entscheidungen des BAG, in welchen eine Schadensquotelung angenommen wurde, obwohl der Arbeitnehmer etwa in Folge einer Alkoholisierung grob fahrlässig einen Unfall verursacht hat[118], lassen sich also nicht mit der abstrakten Organisations- und Weisungsherrschaft des Arbeitgebers begründen.

Nach alledem ist zu konstatieren, dass die Organisationsgewalt und Weisungsgebundenheit des Arbeitgebers zwar immer wieder zur Begründung der beschränkten Arbeitnehmerhaftung herangezogen wird[119], die hinter dem Kriterium stehende Wertung in der Literatur aber äußert kontrovers beurteilt wird und dem Grunde nach angreifbar ist. Dem Kriterium der Organisations- und Weisungsherrschaft des Arbeitgebers darf bei der Haftungszurechnung aufgrund des begrenzten Erklärungswerts daher nur begrenzte Bedeutung beigemessen werden.[120]

---

[116] *Sandmann*, Die Haftung von Arbeitnehmern, Geschäftsführern und leitenden Angestellten (2001), S. 71.

[117] *Langenbucher*, ZfA 1007, 523 (540), die darauf hinweist, dass das Einstehenmüssen für selbstverschuldetes Unrecht ein viel grundlegenderes Zurechnungsprinzip ist als die Anknüpfung an die Beherrschbarkeit einer Gefahrenquelle.

[118] BAG v. 23.01.1997 – 8 AZR 893/95, NZA 1998, 140; BAG v. 15.11.2012 – 8 AZR 705/11, AP BGB § 611 Haftung des Arbeitnehmers Nr. 137.

[119] Eine Überbetonung der Organisationsherrschaft und Weisungsbefugnis des Arbeitgebers, die zur Verneinung der Anwendbarkeit der Grundsätze der beschränkten Arbeitnehmerhaftung führen soll, findet sich etwa bei *Reuter*, Der Betriebsrat als Mandant (2018), S. 174, 175; *Schmitt*, Die Haftung betriebsverfassungsrechtlicher Gremien und ihrer Mitglieder (2017), S. 599; *Kruse*, Die Rechte des Arbeitgebers gegenüber dem Betriebsrat aus der Betriebsverfassung (2010), S. 206.

[120] Ebenso *Wilhelmi*, NZG 2017, 681 (687); *Otto* in: Otto/Schwarze/Krause, § 3 Rn 17; unrichtig ist daher die immer wieder anzutreffende Formulierung, die beschränkte Arbeitnehmer stelle das dem Arbeitgeber verschuldensunabhängig abstrakt zugewiesene Organisationsrisiko analog § 254 BGB dem individuellen Verschulden des Arbeitnehmers gegenüber, siehe etwa *Reuter*, Der Betriebsrat als Mandant (2018), S. 173.

(2) Übertragbarkeit der Wertung auf Betriebsratsmitglieder

Betriebsratsmitgliedern kommt bei der Organisation der Arbeitsabläufe und -umgebung im Rahmen der Betriebsratsarbeit ein Handlungsspielraum zugute, der sich wesentlich von dem eines Arbeitnehmers ohne Amtstätigkeit unterscheidet. Zunächst sind Betriebsratsmitglieder bei der Betriebsratsarbeit weder dem Arbeitgeber noch den vom Betriebsrat repräsentierten Arbeitnehmern gegenüber weisungsgebunden.[121] Der Verwirklichung eines Schadensrisikos im Rahmen der Betriebsratsarbeit ist daher niemals die Überantwortung der zu dem Schaden führenden Gefahrenquelle durch den Arbeitgeber vorausgegangen. Stattdessen nimmt der Betriebsrat seine Aufgaben eigenverantwortlich wahr.[122] Dabei verfügt er über Ermessens- und Beurteilungsspielräume, welche die Unabhängigkeit der Amtsführung gewährleisten und keiner Beeinflussung durch den Arbeitgeber zugänglich sind.[123] Der Arbeitgeber hat die Betriebsratsmitglieder für die erforderliche Betriebsratsarbeit von der beruflichen Tätigkeit ohne Minderung des Arbeitsentgelts freizustellen.[124] Betriebsratsmitglieder müssen zur Wahrnehmung von Betriebsaufgaben nicht die Zustimmung des Arbeitgebers einholen, sondern sich – vorausgesetzt, die Betriebsratsarbeit soll während der individuellen Arbeitszeit ausgeführt werden – lediglich vor Verlassen des Arbeitsplatzes abmelden und nach ihrer Rückkehr wieder zurückmelden, um dem Arbeitgeber die Überbrückung des Arbeitsausfalls zu ermöglichen.[125] Der Arbeitgeber kann die betriebsverfassungsrechtlichen Handlungsabläufe daher in deutlich geringerem Maße beeinflussen, als es bei sonstigen Arbeitnehmern der Fall ist.[126]

Dennoch kann aus diesem Umstand nicht ohne Weiteres geschlussfolgert werden, die Interessenlage von Betriebsratsmitgliedern sei in keiner Weise mit der von Arbeitnehmern, die nicht Amtsträger sind, vergleichbar. Dafür spricht schon, dass Betriebsratsmitglieder bei ihrer Amtsausübung trotz fehlender Weisungsgebundenheit regelmäßig mit einem weitgehend vom Arbeitgeber gestalteten Arbeitsumfeld in Berührung kommen. Sie sind in die Struktur des Arbeitgebers genauso eingebettet wie sonstige Arbeitnehmer.[127] § 40 Abs. 2

---

[121] *Schmitt*, Die Haftung betriebsverfassungsrechtlicher Gremien und ihrer Mitglieder (2017), S. 599 m.w.N.

[122] *Schmitt*, Die Haftung betriebsverfassungsrechtlicher Gremien und ihrer Mitglieder (2017), S. 599.

[123] Vgl. *Schmitt*, Die Haftung betriebsverfassungsrechtlicher Gremien und ihrer Mitglieder (2017), S. 599.

[124] *Thüsing* in: Richardi, § 37 BetrVG Rn 27.

[125] Std. Rspr., siehe nur BAG v. 29.06.2011 – 7 ABR 135/09, NZA 2012, 47; BAG v. 13.05.1997 – 1 ABR 2/97, NZA 1997, 1062; BAG v. 15.07.1992 – 7 AZR 466/91, NZA 1993, 220.

[126] Vgl. *Reuter*, Der Betriebsrat als Mandant (2018), S. 175; *Kruse*, Die Rechte des Arbeitgebers gegenüber dem Betriebsrat aus der Betriebsverfassung (2010), S. 206.

[127] Siehe auch *Fischer*, NZA 2014, 343 (347).

BetrVG statuiert die Pflicht des Arbeitgebers, den Betriebsrat mit den für die Betriebsratsarbeit erforderlichen Räumen, Sachmitteln, notwendiger Informations- und Kommunikationstechnik sowie Büropersonal auszustatten. Dabei steht dem Arbeitgeber – und nicht den Betriebsratsmitgliedern – ein Auswahlrecht zu.[128] Der Arbeitgeber hat also auch gegenüber dem Betriebsrat die Organisationshoheit darüber, mit welchen Betriebsmitteln er den Betriebsrat ausstattet, was wiederherum erheblichen Einfluss auf die im Schadensfall zu erwartende Schadenshöhe hat. Darüber hinaus behält der Arbeitgeber während der Nutzung von beispielsweise Mobiliar, Computern oder Literatur durch die Betriebsratsmitglieder das Eigentum an diesen Sachen.[129] Das Risiko, im Rahmen der Betriebsratsarbeit Rechtsgüter des Arbeitgebers zu schädigen und aus diesem Grund einem deliktischen Anspruch ausgesetzt zu sein, ist für Betriebsratsmitglieder folglich ebenso groß, wie wenn sie den Schaden bei der Wahrnehmung ihrer arbeitsvertraglichen Pflichten verursacht hätten. Da die Betriebsratsarbeit außerdem in den betrieblichen Räumen des Arbeitgebers ausgeführt wird, sind die Betriebsratsmitglieder den diesbezüglich vom Arbeitgeber geschaffenen Strukturen genauso ausgesetzt wie sonstige Arbeitnehmer.[130] Aber auch in zeitlicher Hinsicht sind Betriebsratsmitglieder in der Organisation der Betriebsratsarbeit trotz des eine andere Wertung nahelegenden Wortlauts des § 37 Abs. 2 BetrVG nicht völlig frei. Zumindest dem Grundsatz nach sind sie dazu verpflichtet, die Betriebsratsarbeit während der individuellen Arbeitszeit zu leisten.[131]

Während die Interessenlage von Betriebsratsmitgliedern in Hinblick auf das Weisungsrecht also deutlich von der sonstiger Arbeitnehmer abweicht, ist die rechtliche Stellung des Betriebsrats und seiner Mitglieder in Hinblick auf die Organisationsherrschaft durch die nicht zu leugnende Tatsache gekennzeichnet, dass der Betriebsrat auf die Unterstützung des Arbeitgebers angewiesen und der im Rahmen der Betriebsausstattung von ihm vorgegebenen Ordnung unterworfen ist.[132] Ungeachtet dessen, ob man auf die abstrakte Organisationshoheit des Arbeitgebers abstellt[133] oder einen Verursachungsbeitrag davon abhängig macht, dass die zumutbaren Möglichkeiten einer Schadensverhütung

---

[128] BAG v. 09.06.1999 – 7 ABR 66/97, AP BetrVG 1972 § 40 Nr. 66.
[129] *Fitting*, § 40 Rn 107.
[130] Vgl. auch *Kruse*, Die Rechte des Arbeitgebers gegenüber dem Betriebsrat aus der Betriebsverfassung (2010), S. 206.
[131] *Fitting*, § 37 Rn 35.
[132] Vgl. auch Nikisch, Arbeitsrecht, Bd. III, S. 151.
[133] In diesem Sinne: *Frisch*, Haftungserleichterung für GmbH-Geschäftsführer nach dem Vorbild des Arbeitsrechts (1998), S. 157, 158, 175; *Waltermann*, JuS 2009, 193 (196).

durch den Arbeitgeber nicht voll ausgeschöpft wurden[134], kommt eine Schadenszurechnung zu Lasten des Arbeitgebers nach alledem immer dann in Betracht, wenn es um die Verletzung seines Eigentums oder sonstiger absoluter Arbeitgeberrechte i.S.d. § 823 Abs. 1 BGB geht.

Abweichendes gilt dagegen für die konkrete Situation der Beauftragung betriebsexterner Dritter durch den Betriebsrat. Da der Betriebsrat den Arbeitgeber jenseits der Fälle der Sachverständigenbeauftragung nach § 80 Abs. 3 BetrVG weder über den Vertragsschluss mit einem Dritten informieren noch seine Zustimmung einholen muss, ist ein Organisationsversagen des Arbeitgebers an dieser Stelle nicht denkbar. Stattdessen haben es der Betriebsrat als Gremium und insoweit die den Beschluss tragenden Betriebsratsmitglieder selbst in der Hand, mögliche Schäden durch eine gewissenhafte Prüfung der Erforderlichkeit vorzubeugen. Der Arbeitgeber hat bei dieser Einschätzung des Betriebsrats kein Mitspracherecht und kann aus diesem Grund zumindest nicht über den Gedanken der (abstrakten) Weisungs- und Organisationsherrschaft zur Verantwortung bei der Schadensverursachung gezogen werden.

bb) Fremdnützigkeit der arbeitnehmerseitigen Tätigkeit

Ein weiterer wichtiger Grundpfeiler für die Zurechnung des Schadensrisikos zu Lasten des Arbeitgebers über den Betriebsrisikobegriff ist die Fremdnützigkeit des Arbeitnehmerhandelns: Der Arbeitnehmer stellt seine Arbeitskraft unter Verzicht auf eine eigene unternehmerische Tätigkeit in die Dienste des Arbeitgebers, dem wiederum die wirtschaftlichen Vorteile der Arbeitsleistung zugutekommen.[135]

(1) Wertung

Die Zuweisung des Betriebsrisikos auf den Arbeitgeber unter dem Gesichtspunkt der Fremdnützigkeit wird damit begründet, dass es unangemessen sei, wenn der Arbeitnehmer am unternehmerischen Erfolg des Arbeitgebers zwar nicht bzw. nur in der vereinbarten und damit auf die vertragliche Regelungen begrenzten Höhe partizipiere, dabei aber das unternehmerische Risiko voll zu

---

[134] In Anlehnung an die von *Sandmann* geforderte restriktive Heranziehung des Kriteriums der „Organisationsherrschaft" als Aspekt des Betriebsrisikos des Arbeitgebers, vgl. Sandmann, Die Haftung von Arbeitnehmern, Geschäftsführern und leitenden Angestellten (2001), S. 71; siehe auch Nikisch, Arbeitsrecht, Bd. III, S. 151.

[135] *Otto* in: Otto/Schwarze/Krause, § 3 Rn 18; *Frisch*, Haftungserleichterung für GmbH-Geschäftsführer nach dem Vorbild des Arbeitsrechts (1998), S. 177; *Fischels*, RdA 2019, 208 (212).

tragen habe.[136] Stattdessen sei es nur gerecht, wenn derjenige, der von den potentiellen aus dem Betrieb fließenden Vorteilen unmittelbar und exklusiv profitiert, auch die damit einhergehenden Nachteile zu tragen hat.[137] Der Ansatz wird im Schrifttum auch als „Symmetriegedanke" bezeichnet.[138] Das Gesetz lässt eine derartige Wertung auch in anderen Bereichen – etwa dem Auftragsrecht, der Geschäftsführung ohne Auftrag oder der ehrenamtlichen Vereinshaftung – erkennen, in denen sich das Schadensrisiko einer fremdbezogenen Tätigkeit auf den Geschäftsherrn verlagert.[139]

Dennoch ist auch dieser Wertungsgesichtspunkt im Schrifttum Bedenken begegnet: Zunächst wird beanstandet, das Tätigwerden des Arbeitnehmers diene eben nicht ausschließlich den wirtschaftlichen Interessen des Arbeitgebers, sichert er doch durch das Arbeitsentgelt regelmäßig seinen Lebensunterhalt.[140] Ferner sei der Arbeitgeber als Äquivalent für seine überproportionale Gewinnchancen bereits mit dem Nachteil belastet, das Unternehmensrisiko zu tragen, worunter nicht nur die Risiken des Wirtschaftsmarkts fielen, sondern auch das Risiko einer nutzlosen Bindung von Arbeitskraft infolge von Krankheitszeiten, verlängerter Kündigungsfristen und unvorhersehbaren Arbeitsunterbrechungen.[141] Schließlich wird angeführt, die Abstellung auf den Fremdnützigkeitsgedanken hätte es streng genommen zur Folge, dass gemeinnützige Unternehmen aus dem Raster fielen, weil das Argument, durch die beschränkte Arbeitnehmerhaftung solle der überproportionalen Gewinnmöglichkeit des Arbeitgebers das entsprechende Schadensrisiko gegenübergestellt werden, mangels Gewinnerzielungsausrichtung nicht auf sie anwendbar ist.[142]

Wenngleich diese Kritikpunkte den Erklärungswert des Fremdnützigkeitsgedankens begrenzen[143], ist er – im Zusammenspiel mit den weiteres Aspekten, die zur Begründung der beschränkten Arbeitnehmerhaftung angeführt werden – dennoch geeignet, die in einem Arbeitsverhältnis herrschende Disparität von

---

[136] BAG v. 28.04.1970 – 1 AZR 146/6, AP Nr. 55 zu BGB § 611 Haftung des Arbeitnehmers; *Schumacher*, Die privilegierte Haftung des Arbeitnehmers (2012), S. 116; *Wilhelmi*, NZG 2017, 681 (688).

[137] *Fischinger*, Haftungsbeschränkung im Bürgerlichen Recht (2015), S. 519; *Otto* in: Otto/Schwarze/Krause, § 3 Rn 18; *Annuß*, Die Haftung des Arbeitnehmers (1998), S. 98.

[138] *Bachmann*, ZIP 2017, 841 (843).

[139] *Otto* in: Otto/Schwarze/Krause, § 3 Rn 18; *Langenbucher*, ZfA 1997, 523 (538); vgl. auch *Frisch*, Haftungserleichterung für GmbH-Geschäftsführer nach dem Vorbild des Arbeitsrechts (1998), S. 151.

[140] *Schumacher*, Die privilegierte Haftung des Arbeitnehmers (2012), S. 121; *Otto* in: Otto/Schwarze/Krause, § 3 Rn 19; *Langenbucher*, ZfA 1997, 523 (538).

[141] Vgl. *Fischinger*, Haftungsbeschränkung im Bürgerlichen Recht (2015), S. 530, 531.

[142] *Schumacher*, Die privilegierte Haftung des Arbeitnehmers (2012), S. 121 m.w.N.; *Dütz*, NJW 1986, 1779 (1783); a.A. *Fischinger*, Haftungsbeschränkung im Bürgerlichen Recht (2015), S. 522, 523 der diese Argumentation für nicht überzeugend hält, weil sie die rechtlich relevanten Unternehmenszwecke unzulässig verenge.

[143] *Otto* in: Otto/Schwarze/Krause, § 3 Rn 19.

Arbeitgeber und Arbeitnehmer herauszustellen und die Haftungszurechnung vor allem auf den Umstand zu stützen, dass der Arbeitnehmer durch die Zurverfügungstellung seiner Arbeitskraft im Interesse des Arbeitgebers dauerhaft auf eine eigene, selbstständige Tätigkeit verzichtet. Die Gewährung des versprochenen Entgelts stellt hierfür kein ausreichendes Äquivalent für den Dienstverpflichteten dar, wenn er an dem aus seinen Anstrengungen hervorgehenden unternehmerischen Gewinn nicht beteiligt ist, dafür aber für Schäden, die er im Interesse des Arbeitgebers verursacht hat, unabhängig von dem Verschuldensgrad einstehen muss.[144] Mit anderen Worten: Das Arbeitsentgelt bildet zwar ein Äquivalent für die erbrachte Arbeitsleistung, nicht aber für das damit verbundene Haftungsrisiko.[145]

Daran ändert sich auch in einem gemeinnützigen Unternehmen nichts. Der Arbeitnehmer sichert sich durch den Arbeitslohn die Basis für einen von allgemeinen Lebens- und Wirtschaftsrisiken weitgehend unabhängigen, sich dafür aber nach den Vertrags-, Tarif- oder gesetzlich bestimmten Mindestarbeitsbedingungen richtenden Lebensstandard.[146] Teil dieses Lohns ist das Freibleiben von für ihn unzumutbaren Schadensersatzforderungen, die er aus dem vereinbarten Entgelt nicht aufbringen könnte.[147] Der Arbeitgeber entrichtet einen Teil des Arbeitsentgelts in diesem Sinne nicht in Geld, sondern in der Befreiung von Risiken.[148] Die Entgeltabrede soll aus diesem Grund auch ohne dahingehende ausdrückliche Vereinbarung ergänzt werden durch die arbeitgeberseitige Übernahme des mit der Tätigkeit üblicherweise verbundenen Selbst- und Fremdschädigungsrisikos.[149] Daran ändert sich auch in einem gemeinnützigen Unternehmen nichts, da allein die Tatsache, dass das Unternehmensziel nicht auf eine Gewinngenerierung ausgerichtet ist, der Annahme eines dem Unternehmensträger zufließenden Vorteils (nicht materieller Art) nicht entgegensteht.[150] Jedenfalls stellt der Arbeitnehmer seine Arbeitskraft auch in derlei Fällen in die Dienste des Unternehmens und verzichtet damit auf eine eigenständige gewinnbringende Tätigkeit, die ihm durch die ihm zufließenden Gewinnchancen eine angemessene Rücklagenbildung für einzukalkulierende Risiken erlauben würde. Dem Aspekt der Fremdnützigkeit ist als Begründungsansatz

---

[144] *Bachmann*, ZIP 2017, 841 (843).
[145] *Otto* in: Otto/Schwarze/Krause, § 3 Rn 25.
[146] *Koller*, Die Risikozurechnung bei Vertragsstörungen in Austauschverträgen (1979), S. 400.
[147] *Koller*, Die Risikozurechnung bei Vertragsstörungen in Austauschverträgen (1979), S. 401.
[148] Ebd.
[149] *Bachmann*, ZIP 2017, 841 (843).
[150] *Fischinger*, Haftungsbeschränkung im Bürgerlichen Recht (2015), S. 522, 523.

für die Arbeitnehmerhaftung nach alledem trotz der geäußerten Kritik ein entscheidender Erklärungswert beizumessen.[151]

(2) Übertragbarkeit der Wertung auf Betriebsratsmitglieder

Wird ein Betriebsratsmitglied für den Betriebsrat tätig, anstatt seiner vertraglich geschuldeten Arbeitsleistung nachzugehen, tritt die Betriebsratstätigkeit an die Stelle der vertraglich geschuldeten Arbeit. Während der Amtstätigkeit erhält es das vertraglich vereinbarte Arbeitsentgelt nach dem Lohnausfallprinzip.[152] Betriebsratsmitglieder sind also – genau wie sonstige Arbeitnehmer – nicht überproportional am unternehmerischen Erfolg der Gesellschaft beteiligt.[153] Gleichzeitig kommen sie im Rahmen der Betriebsratsarbeit in ähnlicher Weise mit den Rechtsgütern des Arbeitgebers in Berührung wie sonstige Arbeitnehmer.[154] In bestimmten Bereichen der Betriebsratsarbeit sind sie sogar einem erhöhten Schadensrisiko ausgesetzt. Hierunter fällt die Eingehung von Verträgen mit Dritten. Bei einer Fehleinschätzung des Betriebsratsgremiums über die Erforderlichkeit der von einem Dritten abgerufenen Leistung können aufgrund der teilweisen Unwirksamkeit des Vertrags erhebliche Beraterhonorare für die bereits erbrachten Leistungen als Schadensersatz geltend gemacht werden.[155]

Es kann also festgehalten werden, dass Betriebsratsmitglieder im Rahmen ihrer Amtsausübung in keiner Weise am unmittelbaren unternehmerischen Erfolg partizipieren, dabei aber einem ähnlichen oder sogar ungleich höheren Schadensrisiko ausgesetzt sind wie sonstige Arbeitnehmer. Verdienst und Haftungsrisiko stehen außer Verhältnis. Betriebsratsmitglieder befinden sich daher, was den fehlenden Gleichlauf von Chance und Risiko betrifft, in einer vergleichbaren Ausgangslage wie sonstige Arbeitnehmer.

Dennoch liegt der Erklärungswert der Risikozurechnung über den Fremdnützigkeitsgedanken gerade darin, dass die Tätigkeit, der das Schadensrisiko immanent ist, nicht im eigenen, sondern im fremden Interesse ausgeübt wird. In diesem Zusammenhang unterscheidet sich die Situation eines Betriebsratsamtsträgers von der eines sonstigen Arbeitnehmers in zweierlei Hinsicht: Für eine Anwendbarkeit des Fremdnützigkeitsgedankens auf Betriebs-

---

[151] Ähnlich *Otto* in: Otto/Schwarze/Krause, § 3 Rn 18 ff., der die Risikozurechnung zulasten des Arbeitgebers unter dem Betriebsrisikobegriff aber vor allem in Folge der Heranziehung der Fremdnützigkeit und Fremdbestimmtheit in Kombination miteinander für gerechtfertigt hält.
[152] *Wolmerath* in: BDDH, § 37 Rn 15; *P. Hanau*, RdA 1979, 324 (326).
[153] Ähnlich in Bezug auf Organmitglieder: *Bachmann*, ZIP 2017, 841 (843).
[154] Siehe hierzu D. II. 2. a) aa) (2).
[155] Siehe nur die Entscheidung BGH v. 25.10.2012 – III ZR 266/11, BGHZ 195, 174, NZA 2012, 1382, in der es um eine Gesamtsumme von EUR 86 762,90 ging.

II. Erweiterung der Arbeitnehmerhaftung auf Betriebsratsmitglieder

ratsmitglieder spricht zunächst, dass das Betriebsratsamt gem. § 37 Abs. 1 BetrVG als unentgeltliches Ehrenamt ausgestaltet ist, bei dem die Betriebsratsmitglieder aus ihrer Tätigkeit keine besonderen (finanziellen) Vorteile ziehen.[156] Die Fremdnützigkeit der Amtstätigkeit liegt daher – im Gegensatz zu sonstigen Arbeitnehmern, die ihre Arbeit erst im Gegenzug für die Zahlung eines Arbeitsentgelts erbringen – schon in der Natur der Sache. Die in Bezug auf den Fremdnützigkeitsgedanken laut gewordene Kritik, das wirtschaftliche Eigeninteresse der im Betrieb tätigen Arbeitnehmer spreche gegen eine Fremdnützigkeit[157], trifft insoweit nicht auf Betriebsratsmitglieder zu. Im Gegenteil ist die Rechtsstellung der Betriebsratsmitglieder aufgrund der Ehrenamtlichkeit der Amtsausführung eher mit der Interessenlage bei einem Auftrag oder einer Geschäftsführung ohne Auftrag vergleichbar, als es bei sonstigen Arbeitnehmern, die immer auch eigene wirtschaftliche Interessen verfolgen, der Fall ist.[158] Von diesem Standpunkt aus könnte man annehmen, der Fremdnützigkeitsgedanke passe deutlich besser auf die ehrenamtlich tätigen Betriebsratsmitglieder als auf Arbeitnehmer, die nicht Amtsträger sind.

Dem ist entgegenzuhalten, dass die betriebliche Tätigkeit sonstiger Arbeitnehmer gerade im Interesse *des Arbeitgebers* vorgenommen wird. Hierin liegt gerade der besondere Erklärungswert der Schadenszurechnung über den Fremdnützigkeitsgedanken – selbst wenn das eigennützige Interesse des Arbeitnehmers, durch die Arbeitsleistung seinen Lebensunterhalt zu verdienen, sich von dem Interesse des Arbeitgebers unterscheidet, mit seinem Betrieb einen größtmöglichen Gewinn zu erwirtschaften, laufen beide Interessen doch dahingehend parallel, als dass in Hinblick auf das Prosperieren des Betriebs sowie den Fortgang der Arbeitsabläufe ein Interessensgleichlauf besteht.[159] Der weisungsgebundene Arbeitnehmer setzt seine Arbeitskraft im Rahmen betrieblich veranlasster Tätigkeit auf die Art und Weise ein, welche der Arbeitgeber als sinnvoll erachtet und die seinen Interessen am ehesten entspricht.

Dagegen wird die Betriebsratstätigkeit nicht im unmittelbaren Interesse des Arbeitgebers ausgeführt[160]; die Betriebsratsmitglieder treten gewissermaßen sogar als dessen Antagonisten auf[161]. Der Arbeitgeber kann bei Vorliegen der Tatbestandsvoraussetzungen der §§ 1 und 7 ff. BetrVG weder die Errichtung eines Betriebsrats verhindern noch die Betriebsratsmitglieder auswählen. Die

---

[156] *Löwisch*, Anm. zu BAG v. 03.03.1983 – 6 ABR 04/80, AP Nr. 8 zu § 20 BetrVG 1972.

[157] *Schumacher*, Die privilegierte Haftung des Arbeitnehmers (2012), S. 121; *Otto* in: Otto/Schwarze/Krause, § 3 Rn 19; *Langenbucher*, ZfA 1997, 523 (538).

[158] *Otto* in: Otto/Schwarze/Krause, § 3 Rn 18; *Langenbucher*, ZfA 1997, 523 (538); vgl. auch *Frisch*, Haftungserleichterung für GmbH-Geschäftsführer nach dem Vorbild des Arbeitsrechts (1998), S. 151.

[159] *Langenbucher*, ZfA 1997, 523 (538).

[160] Vgl. *Reuter*, Der Betriebsrat als Mandant (2018), S. 175.

[161] *H. Hanau*, FS Düwell (2021), S. 817 (829).

Betriebsratsmitglieder handeln in Erfüllung ihrer durch das Betriebsverfassungsgesetz zugewiesenen Aufgaben und damit nicht nur unabhängig vom Arbeitgeberwillen, sondern mitunter sogar gegen sein erklärtes Interesse. Vereinzelt wird aus diesem Umstand geschlussfolgert, Betriebsratsmitglieder und Arbeitgeber verfolgten in ihrem Handeln diametral entgegenstehende Interessen, weshalb eine Übertragbarkeit der Grundsätze der beschränkten Arbeitnehmerhaftung auf Betriebsratsmitglieder nicht zu rechtfertigen sei.[162]

Diese Sichtweise lässt gleichwohl außer Acht, dass ein völliger Gleichlauf der Interessen im Rahmen der arbeitnehmerseitigen Tätigkeit nicht die Voraussetzung für die Fremdnützigkeit einer Tätigkeit und damit für eine mögliche Anwendbarkeit der Grundsätze über den innerbetrieblichen Schadensausgleich ist. Stattdessen knüpft die Rechtsfortbildung der beschränkten Arbeitnehmerhaftung an die Fremdnützigkeit aufgrund des Umstands an, dass der Arbeitnehmer sich – trotz Bestehens eigener (wirtschaftlicher) Interessen – den übergeordneten betrieblichen Interessen des Arbeitgebers unterwirft, indem er seine Arbeitsleistung unter Verzicht auf eine vollständig eigennützige Tätigkeit mit einer überproportionalen Gewinnbeteiligung erbringt.[163]

Vor diesem Hintergrund sind für die Vergleichbarkeit der Interessenlage die Besonderheiten des Rechtsverhältnisses zwischen Arbeitgeber und Betriebsrat genauer in den Blick zu nehmen. Die Rechtsstellung der Betriebsratsmitglieder ergibt sich aus dem Betriebsverfassungsgesetz. *v. Hoyningen-Huene* bezeichnet das durch die Bildung eines Betriebsrats kraft Gesetzes zustande kommende Rechtsverhältnis zwischen Arbeitgeber und Betriebsrat als „Betriebsverhältnis", das auf unbestimmte Zeit begründet wird und bei dem die betriebsverfassungsrechtlichen Besonderheiten zu beachten sind.[164] Bei diesem Betriebsverhältnis handele es sich um eine Art „Interorganbeziehung, ein Partizipationsverhältnis", in dem sowohl der Arbeitgeber als auch die Betriebsratsmitglieder

„im Rahmen der gesetzlich etablierten Kompetenzordnung insoweit Funktionsträger [sind], als die Wahrnehmung ihrer Befugnisse dazu dient, die gesetzliche Vorstellung von einer mitbestimmten Ordnung, in der Arbeitgeber und Arbeitnehmer gemeinsam über die für den Betrieb als organisatorischer Einheit maßgeblichen Fragen entscheiden, zu verwirklichen."[165]

---

[162] *Reuter*, Der Betriebsrat als Mandant (2018), S. 175; *Schmitt*, Die Haftung betriebsverfassungsrechtlicher Gremien und ihrer Mitglieder (2017), S. 599.
[163] *Otto* in: Otto/Schwarze/Krause, § 3 Rn 18.
[164] *v. Hoyningen-Huene*, NZA 1989, 121 (121, 123, 124); ebenso *Boemke* in: MHdB zum ArbR Bd. 3, § 287 Rn 5; a.A. BAG v. 03.05.1994 – 1 ABR 24/93, AP BetrVG 1972 § 23 Nr. 23; *Raab*, RdA 2017, 352 (352), allerdings wird das Betriebsverhältnis zumindest als einem gesetzlichen Dauerschuldverhältnis ähnlich betrachtet.
[165] *Raab*, RdA 2017, 352 (354).

Betriebsratsmitglieder sind in diesem Sinne – anders als Gewerkschaftsfunktionäre – keine betriebsfremden Dritten, sondern Interne des Betriebs.[166] *Fischer* bezeichnet den Betriebsrat gar als integralen Teil des Arbeitgebers, „der Aufgaben für den Teil des Arbeitgebers wahrzunehmen hat, der aus dem ‚Humankapital' gebildet wird."[167] Arbeitgeber und Betriebsrat haben gem. § 75 BetrVG gemeinsam darüber zu wachen, dass alle im Betrieb tätigen Personen nach den Grundsätzen von Recht und Billigkeit behandelt werden und die freie Entfaltung ihrer Persönlichkeit geschützt und gefördert wird. Diese – wenn auch gesetzlich erzwungene – Arbeitsteilung in Hinblick auf betriebliche Kompetenzen und Verantwortlichkeiten ist geprägt von dem Gebot der gegenseitigen Rücksichtnahme und Loyalität, welches sich vor allem in der Kooperationsmaxime gem. § 2 Abs. 2 BetrVG gesetzlich niederschlägt.[168]

Die Zweiseitigkeit des Betriebsverhältnisses ergibt sich außerdem aus den in § 74 BetrVG geregelten Grundsätzen für die Zusammenarbeit zwischen Betriebsrat und Arbeitgeber.[169] Jeder Betriebspartner hat spezifische Pflichten gegenüber dem anderen Betriebspartner zu erfüllen.[170] *Säcker* versteht die Betriebsverfassung in diesem Sinne als integralen Bestandteil der vom Gesetzgeber gestalteten Wirtschafts- und Sozialordnung, innerhalb derer die Betriebsratsmitglieder bei der Wahrnehmung ihrer amtlichen Funktionen nicht nur die Interessen der zum Betrieb gehörenden Arbeitnehmer vertreten, sondern zum Wohl des Betriebs und unter Berücksichtigung des Gemeinwohls vertrauensvoll mit dem Arbeitgeber zusammenarbeiten.[171] Ähnlich beschreibt *Pallasch* die betriebliche Verbundenheit mehrerer Personen als rechtsdogmatische Basis für eine Haftungsbeschränkung, bei der derjenige, der als Mitglied einer Gemeinschaft innerhalb deren Organisation für diese tätig wird und dabei Güter der Gemeinschaft schädigt, auch das Risiko der Gemeinschaft bzw. ihres Rechtsträgers verwirklicht.[172] In diesem Sinne sind die Betriebsratsmitglieder keine außerhalb der Betriebsorganisation stehenden Externen, sondern Teil der betrieblichen Gemeinschaft, in deren Interesse sie ihre Amtsaufgaben wahrnehmen. Selbst wenn die konkreten Interessen von Arbeitgeber und Betriebsratsmitgliedern sich im Einzelfall zuwiderlaufen können, sind sie doch in dem übergeordneten, gesetzlich vorgeschriebenen Ziel vereint, eine mitbestimmte betriebliche Ordnung herzustellen, in der die Belange der Belegschaft und des Arbeitgebers bestmöglich in Ausgleich gebracht werden.

Die Beteiligung des Betriebsrats ist für den Arbeitgeber zwar nicht zuletzt aufgrund des Personalausfalls der für den Betriebsrat tätigen Arbeitnehmer, der

---

[166] *H. Hanau*, FS Düwell (2021), S. 817 (829).
[167] *Fischer*, NZA 2014, 343 (347).
[168] *v. Hoyningen-Huene*, NZA 1989, 121 (123).
[169] Ebd.
[170] Ebd.
[171] *Säcker*, RdA 1965, 372 (376).
[172] *Pallasch*, RdA 2013, 338 (341).

mit der Betriebsratsarbeit verbundenen und vom Arbeitgeber zu übernehmenden Kosten oder wegen zeitlichen Verzögerungen in der Entscheidungsfindung zweifelsfrei mit gewissen Nachteilen verbunden. Dem stehen allerdings auch gewichtige Vorteile gegenüber: Durch die betriebliche Mitbestimmung gewinnen Maßnahmen und Entscheidungen des Arbeitgebers an Plausibilität, Transparenz und Akzeptanz in der Belegschaft, was zu einer Stärkung des sozialen Friedens führt.[173] Der kollektive Meinungsaustausch etabliert einen betrieblichen Dialog[174]; Gesetzesverstöße und Missstände werden frühzeitig festgestellt. Das durch das Betriebsverfassungsgesetz vorgeschriebene Zusammenwirken dient daher letztlich sowohl vom Standpunkt des Arbeitgebers als auch dem des Betriebsrats aus dem übergeordneten Wohl des Betriebs und der Belegschaft.[175]

Setzt man die Besonderheiten des betriebsverfassungsrechtlichen Rechtsverhältnisses nach alledem in Bezug zu dem zwischen dem Arbeitgeber und sonstigen Arbeitnehmern herrschenden Rechtsverhältnis, ergibt sich durchaus eine vergleichbare Interessenlage. Auch Arbeitnehmer, die nicht Betriebsratsmitglieder sind, verfolgen in erster Linie das eigennützige Ziel der Sicherung ihrer Existenzgrundlage, während die Fremdnützigkeit der Tätigkeit erst aus der dem Vergütungsanspruch gegenüberstehenden geschuldeten Arbeitsleistung im Interesse des Arbeitgebers geschlussfolgert wird. In ähnlicher Weise ist die Betriebsratstätigkeit vor allem auf den Schutz und die Teilhabe der Arbeitnehmer des Betriebs gerichtet[176], während das übergeordnete Ziel einer mitbestimmten betrieblichen Ordnung in dem Sinne fremdnützig ist, als dass es mit dem Interesse des Arbeitgebers parallel verläuft. Ist die Errichtung eines Betriebsrats sowie die bestimmungsgemäße Ausübung der Betriebsratstätigkeiten durch die Betriebsratsmitglieder also gesetzlich vorgeschriebener Teil des betrieblichen Wirkens, so ist die Amtstätigkeit der Betriebsratsmitglieder konsequenterweise auch als betriebliche Tätigkeit, die zumindest auch im Interesse des Arbeitgebers ausgeführt wird, einzustufen.[177] Der Fremdnützigkeitsgedanke ist daher auf Betriebsratsmitglieder übertragbar.

---

[173] *Fitting*, § 1 Rn 8.
[174] *Schmitt*, Die Haftung betriebsverfassungsrechtlicher Gremien und ihrer Mitglieder (2017), S. 90.
[175] *Fitting*, § 1 Rn 8.
[176] *Fitting*, § 1 Rn 1.
[177] Ähnlich *Schwarze* in: Otto/Schwarze/Krause, § 8 Rn 17, der die Mitgliedschaft im Betriebsrat als betriebliche Tätigkeit einstuft; siehe außerdem *P. Hanau*, RdA 1979, 324 (326, 327), der ausführt, Betriebsratsmitglieder seien nicht wie betriebsfremde Dritte zu behandeln, stattdessen sei eine arbeitsvertragliche Verpflichtung anzunehmen, „den Arbeitgeber (auch) im Zusammenhang mit der Betriebsratstätigkeit nicht rechtswidrig zu schädigen, so wie auch die Schutz- und Fürsorgepflicht des Arbeitgebers gegenüber den Betriebsratsmitgliedern besteht und bestehen bleibt".

cc) Menschliche Unzulänglichkeit in einem Dauerschuldverhältnis

Ein weiterer Gesichtspunkt, auf welchen die Haftungsprivilegierung unter Heranziehung des Betriebsrisikobegriffs gestützt wird, ist die empirische Erkenntnis, dass jedem Dauerschuldverhältnis die Gefahr einer Schadensverwirklichung durch einen Menschen innewohnt und sich diese Gefahr aufgrund der menschlichen Unzulänglichkeit zwangsläufig im Laufe der Zeit realisieren wird.[178]

(1) Wertung

Das Arbeitsgericht Plauen hat bereits 1936 angeführt, es sei angesichts der Unvollkommenheit der menschlichen Natur mit den guten Sitten nicht in Einklang zu bringen, den Arbeitnehmer mit Schäden von unter Umständen außerordentlicher Höhe zu belasten, wenn der Lohn nicht ausreiche, um den Schaden abzudecken.[179] Wenngleich dem Arbeitnehmer bei Außerachtlassung der im Verkehr erforderlichen Sorgfalt auf Tatbestandsebene eine Pflichtverletzung vorzuwerfen ist, soll die in statistischer Hinsicht unausweichliche gelegentliche Unachtsamkeit im Rahmen der Schadenszurechnung aus diesem Grund weniger schwer wiegen als in einem einmaligen Leistungsaustauschverhältnis.[180] Stellenweise wird das Fehlverhalten des Arbeitnehmers auch mit dem gelegentlichen schadensverursachenden Versagen einer Maschine verglichen: Wenn der Arbeitgeber sich letzterer zur Ausführung einer Tätigkeit bedient und eigene oder fremde Rechtsgüter beschädigt werden, so habe er für den Schaden einzustehen.[181] Nichts anderes könne gelten, wenn er sich anstelle eines technischen eines menschlichen *„Betriebsmittels"* bediene.[182]

Auch wenn dieser Argumentationslinie eine unzulässige Verkennung des prinzipiellen Unterschieds zwischen einem technischen Defekt und einem immerhin schuldhaft verursachten menschlichen Versagen[183] sowie eine Überdehnung der Schadenszurechnungskriterien[184] vorgeworfen wird, hat sie einen nicht von der Hand zu weisenden Erklärungswert. *Fischinger* weist zu Recht darauf hin, dass auch in anderen Bereichen des Arbeitsrechts der *„Faktor Mensch"* dem freien Wirtschaften des Arbeitgebers gegenübergestellt wird und

---

[178] *Fischinger*, Haftungsbeschränkung im Bürgerlichen Recht (2015), S. 520.
[179] ArbG Plauen v. 04.11.1936 – 1 Ca 189/36 – ARS 29, 62; *Schwirtzek/Schwirtzek-Schoedon* in: Prozesse in Arbeitssachen, § 6 Rn 471.
[180] *Fischinger*, Haftungsbeschränkung im Bürgerlichen Recht (2015), S. 520.
[181] *Fischinger*, Haftungsbeschränkung im Bürgerlichen Recht (2015), S. 521.
[182] Ebd.
[183] *Otto* in: Otto/Schwarze/Krause, § 3 Rn 17.
[184] *Sandmann*, Die Haftung von Arbeitnehmern, Geschäftsführern und leitenden Angestellten (2001), S. 61.

dieses gesetzlich einschränkt.[185] So wird das Risiko eines Arbeitsausfalls wegen Krankheit oder Urlaub – beides dem Grunde nach Erscheinungen, die ihre Begründung in der Unvollkommenheit der menschlichen Natur finden – dem Arbeitgeber überantwortet, indem er zur Lohnfortzahlung verpflichtet wird.[186] Die Übertragung des Gedankens der menschlichen Unzulänglichkeit im Bereich des Schadensrechts ist daher durchaus systemkonform.[187] Die Gefahr eines gelegentlichen Versagens der vom Arbeitgeber nicht steuerbaren menschlichen Natur ist aus diesem Grund ebenso Ausfluss des Betriebsrisikos wie der Ausfall eines sonstigen Betriebsmittels.[188]

(2) Übertragbarkeit der Wertung auf Betriebsratsmitglieder

Mit der Betriebsratsarbeit zusammenhängende Pflichtverletzungen, die zu einer Schädigung des Arbeitgebers, der Arbeitnehmer oder von Dritten führen, können Betriebsratsmitgliedern in ähnlicher Weise unterlaufen wie sonstigen Arbeitnehmern.[189] Das resultiert vor allem daraus, dass die Betriebsratstätigkeit dadurch gekennzeichnet ist, dass sie in wiederkehrenden, sich über einen längeren Zeitraum erstreckenden Einzelleistungen besteht.[190] Als solche ist sie – genau wie die arbeitsvertraglich vereinbarte Arbeitsleistung – eine auf Dauer angelegte Tätigkeit, bei der ein gelegentliches fahrlässiges Fehlverhalten statistisch gesehen unvermeidbar ist. Betriebsratsmitglieder sind Menschen, denen ebenso wie sonstigen Arbeitnehmern im Rahmen des dauerhaft angelegten Betriebsverhältnisses zwangsläufig eines Tages ein Fehler unterlaufen wird. Ein solcher Fehler mag zwar, wie *Hager* zutreffend ausführt, für sich allein betrachtet vermeidbar sein, dennoch ist mit ihm angesichts der menschlichen Unzulänglichkeit im Laufe der Zeit erfahrungsgemäß zu rechnen.[191] *Schwarze* erkennt eine Haftungsprivilegierung zugunsten von Betriebsratsmitgliedern im Gleichzug zu sonstigen Arbeitnehmern ausdrücklich an, wenn ein Betriebsrats-

---

[185] *Fischinger*, Haftungsbeschränkung im Bürgerlichen Recht (2015), S. 530, 531.
[186] Ebd.
[187] *Fischinger*, Haftungsbeschränkung im Bürgerlichen Recht (2015), S. 531.
[188] Ebd.
[189] Siehe auch *P. Hanau*, RdA 1979, 324 (327).
[190] *v. Hoyningen-Huene*, NZA 1989, 121 (121, 123); *Boemke* in: MHdB zum ArbR Bd. 3, § 287 Rn 5.
[191] *Hager*, FS Köhler, S. 228 (233, 234), der zu dem Ergebnis kommt, dass der Anspruch des Dritten gegen den Betriebsrat – und damit letztlich gegen den Arbeitgeber – bestehe; der Rückgriff des Arbeitgebers jedoch bei leichtester Fahrlässigkeit ausgeschlossen sei und bei mittlerer Fahrlässigkeit eine partielle Beteiligung des Arbeitnehmers an dem Schaden erfolge.

II. Erweiterung der Arbeitnehmerhaftung auf Betriebsratsmitglieder

mitglied beispielsweise bei der zulässigen Nutzung eines betrieblichen Computers zum Zwecke der Betriebsratsarbeit versehentlich wichtige betriebliche Daten löscht.[192]

Gegen eine unmittelbare Übertragung der hinter dem Unzulänglichkeitsgedanken stehenden Wertung lässt sich allerdings ins Feld führen, dass der Arbeitgeber die Betriebsratsmitglieder gerade nicht sinngemäß anstelle eines sachlichen Betriebsmittels einsetzt und sich das Risiko ihres Fehlverhaltens daher ähnlich wie bei einem technischen Versagen zurechnen lassen muss. Vielmehr setzt er sie – zumindest in ihrer Funktion als Amtsträger – überhaupt nicht ein. Betriebsratsmitglieder werden bei der Betriebsratsarbeit von ihren arbeitsvertraglichen Pflichten freigestellt, sie handeln im Rahmen der Erfüllung ihrer durch das Betriebsverfassungsrecht zugewiesenen Aufgaben und unabhängig vom Arbeitgeberwillen.[193]

An dieser Stelle darf jedoch nicht übersehen werden, dass das Betriebsverfassungsgesetz die Voraussetzungen und Grundsätze für eine mitbestimmte Betriebsordnung zwingend regelt und dem Arbeitgeber die Zusammenarbeit mit dem Betriebsrat damit oktroyiert. Liegen die Voraussetzungen für die Errichtung eines Betriebsrats vor und machen die Arbeitnehmer des Betriebs davon Gebrauch, wird das im Arbeitsverhältnis typischerweise herrschende Machtgefälle zwischen der Belegschaft und dem Arbeitgeber durch die Regelungen über die betriebliche Mitbestimmung zwangsläufig aufgeweicht. Das Betriebsverfassungsgesetz statuiert eine Pflicht des Arbeitgebers, von der Mitwirkung des Betriebsrats Gebrauch zu machen und die Ergebnisse der Betriebsratsarbeit in dem gesetzlich vorgeschriebenen Maß in seine Entscheidungen einfließen zu lassen. Vor diesem Hintergrund können die Betriebsratsmitglieder gewissermaßen als *„menschliche Betriebsmittel"* angesehen werden, welche die Betriebsratsaufgaben erfüllen, die für den Arbeitgeber zwar stellenweise unliebsam sein mögen, seinem freien Wirtschaften aber kraft Gesetzes gegenübergestellt werden, sodass er für deren Erfüllung in ähnlicher Weise auf die Betriebsratsmitglieder angewiesen ist, wie auf die Arbeitskraft sonstiger Arbeitnehmer für das Florieren des Betriebs. Wenn den Betriebsratsmitgliedern bei der Erfüllung ihrer gesetzlich zugewiesenen Aufgaben nun hin und wieder Fehler unterlaufen, wie es in einem auf Dauer angelegten Schuldverhältnis zwangläufig vorkommt, muss der Arbeitgeber für daraus entstehende Schäden in gleicher Weise einstehen, wie für das Fehlverhalten eines sonstigen Arbeitnehmers. Betriebsratsmitglieder infolge eines ungeschickten Umgangs

---

[192] *Schwarze* in: Otto/Schwarze/Krause, § 8 Rn 17, wobei er die zulässige Nutzung eines betrieblichen Computers für Zwecke des Betriebsrats als betrieblich veranlasste Tätigkeit einstuft, demgegenüber aber annimmt, eine solche läge nicht vor, wenn der Betriebsratsvorsitzende einen Vertrag mit einem Dritten für den Betriebsrat abschließt und dabei die Grenze des Erforderlichen überschreitet, siehe hierzu unter D. II. 2. c) bb).
[193] *Thüsing* in: Richardi, § 37 BetrVG Rn 27.

mit Betriebsmitteln oder aufgrund von Fehleinschätzungen in Hinblick auf die betriebsratlichen Kompetenzen einer möglicherweise ruinösen Haftung auszusetzen begegnet nach alledem ähnlichen tatsächlichen und rechtlichen Bedenken wie bei sonstigen Arbeitnehmern.[194]

dd) Absorptionsvorsprung des Arbeitgebers

Für die Begründung der Haftungsbegrenzung für Arbeitnehmer über das Betriebsrisiko wird ferner die bessere Absorptionsfähigkeit des Arbeitgebers genannt: Die Belastung des Arbeitgebers mit dem Schadensrisiko des Arbeitnehmers wird daraus geschlussfolgert, dass der Arbeitgeber dem Arbeitnehmer darin überlegen ist, einen potentiellen oder bereits eingetretenen Schaden zu versichern, abzuwälzen oder zu verschmerzen.[195]

(1) Wertung

Anders als Arbeitnehmer, die aufgrund der Höhe ihres Entgelts weder dazu in der Lage sind, finanzielle Rücklagen zur Abwälzung der aus ihrer Tätigkeit erwachsenden Schadensrisiken zu bilden, noch über die Marktmacht verfügen, die Risiken durch einen Haftungsausschluss auf den Veranlasser umzuschichten, ist der Arbeitgeber als Unternehmer zu einer bewussten Risikopolitik angehalten und befähigt.[196] Zunächst hat er die Möglichkeit, potentielle Schadensrisiken vorauszusehen und entweder über den Produktpreis auf den Endkonsumenten abzuwälzen oder gewinnmindernd über die Steuer abzusetzen.[197] Darüber hinaus verfügt der Arbeitgeber über die finanziellen Mittel, das Risiko durch den Abschluss von Versicherungen aufzufangen.[198] Schließlich erlaubt es die wirtschaftliche Leistungsfähigkeit des Arbeitgebers im Fall des Schadenseintritts eher, Schäden aufzufangen, als es für den Arbeitnehmer möglich ist, der hierdurch im schlimmsten Fall an die Existenzgrenze gedrängt wird.[199]

---

[194] Dieselbe Überlegung stellt *Bachmann* in Hinblick auf Geschäftsführer an, siehe *Bachmann*, ZIP 2017, 841 (844).

[195] BAG v. 27.09.1994 – GS 1/89 (A), AP BGB § 611 Haftung des Arbeitnehmers Nr. 103: „Durch den Abschluß einer Versicherung kann er sein Risiko häufig absichern."; *Fischinger*, Haftungsbeschränkung im Bürgerlichen Recht (2015), S. 521; *Frisch*, Haftungserleichterung für GmbH-Geschäftsführer nach dem Vorbild des Arbeitsrechts (1998), S. 166 ff.; *Bachmann*, ZIP 2017, 841 (843).

[196] *Koller*, Die Risikozurechnung bei Vertragsstörungen in Austauschverträgen (1979), S. 402 ff.; *Frisch*, Haftungserleichterung für GmbH-Geschäftsführer nach dem Vorbild des Arbeitsrechts (1998), S. 166.

[197] *Otto* in: Otto/Schwarze/Krause, § 3 Rn 13; *Frisch*, Haftungserleichterung für GmbH-Geschäftsführer nach dem Vorbild des Arbeitsrechts (1998), S. 167 m.w.N.

[198] Ebd.

[199] *Dütz*, NJW 1986, 1779 (1784).

Kritik gegen diesen Begründungsansatz für die Einschränkung der Arbeitnehmerhaftung wurde insbesondere aufgrund von Überlegungen, die auf einer ökonomischen Analyse des Rechts basieren, laut: Wenn der Arbeitgeber den Schaden über den Produktpreis pulverisieren, von der Steuer absetzen oder versichern kann und damit das Risiko von sich abwälzt, gibt es in markwirtschaftlicher Hinsicht keinen Anreiz mehr, schadensverhindernde Präventionsmaßnahmen zu treffen[200] Angesichts der Globalisierung des Wirtschaftsmarkts und der internationalen Konkurrenzlage wird außerdem die Möglichkeit der Weitergabe eines eingetretenen Schadens über die Preispolitik angezweifelt.[201]

Diese Kritik verliert gleichwohl an Schärfe, wenn man ihr die Haftungssituation ohne die Rechtsfortbildung des innerbetrieblichen Schadensausgleichs entgegenhält: Da der Arbeitgeber aufgrund der Disparität im Arbeitsverhältnis nicht befürchten muss, ernst zu nehmende Haftungsrisiken seiner Arbeitnehmer mit einem erhöhten Arbeitsentgelt ausgleichen zu müssen, bestünde auch dann kein Anreiz für Präventionsmaßnahmen, wenn die Arbeitnehmerhaftung nicht durch flankierende Maßnahmen eingeschränkt würde.[202] Zudem existieren zahlreiche Arbeitsschutzvorschriften, die geeignet sind, den Arbeitgeber dazu zu veranlassen, schadensvorbeugende Maßnahmen zu treffen. Der Aspekt des Absorptionsvorsprungs des Arbeitgebers ist für die Begründung der Arbeitnehmerhaftung über den Betriebsrisikobegriff daher ungeachtet der geäußerten Kritik von Bedeutung.

(2) Übertragbarkeit der Wertung auf Betriebsratsmitglieder

Betriebsratsmitglieder erhalten während ihrer ehrenamtlichen Amtstätigkeit ihr vertraglich vereinbartes Arbeitsentgelt nach dem Lohnausfallprinzip.[203] Ihnen werden keinerlei Privilegien für ihre Stellung als Mitglieder des Betriebsrats eingeräumt – § 78 Satz 2 BetrVG stellt insoweit klar, dass sie nicht anders zu behandeln sind als sonstige Arbeitnehmer des Betriebs.[204] Rechtsgrundlage für den Lohnfortzahlungsanspruch ist allein der Arbeitsvertrag und nicht etwa § 37 Abs. 2 BetrVG.[205] Das Arbeitsentgelt eines Betriebsratsmitglieds fällt aus diesem Grund weder niedriger noch höher aus als das eines Arbeitnehmers in einer vergleichbaren Position, der nicht Amtsträger ist. Das Haftungsrisiko wird mithin nicht durch ein in Relation zu sonstigen Arbeitneh-

---

[200] *Frisch*, Haftungserleichterung für GmbH-Geschäftsführer nach dem Vorbild des Arbeitsrechts (1998), S. 168 m.w.N.
[201] *Fischinger*, Haftungsbeschränkung im Bürgerlichen Recht (2015), S. 521.
[202] *Koller*, Die Risikozurechnung bei Vertragsstörungen in Austauschverträgen (1979), S. 405 ff.; *Krause*, NZA 2003, 577 (581).
[203] *Wolmerath* in: BDDH, § 37 Rn 15; *P. Hanau*, RdA 1979, 324 (326).
[204] *Fitting*, § 78 Rn 14.
[205] *Fitting*, § 37 Rn 58.

mern höheres Vergütungsniveau ausgeglichen. Für ihre Amtstätigkeit wird Betriebsratsmitgliedern außerdem keine Risikoprämie ausgezahlt, die ihr Haftungsrisiko abgilt.

Gleichzeitig wird die Haftungssumme gerade im Fall einer Amtspflichtverletzung bei der Beauftragung betriebsexterner Dritter allein aufgrund der marktüblichen Höhe von Beraterhonoraren regelmäßig höher ausfallen, als wenn es lediglich zu einer Verletzung des Arbeitgebereigentums kommt, was sich nicht zuletzt auf den monatlich zu zahlenden Beitrag an eine dieses Risiko abdeckende Versicherung auswirkt. Eine Belastung der Betriebsratsmitglieder mit den Kosten einer solchen Versicherung wäre angesichts ihres Gehaltsniveaus, das sich von dem sonstiger Arbeitnehmer des Betriebs nicht unterscheidet, unangemessen. Anders als der Arbeitgeber, der die erforderlichen Kosten etwa eines externen Beraters, den der Betriebsrat im Fall einer Betriebsänderung gem. § 111 Satz 2 BetrVG hinzuziehen darf, in seine Preiskalkulation mit einbeziehen kann, wären die nach außen haftenden Betriebsratsmitglieder nicht dazu in der Lage, die Haftungssumme angesichts der Höhe ihres Arbeitsentgelts zu verschmerzen oder diese steuerlich abzusetzen. Dem Arbeitgeber ist es im Gegensatz zu den Betriebsratsmitgliedern wirtschaftlich zumutbar, das aus der Betriebsratsarbeit hervorgehende Schadensrisiko zu versichern oder entstehende Schäden zu übernehmen. Der Absorptionsvorsprung des Arbeitgebers besteht mithin nicht nur im Verhältnis zu den Arbeitnehmern des Betriebs, sondern auch in Relation zu den Betriebsratsmitgliedern.

ee) Unzulässige Risikoabwälzung bei Arbeitsteilung

Ein weiterer Gesichtspunkt für die Haftungszurechnung zulasten des Arbeitgebers ist der Gedanke der Unzulässigkeit einer Schadensabwälzung auf den Arbeitnehmer bei betrieblicher Arbeitsteilung.

(1) Wertung

Würde der Arbeitgeber die Arbeit in der von ihm geschaffenen Arbeitsumgebung selbst ausführen, müsste er auch für solche Schäden einstehen, die er aufgrund eines in der menschlichen Natur liegenden „unvermeidbaren gelegentlichen fahrlässigen Fehlverhaltens" selbst verursacht.[206] Wenn der Arbeitgeber nun einen Arbeitnehmer mit der Erledigung der im Unternehmen anfallenden Arbeiten beauftragt, sei eine Schadensverlagerung auf den Arbeitgeber geboten, weil die betriebliche Arbeitsteilung nicht zu einer ansonsten eintretenden Abwälzung des Haftungsrisikos führen dürfe.[207]

---

[206] BAG v. 23.03.1983 – 7 AZR 391/79, NJW 1983, 1693.
[207] BAG v. 23.03.1983 – 7 AZR 391/79, NJW 1983, 1693; *Fischinger*, Haftungsbeschränkung im Bürgerlichen Recht (2015), S. 521.

Der Erklärungswert dieser Argumentation ist allerdings überschaubar. Im Schrifttum wird kritisiert, dass, vergleicht man die Situation eines angestellten Arbeitnehmers insoweit mit der eines selbstständigen Unternehmers, nicht recht einzusehen ist, weshalb der selbstständig Tätige für die Schädigung der Rechtsgüter seines Auftraggebers haften soll, obwohl dieser sich des Haftungsrisikos ebenfalls nur durch die Übertragung der Arbeiten auf den Selbstständigen entledigt hat.[208] Die Haftungsprivilegierung müsste dann streng genommen für alle Formen moderner Arbeitsteilung gelten, unabhängig davon, ob es sich bei dem Leistungserbringenden um einen Arbeitnehmer handelt.[209] Da dies bei selbstständig Tätigen anerkanntermaßen nicht der Fall ist, verdeutlicht der Vergleich letztlich, dass die haftungsrechtliche Entlastung von Arbeitnehmern in derlei Fällen nicht auf die durch den Arbeitgeber beherrschte Organisationsgefahr zurückgeführt werden kann, sondern auf allgemeine soziale Billigkeits- und Gerechtigkeitserwägungen gestützt wird.[210] Denn dem selbstständigen Unternehmer wird, anders als einem angestellten Arbeitnehmer, ein für die Übernahme des Schadensrisikos äquivalentes Entgelt gezahlt.[211] Das Argument der unzulässigen Risikoabwälzung auf den Arbeitnehmer ergänzt daher nur den Gedanken, dass es in jedem Arbeitsverhältnis zu einem Missverhältnis zwischen Arbeitsentgelt und Haftungsrisiko kommt und der Arbeitgeber zwar dazu berechtigt ist, Arbeitnehmern hohe Sachwerte und verantwortungsvolle Aufgaben anzuvertrauen, dies aber zu einer Haftungsmilderung zur Herbeiführung einer gerechten Risikoverteilung zwinge.[212]

(2) Übertragbarkeit der Wertung auf Betriebsratsmitglieder

Die Wahrnehmung der Betriebsratsaufgaben obliegt allein den Betriebsratsmitgliedern. Besteht in einem Betrieb kein Betriebsrat, sind die vom Betriebsverfassungsgesetz vermittelten Rechte und Pflichten bedeutungslos. Insbesondere können sie, auch wenn die Betriebsratsmitglieder ihre Aufgaben pflichtwidrig nicht wahrnehmen, nicht vom Arbeitgeber übernommen werden. Von einer Arbeitsteilung zwischen Arbeitgeber und Arbeitnehmer in Hinblick auf die betriebsverfassungsrechtlich vermittelten Rechte und Aufgaben kann der

---

[208] *Sandmann*, Die Haftung von Arbeitnehmern, Geschäftsführern und leitenden Angestellten (2001), S. 64; *Fischinger*, Haftungsbeschränkung im Bürgerlichen Recht (2015), S. 521.
[209] *Fischinger*, Haftungsbeschränkung im Bürgerlichen Recht (2015), S. 521.
[210] Vgl. *Otto* in: Otto/Schwarze/Krause, § 3 Rn 17, der ausführt, dass der Hinweis, der Arbeitgeber könne bei eigenem Handeln Schäden ebenfalls nicht völlig vermeiden, zwar zutreffend sei, isoliert betrachtet aber keine Erklärung für die Entlastung des Arbeitnehmers liefere.
[211] *Sandmann*, Die Haftung von Arbeitnehmern, Geschäftsführern und leitenden Angestellten (2001), S. 64.
[212] BAG v. 12.10.1989 – 8 AZR 276/88, NZA 1990, 97.

gesetzlichen Konstruktion nach aus diesem Grund keine Rede sein. Das Abwälzen bestimmter Tätigkeitsbereiche und der daraus hervorgehenden Risiken durch den Arbeitgeber auf die Betriebsratsmitglieder ist daher nicht denkbar, weshalb der Gedanke einer unzulässigen Risikoabwälzung in seiner Wertung nicht auf Betriebsratsmitglieder übertragen werden kann.

b) Sozialschutz im Arbeitsverhältnis

Neben allgemeinen haftungsrechtlichen Kriterien wurde und wird sowohl in der Rechtsprechung als auch im Schrifttum Rekurs auf den aus den Besonderheiten des Arbeitsverhältnisses erwachsenden Sozialschutz des Arbeitnehmers zur Rechtfertigung der privilegierte Arbeitnehmerhaftung genommen.

aa) Wertung

Der Arbeitsvertrag zeichnet sich im Gegensatz zu einem Dienst- oder Werkvertrag vor allem durch das Merkmal der persönlichen Abhängigkeit des zur Erbringung der Arbeitsleistung Verpflichteten aus.[213] Der Arbeitnehmer ist dem Arbeitgeber sowohl in der Verhandlungsposition bei Vertragsschluss als auch im laufenden Arbeitsverhältnis in vielerlei Hinsicht unterlegen: Zunächst befindet er sich typischerweise schon beim Abschluss des Arbeitsvertrags in einer Marktposition, in der die Geltendmachung und Durchsetzung seiner Interessen zumindest erschwert ist, da es üblicherweise der Arbeitgeber ist, der die Vertragsbedingungen diktiert.[214] Ein Bewerber um eine im Unternehmen zu vergebende Stelle tut sich gegenüber anderen Kandidaten nicht hervor, indem er den Versuch unternimmt, einen Haftungsausschluss für Schäden, die er im Arbeitsverhältnis fahrlässig verursacht, auszuhandeln.

Aber auch nach Zustandekommen des Arbeitsvertrags ist er durch das Angewiesensein auf den Arbeitslohn nicht nur wirtschaftlich abhängig, sondern er gerät durch die Eingliederung in die Betriebsstruktur außerdem in eine institutionelle Abhängigkeit, die ihm i.d.R. keinen oder nur einen geringen Spielraum darüber belässt, wo, wann und unter welchen Bedingungen er seine Arbeitsleistung erbringt.[215] Dieses Machtgefälle wird noch dadurch verstärkt, dass der Arbeitnehmer normalerweise keine Möglichkeit hat, eine schlechte Marktsituation einfach auszusitzen, indem er seine Arbeitskraft überhaupt

---

[213] *Koller*, Die Risikozurechnung bei Vertragsstörungen in Austauschverträgen (1979), S. 394.
[214] *Koller*, Die Risikozurechnung bei Vertragsstörungen in Austauschverträgen (1979), S. 395.
[215] *Koller*, Die Risikozurechnung bei Vertragsstörungen in Austauschverträgen (1979), S. 394, 395.

nicht verwertet.²¹⁶ Aufgrund dieser besonderen Marktkonstellation ist die wirtschaftliche Gefährdung des Arbeitnehmers dem Arbeitsverhältnis immanent.²¹⁷

Vor diesem Hintergrund wird als Grundlage für Privilegierung von Arbeitnehmern bei der Haftung nicht allein die den Arbeitnehmer entlastende mangelnde Beherrschbarkeit einer Risikosphäre (Betriebsrisikogedanke) angeführt, sondern außerdem der soziale Schutz des Arbeitnehmers vor unverhältnismäßigen Haftungsfolgen²¹⁸: In der modernen Arbeitswelt ist der im Schadensfall zu erwartender Vermögensverlust häufig so hoch, dass Arbeitnehmer typischerweise nicht dazu in der Lage sind, mithilfe ihres Arbeitslohns Risikovorsorge zu betreiben²¹⁹ oder den eingetretenen Schaden zu ersetzen.²²⁰ Das Gleichgewicht der Vertragsparteien ist in dieser Hinsicht gestört.²²¹ Ginge man von einer unbegrenzten Schadensersatzpflicht gegenüber dem Arbeitgeber aus, bestünde die Gefahr der wirtschaftlichen Existenzvernichtung des Arbeitnehmers.²²² Der innerbetriebliche Schadensausgleich wird daher als geboten empfunden, um eine derartige Rechtsfolge zu abzuwenden.²²³

(1) Kritik an der dogmatischen Herleitung der im Lichte des Sozialschutzes stehenden Erklärungsansätze

Der soziale Schutzgedanke im Arbeitsverhältnis wurde in der Rechtsprechung und Literatur im Laufe der vergangenen Jahrzehnte auf unterschiedliche Weise in das allgemeine Haftungsrecht überführt.

---

²¹⁶ *Koller*, Die Risikozurechnung bei Vertragsstörungen in Austauschverträgen (1979), S. 395.
²¹⁷ *Koller*, Die Risikozurechnung bei Vertragsstörungen in Austauschverträgen (1979), S. 396.
²¹⁸ *Brox/Walker*, DB 1985, 1469 (1472); *Schlachter*, FS OLG Jena (1994), S. 253 (259).
²¹⁹ Siehe hierzu auch D. II 2. a) dd).
²²⁰ BAG v. 18.04.2002 – 8 AZR 348/01, NJW 2003, 377.
²²¹ *Schlachter*, FS OLG Jena (1994), S. 253 (259).
²²² *Brox/Walker*, DB 1985, 1469 (1472); *Fischels*, RdA 2019, 208 (211).
²²³ *Bachmann*, ZIP 2017, 841 (844).

(a) Rekurs auf die Fürsorgepflicht des Arbeitgebers

Bis in die 1960er Jahre wurde vom RAG[224], in der anfänglichen Rechtsprechung des BGH[225] und BAG[226] sowie von einem Teil des Schrifttums[227] die Treue- und Fürsorgepflicht des Arbeitgebers als das zentrale Kriterium für die Begründung der beschränkten Arbeitnehmerhaftung angesehen. Den Arbeitgeber treffe aufgrund der besonderen Stellung des Arbeitnehmers im Arbeitsverhältnis eine aus dem Prinzip von Treu und Glauben nach § 242 BGB abzuleitende[228] Fürsorgepflicht, die dazu führe, dass er den Arbeitnehmer nur in gewissen Grenzen mit etwaigen Schadensersatzansprüchen belasten dürfe.[229]

Unterschiedliche Auffassungen herrschten indes darüber, auf welche Weise die Fürsorgepflicht eine Haftungsbegrenzung bewirke – vertreten wurden Lösungsmodelle, welche die Fürsorgepflicht als eigenständige arbeitsvertragliche Pflicht des Arbeitgebers ansahen[230], solche, die aus dem Fürsorgegedanken einen aufrechnungsfähigen Gegenanspruch des Arbeitnehmers schlussfolgerten[231] sowie solche, die dem Arbeitnehmer über das Vehikel der Fürsorgepflicht den Einwand unzulässiger Rechtsausübung gegen den Arbeitgeber zur Seite stellen wollten[232]. Trotz der unterschiedlichen dogmatischen Einbettung waren die Vertreter des Fürsorgegedankens sich darüber einig, dass die Fürsorgepflicht des Arbeitgebers es gebiete, den Arbeitnehmer vor möglicherweise existenzvernichtenden Forderungen, die aus einem gelegentlichen menschlichen Versagen hervorgehen können, zu schützen.

---

[224] RAG v. 18.12.1940 – ARS 41, 55; RAG v. 14.01.1941, ARS 41, 259.

[225] BGH v. 10.01.1955 – III ZR 153/53, NJW 1955, 458; BGH v. 01.02.1963 – VI ZR 271/61, NJW 1963, 1100; BGH v. 19.09.1989 – VI ZR 349/88, NZA 1990, 100.

[226] BAG (GS) v. 25.09.1957 – GS 4/56, GS 5/56 (1 AZR 576/55, 1 AZR 577/55); BAG v. 19.03.1959 – 2 AZR 402/55, NJW 1959, 1796.

[227] *Achterberg*, AcP 164 (1964), 14 (33 ff.); *Dieckhöfer*, Die Mankohaftung des Arbeitnehmers im Verhältnis zum innerbetrieblichen Schadensausgleich (1966), S. 83; Zimmermann, Die Haftung des Arbeitnehmers gegenüber dem Arbeitgeber und außenstehenden Dritten bei Verwirklichung betriebstypischer Gefahr, S. 42 ff.; Peters, Kritische Betrachtung der höchstrichterlichen Rechtsprechung zur schadensgeneigten Arbeit unter besonderer Berücksichtigung versicherungsrechtlicher Fragen, S. 41 ff.

[228] Zur Herleitung der Treuepflicht aus § 242 BGB siehe: BAG v. 22.08.1974 – 2 ABR 17/74, AP BetrVG 1972 § 103 Nr. 1; BGH v. 23.02.1989 – IX ZR 236/86, AP BGB § 611 (Treuepflicht) Nr. 9; *Frey*, BB 1960, 411 (412); *Sandmann*, Die Haftung von Arbeitnehmern, Geschäftsführern und leitenden Angestellten (2001), S. 57.

[229] BAG v. 19.03.1959 – 2 AZR 402/55, NJW 1959, 1796; *Schumacher*, Die privilegierte Haftung des Arbeitnehmers (2012), S. 111.

[230] BGH, Urteil vom 10.01.1955 – III ZR 153/53, BGHZ 16, 111 (116); NJW 1955, 458.

[231] *Gaul*, DB 1962, 202 (203 ff.).

[232] *Achterberg*, AcP 164 (1964), 14 (33).

(b) Entkräftung der Berücksichtigung einer allgemeinen Fürsorgepflicht zur Begründung der beschränkten Arbeitnehmerhaftung

Dem Treue- und Fürsorgegedanken kam für die Begründung der beschränkten Arbeitnehmerhaftung seit jeher nur begrenzter Erklärungswert zu. Zurückzuführen ist dieser Umstand vor allem auf die Konturlosigkeit des Fürsorgebegriffs, der als rechtsethische Generalklausel immer dann als Vorwand herangezogen werden könnte, wenn ein bestimmtes Verhalten des Arbeitgebers sozial geboten erscheint.[233] *Annuß* konstatierte in diesem Sinne, es sei kein Kunstwerk, die beschränkte Arbeitnehmerhaftung mit dem schlichten Verweis auf die Fürsorgepflicht des Arbeitgebers „herbeizuzaubern", „obwohl man sich offensichtlich nicht die geringste Mühe gab, diese Pflicht für die konkrete Aufgabe mit spezifischen materiellen Kriterien anzureichern."[234] Aber auch ungeachtet dessen wurde die Fürsorgepflicht zur Begründung der Schadensverlagerung als untauglich angesehen, da sie weder einen anerkannten Schadenszurechnungsgrund darstelle noch einen etwaigen Ansatzpunkt für die Entwicklung eines solchen biete.[235] Der Begründungsansatz wurde in den 1970er Jahren ohne viel Aufhebens von der Rechtsprechung des BAG fallengelassen; stattdessen wurde auf den Betriebsrisikogedanken abgestellt.[236]

(c) Rekurs der Rechtsprechung auf grund- und verfassungsrechtliche Erwägungen

Anfang der 1960er Jahre stützte der Große Senat des BAG die Reduzierung der Schadensersatzpflicht eines den Schaden grob fahrlässig verursachenden Arbeitnehmers erstmals auf

---

[233] So schon *Canaris*, RdA 1966, 41 (45); ebenso *Frey*, BB 1960, 411 (412); ähnlich *Krause* in: Otto/Schwarze/Krause, § 5 Rn 9; *Sandmann*, Die Haftung von Arbeitnehmern, Geschäftsführern und leitenden Angestellten (2001), S. 60; ausführlich zu den gegen die Berücksichtigung der Fürsorgepflicht zur Begründung der beschränkten Arbeitnehmerhaftung sprechenden Argumenten außerdem *Fischinger*, Haftungsbeschränkung im Bürgerlichen Recht (2015), S. 551 ff.
[234] *Annuß*, Die Haftung des Arbeitnehmers (1998), S. 96, 97.
[235] *Canaris*, RdA 1966, 41 (45); *Annuß*, Die Haftung des Arbeitnehmers (1998), S. 78; *Schumacher*, Die privilegierte Haftung des Arbeitnehmers (2012), S. 111.
[236] Siehe nur BAG v. 28.04.1970 – 1 AZR 146/69, AP BGB § 611 Haftung des Arbeitnehmers Nr. 55; ausdrücklich nicht mehr auf den Fürsorgegedanken abstellend: BAG, Urteil vom 23.03.1983 – 7 AZR 391/79, NJW 1983, 1693; ausführlich zur Kritik im Schrifttum: *Fischinger*, Haftungsbeschränkung im Bürgerlichen Recht (2015), S. 549 ff.; *Schumacher*, Die privilegierte Haftung des Arbeitnehmers (2012), S. 111 ff.; *Annuß*, Die Haftung des Arbeitnehmers (1998), S. 78 ff.

„die Wertvorstellungen, die den Art. 1 I, 2 I, 20 I und 28 I GG zugrunde liegen und die es rechtfertigen, die Arbeitnehmerhaftung unter Heranziehung des Rechtsgedankens des § 254 BGB abweichend von §§ 249, 276 BGB zu beschränken."[237]

Grundsätzlich falle das Betriebsrisiko des Arbeitgebers gegenüber einem groben Verschuldensvorwurf zwar nicht ins Gewicht, dies sei jedoch anders zu bewerten, wenn der Arbeitnehmer aufgrund der Schadenshöhe schon von seinem Arbeitsentgelt her nicht in der Lage sei, Risikovorsorge zu betreiben, geschweige denn den eingetretenen Schaden zu ersetzen.[238] Die Berufung auf grund- bzw. verfassungsrechtliche Erwägungen zur Begründung der Arbeitnehmerhaftung wurde in der Folge im Vorlagebeschluss des Großen Senats des BAG an den Gemeinsamen Senat der obersten Gerichtshöfe des Bundes[239] sowie der Grundsatzentscheidung über die Abkehr vom Merkmal der gefahrgeneigten Arbeit[240] aufgegriffen: Die Haftungsgrundsätze des Bürgerlichen Gesetzbuches wirkten sich mit ihren wirtschaftlichen Folgen so einschneidend auf die allgemeine Lebensgestaltung und Berufsausübung der Arbeitnehmer aus, dass darin ein Eingriff in die Schutzbereiche des Art. 2 Abs. 1 GG und des Art. 12 Abs. 1 GG zu sehen sei.[241] Da die Vernachlässigung der unterschiedlichen Vertragsstärke im Arbeitsleben und die einseitige Belastung des Arbeitnehmers mit dem vollen Haftungsrisiko ohne Rücksicht auf das Betriebsrisiko des Arbeitgebers nicht mit dem Grundgesetz vereinbar sei, müssten die Grundrechtspositionen des Arbeitgebers durch die Rechtsprechung zur Arbeitnehmerhaftung mit dem Ziel der praktischen Konkordanz eingeschränkt werden.[242]

(d) Entkräftung der Berücksichtigung von grund- und verfassungsrechtlichen Erwägungen zur Begründung der beschränkten Arbeitnehmerhaftung

Der Rückgriff der Rechtsprechung auf das verfassungsrechtlich verankerte Sozialstaatsprinzip und die Grundrechte zur Begründung der Beschränkung der Arbeitnehmerhaftung ist im Schrifttum scharf kritisiert worden.[243] In Hinblick

---

[237] BAG v. 12.10.1989 – 8 AZR 276/88, NZA 1990, 97.
[238] Ebd.
[239] BAG v. 12.06.1992 – GS 1/89, NZA 1993, 547.
[240] BAG v. 27.09.1994 – GS 1/89 (A), AP Nr. 103 zu BGB § 611 Haftung des Arbeitnehmers.
[241] BAG v. 27.09.1994 – GS 1/89 (A), AP Nr. 103 zu BGB § 611 Haftung des Arbeitnehmers; ausführlich zum Meinungsstand über das grundrechtliche Schutzgebot: *Fischinger*, Haftungsbeschränkung im Bürgerlichen Recht (2015), S. 538 ff.
[242] BAG v. 27.09.1994 – GS 1/89 (A), AP Nr. 103 zu BGB § 611 Haftung des Arbeitnehmers.
[243] Ausführlich zu den erheblichen Bedenken, die gegen eine Heranziehung verfassungs- und grundrechtlicher Wertungen sprechen: *Schumacher*, Die privilegierte Haftung des Arbeitnehmers (2012), S. 124 ff.

auf das Sozialstaatsprinzip wird angeführt, die Umsetzung und Aufrechterhaltung einer gerechten Sozialordnung sei nicht Aufgabe der Gerichte, sondern Sache der Legislative, die mit der Schaffung von Pfändungsfreigrenzen bereits ihr Übriges zum Schutz des Existenzminimums getan hätte.[244] Beklagt wird außerdem ein Einbruch in das zivilrechtliche Haftungssystem, da die Heraufbeschwörung der fehlenden wirtschaftlichen Leistungsfähigkeit als allein maßgebliches Kriterium streng genommen selbst im Fall einer vorsätzlichen Schädigung zu einem völligen Haftungsausschluss führen müsste.[245] Zudem müsste sich dieses Ergebnis konsequent zu Ende gedacht nicht nur auf den Bereich der Arbeitnehmerhaftung, sondern auf das gesamte Haftungsrecht erstrecken.[246] In diesem Fall würde man gleichermaßen die Grundlagen des Instituts des innerbetrieblichen Schadensausgleichs ändern, das dann nicht mehr eine im Prinzip auf die Sonderverbindung zwischen den Arbeitsvertragsparteien bezogene Haftungserleichterung, sondern ein allgemeines Schutzinstrument vor Arbeitnehmern angeblich unzumutbaren Risiken der modernen Gesellschaft wäre.[247]

Krause resümiert aus diesem Grund, dem Sozialstaatsprinzip könne für die konkrete Ausgestaltung der Arbeitnehmerhaftung kein eigener Erklärungswert beigemessen werden.[248] Die Wirkkraft des Sozialstaatsgedankens beschränke sich vielmehr darauf, den für die Enthaftung sprechenden einfachgesetzlichen Aspekten zusätzlich eine „verfassungsrechtliche Dignität" zu verleihen, die ein hinreichendes Gegengewicht für die mit der Haftungsreduktion einhergehende Einschränkung der grundrechtlichen Positionen des Arbeitgebers bilde.[249]

Auch die starke Akzentuierung der Grundrechte zur Begründung der Arbeitnehmerhaftung ist sowohl in der Rechtsprechung des BGH als auch im Schrifttum auf Ablehnung gestoßen.[250] Argumentiert wird vor allem, dass die bürgerlich-rechtlichen Vorgaben, die eine uneingeschränkte Haftung für Arbeitnehmer vorsehen, auf gesetzliche Vorschriften zurückzuführen sind und damit nicht auf einem Rechtsfolgewillen der Vertragsparteien beruhen.[251] Grund für

---

[244] *Schumacher*, Die privilegierte Haftung des Arbeitnehmers (2012), S. 128, 129 m.w.N.; *Krause* in: Otto/Schwarze/Krause, § 4 Rn 4.

[245] BGH v. 21.09.1993 – GmS-OGB 1/93, NZA 1994, 270; *Schumacher*, Die privilegierte Haftung des Arbeitnehmers (2012), S. 129, 130 m.w.N.

[246] *Schumacher*, Die privilegierte Haftung des Arbeitnehmers (2012), S. 131 m.w.N.; *Krause* in: Otto/Schwarze/Krause, § 4 Rn 4.

[247] *Katzenstein*, RdA 2003, 346 (248).

[248] *Krause* in: Otto/Schwarze/Krause, § 4 Rn 4.

[249] *Krause* in: Otto/Schwarze/Krause, § 4 Rn 4.

[250] BGH v. 21.09.1993 – GmS-OGB 1/93, NZA 1994, 270; *Krause* in: Otto/Schwarze/ Krause, § 4 Rn 6; *Schumacher*, Die privilegierte Haftung des Arbeitnehmers (2012), S. 135 ff. m.w.N; *Fischinger*, Haftungsbeschränkung im Bürgerlichen Recht (2015), S. 540 ff.; *Krause*, NZA 2003, 577 (581).

[251] *Krause* in: Otto/Schwarze/Krause, § 4 Rn 8.

das Fehlen einer angemessenen Haftungsverteilung sei daher nicht das strukturelle Ungleichgewicht zwischen Arbeitgeber und Arbeitnehmer, sondern das Fehlen einer gesetzlichen Regelung.[252] Auf dem Prüfstand stehe staatliches (legislatives) Handeln, nicht das Vertragshaftungsrecht.[253]

Vor diesem Hintergrund überzeugt es nicht, wenn das BAG die Grundrechte im Wege eines vertragskorrigierenden Eingriffs zur Herstellung praktischer Konkordanz in das Privatrecht einfließen lassen möchte[254].[255] Stattdessen ist nicht die Schutzgebotsfunktion der Grundrechte betroffen, sondern die Abwehrfunktion gegen die „auf einem heteronomen Willensakt des Gesetzgebers" beruhende uneingeschränkte Haftung im Arbeitsverhältnis.[256] Dieser Kritik folgend müsste der Staat nicht *intervenieren*, sondern *agieren,* indem er die zivilrechtlichen Haftungsregelungen, die im Bereich der Arbeitnehmerhaftung „zu schweren Eingriffen in die Lebensführung führen" und daher dem Grundsatz der Verhältnismäßigkeit widersprechen[257], anpasst. Nach alledem geht ein Großteil der Stimmen im Schrifttum heute davon aus, dass den Grundrechten für die Begründung der Grundsätze des innerbetrieblichen Schadensausgleichs überhaupt keine Bedeutung beizumessen ist.[258]

---

[252] Vgl. *Langenbucher*, ZfA 1997, 523 (546).

[253] *Schumacher*, Die privilegierte Haftung des Arbeitnehmers (2012), S. 137.

[254] So aber BAG v. 27.09.1994 – GS 1/89 (A), AP Nr. 103 zu BGB § 611 Haftung des Arbeitnehmers.

[255] *Schumacher*, Die privilegierte Haftung des Arbeitnehmers (2012), S. 136.

[256] *Krause* in: Otto/Schwarze/Krause, § 4 Rn 8 ff.

[257] BAG v. 12.06.1992 – GS 1/89, AP BGB § 611 Haftung des Arbeitnehmers Nr. 101.

[258] *Fischinger*, Haftungsbeschränkung im Bürgerlichen Recht (2015), S. 549; *Schumacher*, Die privilegierte Haftung des Arbeitnehmers (2012), S. 139 140; *Langenbucher*, ZfA 1997, 523 (546).; a.A. *Frisch*, Haftungserleichterung für GmbH-Geschäftsführer nach dem Vorbild des Arbeitsrechts (1998), S. 224 m.w.N., der die grundrechtlichen Vorgaben als ein Untermaßverbot verstanden wissen will, welches dann verletzt sei, wenn die Rechtsordnung nicht einmal den Mindestschutz zur Verfügung stelle, der unerlässlich sei, um die einseitige Durchsetzung überlegener Vertragsmacht zu verhindern.

(2) Verbleibender Erklärungswert des Sozialschutzes im Arbeitsverhältnis zur Begründung der beschränkten Arbeitnehmerhaftung

Trotz der laut gewordenen Kritik wäre es verfehlt anzunehmen, die soziale Schutzbedürftigkeit des Arbeitnehmers spiele für die Begründung der Haftungsprivilegierung keine Rolle.[259] Wenngleich in unterschiedlicher Verkleidung[260], wird sie zur Begründung der privilegierten Arbeitnehmerhaftung auch heute noch zusätzlich zum Betriebsrisikogedanken herangezogen. So konstatiert *Otto*, es könne nicht überzeugen, wenn man den Sozialschutz des Arbeitnehmers entweder völlig ausblende oder aber vollständig in das bürgerlich rechtliche Absorptionsprinzip integrieren wolle, dieses damit aber überfrachte.[261] Neben dem Betriebsrisiko bestehe das zweite grundlegende Prinzip des innerbetrieblichen Schadensausgleichs daher in dem erforderlichen Schutz des Arbeitnehmers vor einer wirtschaftlichen Überforderung.[262]

Sandmann spricht sich für eine Erklärung der Regeln des innerbetrieblichen Schadensausgleichs über eine Verknüpfung von Risikogedanken und Fürsorgepflicht aus, wobei die Fürsorgepflicht ein eigenständiger Schadenszurechnungsgrund sei.[263] Sie ergebe sich bereits aus dem Verlust der Fähigkeit des Arbeitnehmers, seine Arbeitskraft am Markt unternehmerisch anzubieten, flankiert durch die Tatsache, dass die Arbeitskraft das alleinige Gut des Arbeitnehmers sei, seine finanzielle Existenz zu sichern.[264] Aufgrund der Fürsorgepflicht treffe den Arbeitgeber eine Schadensvorsorgepflicht, die sich im Schadensfall dahingehend konkretisiere, dass er den Arbeitnehmer nur in zumutbaren Maße mit Schadensersatzforderungen belasten dürfe bzw. bei Schadensersatzansprüchen Dritter den Arbeitnehmer von diesen bis freizustellen hätte.[265]

---

[259] *Langenbucher*, ZfA 1997, 523 (543); *Brox/Walker*, DB 1985, 1469 (1472).

[260] *Otto* spricht von der „sozialen Schutzwürdigkeit des Arbeitnehmers vor wirtschaftlich unzumutbarer Belastung", *Otto* in: Otto/Schwarze/Krause, § 3 Rn 23; *Sandmann* und *Fischinger* stellen weiterhin auf die Fürsorgepflicht des Arbeitgebers ab, siehe *Sandmann*, Die Haftung von Arbeitnehmern, Geschäftsführern und leitenden Angestellten (2001), S. 146 ff., *Fischinger*, Haftungsbeschränkung im Bürgerlichen Recht (2015), S. 551 ff.; *Bachmann* versteht die Treue- und Fürsorgepflicht, wie sie bislang verstanden wurde, als eine Ausprägung des Rücksichtnahmegebots aus § 241 Abs. 2 BGB, *Bachmann*, ZIP 2017, 841 (845).

[261] *Otto* in: Otto/Schwarze/Krause, § 3 Rn 23.

[262] *Otto* in: Otto/Schwarze/Krause, § 3 Rn 24; vgl. auch *Brox/Walker*, DB 1985, 1469 (1472).

[263] *Sandmann*, Die Haftung von Arbeitnehmern, Geschäftsführern und leitenden Angestellten (2001), S. 60, 146 ff.

[264] *Sandmann*, Die Haftung von Arbeitnehmern, Geschäftsführern und leitenden Angestellten (2001), S. 146.

[265] *Sandmann*, Die Haftung von Arbeitnehmern, Geschäftsführern und leitenden Angestellten (2001), S. 146, 147.

Fischinger dagegen versteht die Fürsorgepflicht als Korrelat der Unterordnung des Arbeitnehmers unter fremde Organisationsgewalt, die als solche kein Schadensverursachungszurechnungsgrund sei, sondern dazu diene, dem Arbeitgeber eine vollständige Durchsetzung seines Schadensersatzanspruchs unter bestimmten Voraussetzungen zu versagen.[266] Erst diese Sichtweise erlaube es, die Fürsorgepflicht „*ungleich*" anzuwenden, indem eine Verletzung der Fürsorgepflicht auf Seiten des Arbeitgebers bei eingetretenem Schaden beim Arbeitnehmer stets zu einer vollen Schadenstragung führe, der Verletzung der Fürsorgepflicht auf Seiten des Arbeitnehmers (zumindest im Bereich leichter und mittlerer Fahrlässigkeit) aber die Fürsorgepflicht des Arbeitgebers zur Rechtfertigung der Haftungsbeschränkung gegenübergestellt werden könne.[267] Unter Heranziehung des Fürsorgegedankens könnten Schadensersatzansprüche des Arbeitgebers gegen den schädigenden Arbeitnehmer eine über die durch das Betriebsrisiko bereits gebotene hinausgehende Kürzung erfahren, da auch solche Umstände berücksichtigt werden könnten, die keinen theoretischen Bezug zur Schadensentstehung haben.[268]

Nach alledem ist letztlich allen Auffassungen in der Erkenntnis zuzustimmen, dass der Aspekt des Sozialschutzes des Arbeitnehmers vor unzumutbaren Schadensersatzforderungen im Zusammenspiel mit den Kriterien zu sehen ist, die hinter dem Betriebsrisikobegriff stehen[269]: Der Arbeitnehmer stellt seine Arbeitskraft in die Dienste des Arbeitgebers und begibt sich damit – unter Verzicht auf eine selbstständige unternehmerische Tätigkeit – in eine wirtschaftliche wie institutionelle persönliche Abhängigkeit. Im Gegenzug schuldet der Arbeitgeber dem Arbeitnehmer nicht nur das vereinbarte Arbeitsentgelt, sondern außerdem die Übernahme des Schadensrisikos, dessen Tragung für den Arbeitnehmer die Beeinträchtigung oder sogar Vernichtung seiner wirtschaftlichen Existenz bedeuten könnte.[270] Während der Betriebsrisikogedanke dabei auf den Schadensverursachungsbeitrag des Arbeitgebers abstellt, der sich daraus ergibt, dass er dem Arbeitgeber darin überlegen ist, die Betriebsorganisation zu gestalten und etwaige Schadensrisiken angemessen zu versichern oder wirtschaftlich zu verkraften, knüpft der Sozialschutzgedanke an die sich aus den Besonderheiten des Arbeitsverhältnisses ergebende Unzumutbarkeit einer unbeschränkten Haftungsbelastung an.[271] Ob man diesen Sozialschutzgedanken als Treue-, Fürsorge-, Schutz- oder Rücksichtnahmepflicht bezeichnet,

---

[266] *Fischinger*, Haftungsbeschränkung im Bürgerlichen Recht (2015), S. 554.
[267] *Fischinger*, Haftungsbeschränkung im Bürgerlichen Recht (2015), S. 536, 553.
[268] Ebd.
[269] Ähnlich *Otto* in: Otto/Schwarze/Krause, § 3 Rn 25, der im Rahmen des Betriebsrisikos allerdings einen starken Akzent auf die Fremdnützigkeit der Arbeitnehmertätigkeit setzt.
[270] *Koller*, Die Risikozurechnung bei Vertragsstörungen in Austauschverträgen (1979), S. 400 ff.; *Otto* in: Otto/Schwarze/Krause, § 3 Rn 25.
[271] *Schwarze* in: Otto/Schwarze/Krause, § 10 Rn 5; *Fischinger*, Haftungsbeschränkung im Bürgerlichen Recht (2015), S. 553, 554.

II. Erweiterung der Arbeitnehmerhaftung auf Betriebsratsmitglieder 133

spielt letztlich keine Rolle. Seit Inkrafttreten des § 241 Abs. 2 BGB im Jahr 2002 kann man ihn jedenfalls als besondere Ausprägung der – grundsätzlich jedem Rechtsverhältnis immanenten – Pflicht zur Rücksichtnahme auf die Rechte, Rechtsgüter und Interessen des Vertragspartners verstehen.[272] Diese Schutz- und Rücksichtnahmepflichten sind im Arbeitsverhältnis zahlreicher und inhaltlich weitergehend ausgestaltet als in anderen Vertragsverhältnissen.[273] Sieht man den Sozialschutzgedanken in diesem Sinne als Ausfluss des Rücksichtnahmegebots an, wiegt auch der Einwand der begrifflichen Unbestimmtheit weniger schwer, da die Konkretisierung unbestimmter Rechtsbegriffe den Rechtsanwender bekanntermaßen nicht vor unüberwindbare Hürden stellt.[274] Die Generalklausel des § 241 Abs. 2 BGB zählt vielmehr zu den privatrechtlichen Einfallstoren der Grundrechte und ist – wie jede Generalklausel – einer Konkretisierung bedürftig, aber auch zugänglich.[275] Die konkreten Rechtsfolgen ergeben sich aus einer Abwägung der widerstreitenden Interessen von Arbeitgeber und Arbeitnehmer unter Wahrung des Verhältnismäßigkeitsgrundsatzes.[276] Im Rahmen dieser Abwägung darf auf Seiten des Arbeitnehmers der Schutz vor existenzvernichtenden Forderungen nicht als einziges oder maßgebliches Kriterium angesehen werden. Vielmehr bezieht das BAG bei der Anwendung der Grundsätze des innerbetrieblichen Schadensausgleichs zahlreiche Billigkeits- und Zumutbarkeitsgesichtspunkte in die Gesamtabwägung mit ein, wie etwa den Verschuldensgrad des Arbeitnehmers, die Gefahrgeneigtheit der Tätigkeit, die Versicherbarkeit des Schadensrisikos, die berufliche Stellung des Arbeitnehmers, die Höhe seines Arbeitsentgelts, die Schadenshöhe, aber auch die persönlichen Verhältnisse des Arbeitnehmers wie Dauer der Betriebszugehörigkeit, Lebensalter, Familienverhältnisse und auch sein bisheriges Verhalten im Betrieb.[277] Die zu berücksichtigenden Interessen auf Arbeitgeberseite umfassen vor allem den Schutz der wirtschaftlichen Existenz des Arbeitgebers, die im Schadensfall bedroht sein kann, sowie den Schutz vor besonders schwerem Verschulden der Arbeitnehmer.[278]

---

[272] *Fischinger*, Haftungsbeschränkung im Bürgerlichen Recht (2015), S. 551; vgl. auch *Bachmann*, ZIP 2017, 841 (845).
[273] BAG, Urt. v. 28. 10. 2010 – 8 AZR 418/09, NZA 2011, 345; *Ahrend* in: Schaub, ArbR-Hdb, § 106 Rn 1.
[274] So auch *Fischinger*, Haftungsbeschränkung im Bürgerlichen Recht (2015), S. 554.
[275] *Bachmann* in: MüKo zum BGB, § 241 Rn 52, 55.
[276] *Fischinger*, Haftungsbeschränkung im Bürgerlichen Recht (2015), S. 555, der allerdings allein die Unterlassung einer gebotenen Versicherung durch den Arbeitgeber als berücksichtigungsfähiges Kriterium im Rahmen der Fürsorgepflicht ansieht, S. 565; vgl. auch *Schwarze* in: Otto/Schwarze/Krause, § 10 Rn 4.
[277] BAG v. 27.09.1994 – GS 1/89 (A), AP Nr. 103 zu BGB § 611 Haftung des Arbeitnehmers; *Schwab*, NZA-RR 2016, 173 (174).
[278] *Schwarze* in: Otto/Schwarze/Krause, § 10 Rn 5.

Die Kritik *Fischingers*, die Berücksichtigung derlei Faktoren führe zu Rechtsunsicherheit und entbehre – anders als die über das Betriebsrisiko einzubeziehenden Kriterien, welche als Verursachungsbeitrag über § 254 BGB analog dem Arbeitgeber zugerechnet werden können – einer dogmatischen Grundlage, überzeugt nicht.[279] Bei der beschränkten Arbeitnehmerhaftung handelt es sich um eine Rechtsfortbildung *extra legem*, deren Existenz sich überhaupt nur dadurch erklären lässt und vom BVerfG auch damit gerechtfertigt wird, dass das geschriebene Recht keine Regelung parat hält, um einem Rechtsproblem gerecht zu werden, weshalb die Gerichte ausnahmsweise dazu befugt sind, nach „Maßstäben der praktischen Vernunft und den fundierten allgemeinen Gerechtigkeitsvorstellungen der Gemeinschaft" eine Lösung zu entwickeln, durch welche diese Gesetzeslücke gefüllt wird.[280] Die strenge Ausrichtung der herangezogenen Kriterien am Maßstab des § 254 BGB analog verbietet sich daher von vorneherein, ganz davon abgesehen, dass die dogmatische Umsetzung der Wertungen, welche die Grundsätze des innerbetrieblichen Schadensausgleich legitimieren, ohnehin seit jeher umstritten ist.[281] Dafür spricht auch, dass es allgemein anerkannt ist, dass die Grundsätze des innerbetrieblichen Schadensausgleichs es zulassen, den Arbeitnehmer mit einem dogmatisch ebenfalls nicht aus § 254 BGB analog herzuleitenden Freistellungsanspruch gegen den Arbeitgeber auszustatten, wenn er im Rahmen seiner Arbeitstätigkeit einen betriebsfremden Dritten schädigt[282]. Dass mit der Berücksichtigung des Sozialschutzes des Arbeitnehmers „Tür und Tor für eine maßgeblich am ‚Rechtsgefühl' des Rechtsanwenders orientierte Entscheidung" geöffnet wird[283], ist insoweit kein beklagenswerter Zustand, sondern die Chance auf die Herstellung von Einzelfallgerechtigkeit, wie sie dem Arbeitsrecht – man denke nur an die Interessenabwägung im Rahmen einer Kündigung – nicht fremd ist. Die Kompetenz der Gerichte, im Einzelfall eine gerechte Entscheidung zu treffen, in deren Rahmen sowohl die Interessen des Arbeitnehmers als

---

[279] *Fischinger*, Haftungsbeschränkung im Bürgerlichen Recht (2015), S. 563, 564.

[280] BVerfG v. 14.02.1973 – 1 BvR 112/65, NJW 1973, 1221.

[281] Ausführlich zur dogmatischen Umsetzung der Enthaftung: *Krause* in: Otto/Schwarze/Krause, § 5 Rn 1 ff., der sich dafür ausspricht, nur das betriebliche Risikopotential, das aus einer besonderen Gefahrenträchtigkeit der übertragenen Aufgaben resultiert, über § 254 BGB analog zu berücksichtigen und die Verantwortlichkeit des Arbeitgebers für allgemeine Tätigkeitsrisiken sowie des Sozialschutzes des Arbeitnehmers über eine ungeschriebene Regel zu verwirklichen, siehe § 5 Rn 17.

[282] Std. Rspr., siehe BAG v. 27.09.1994 – GS 1/89 (A), AP BGB § 611 Haftung des Arbeitnehmers Nr. 103; *Schwarze* in: Otto/Schwarze/Krause, § 16 Rn 20 ff.; *Maties* in: BeckOGK-BGB, Stand: 01.07.2019, § 611a Rn 1711; zur dogmatischen Einordnung des Freistellungsanspruchs im Rahmen der beschränkten Arbeitnehmerhaftung siehe *Langenbucher*, ZfA 1997, 523 (528, 534).

[283] *Fischinger*, Haftungsbeschränkung im Bürgerlichen Recht (2015), S. 564.

auch die des Arbeitgebers berücksichtigt wurden, darf nicht unterschätzt werden. Erscheint die Geltendmachung eines dem Arbeitgeber gegen den Arbeitnehmer nach den allgemeinen zivilrechtlichen Regelungen zustehenden Schadenersatzanspruchs nach einer Abwägung der widerstreitenden Interessen unter besonderer Berücksichtigung des Sozialschutzes im Arbeitsverhältnis als unzumutbar, ist eine Beschränkung der Haftung nach den Grundsätzen der Arbeitnehmerhaftung auch ohne entsprechenden Bezug zur Schadensverursachung gem. § 254 BGB analog möglich.[284]

bb) Übertragbarkeit der Wertungen auf Betriebsratsmitglieder

Die Übertragung der sich aus dem Sozialschutzgedanken ergebenden Wertungen auf Betriebsratsmitglieder setzt voraus, dass diese dem Arbeitgeber in ähnlicher Weise wie sonstige Arbeitnehmer sozial unterlegen sind, sodass eine unbeschränkte Haftungsbelastung für verschuldensunabhängiges Fehlverhalten auch für sie im Einzelfall unzumutbar erscheinen kann. Da gem. § 8 BetrVG nur in den Betriebsrat gewählt werden kann, wer dem Betrieb bereits seit sechs Monaten angehört und das Betriebsratsamt in der Folge gem. § 24 Nr. 3 BetrVG an das Fortbestehen des Arbeitsverhältnisses gekoppelt ist, sind Betriebsratsmitglieder stets sowohl Amtsinhaber als auch Arbeitnehmer des Betriebs. Sie erfüllen insoweit eine Doppelfunktion, als dass sie weiterhin zur Erfüllung der arbeitsvertraglich vereinbarten Leistung verpflichtet sind, diese Pflicht aber suspendiert wird, solange sie erforderliche Betriebsratsarbeit leisten.[285] Im Rahmen der Vertragsverhandlungen mit dem Arbeitgeber vor Begründung eines Arbeitsverhältnisses unterliegen Betriebsratsmitglieder *in spe* derselben strukturellen Unterlegenheit wie sonstige Arbeitnehmer, da etwa in früheren Arbeitsverhältnissen gesammelte Betriebsratserfahrung ganz und gar nicht als besondere Qualifikation für eine bessere Verhandlungsposition in Bezug auf die allgemeinen Arbeitsbedingungen oder das Gehaltsniveau angesehen wird. Zudem befinden sich Betriebsratsmitglieder im laufenden Arbeitsverhältnis in ihrer Funktion als Arbeitnehmer in einem Angestelltenverhältnis, in dessen Rahmen ihnen eine bestimmte Position im Betrieb zugewiesen ist. Genau wie Arbeitnehmer, die nicht Amtsträger sind, verzichten sie damit auf die Ausübung einer selbstständigen Tätigkeit. Da Betriebsratsmitgliedern aus ihrer Amtsstellung gem. § 78 Satz 2 BetrVG außerdem keine finanziellen Vorteile erwachsen dürfen, sind auch sie zur Sicherung ihrer finanziellen Existenzgrundlage einzig auf ihren Arbeitslohn angewiesen. In der Konsequenz sind sie – genau wie sonstige Arbeitnehmer – aufgrund des der Höhe nach auf die arbeitsvertragliche Vereinbarung beschränkten Gehaltsniveaus regelmäßig nicht dazu in der Lage, wirtschaftliche Eigenvorsorge zu betreiben, um sich

---

[284] In diesem Sinne auch *Schwarze* in: Otto/Schwarze/Krause, § 10 Rn 5.
[285] *Georgi*, Das Ehrenamtsprinzip in der Betriebsverfassung (2017), S. 112.

gegen Unternehmensrisiken, die zu hohen Schadensersatzforderungen führen können, vollständig abzusichern.

Ginge man von einer unbegrenzten Schadensersatzpflicht gegenüber dem Arbeitgeber aus, bestünde die Gefahr, dass sich die wirtschaftlichen Folgen für Betriebsratsmitglieder ebenso einschneidend auf die allgemeine Lebensführung und Berufsausübung des zum Ersatz Verpflichteten auswirkten, wie es der Große Senat für Arbeitnehmer ohne Amtstätigkeit befürchtet hat.[286] Betriebsratsmitglieder sind in Hinblick auf ihre schadensersatzrechtliche Stellung aus diesem Grund genauso sozial schutzbedürftig wie Arbeitnehmer, die nicht Amtsträger sind. Dass sie im Rahmen der Betriebsratsarbeit mit zahlreichen Beteiligungs- und Mitbestimmungsrechten ausgestattet sind, die sie dem Arbeitgeber gegenüber geltend machen können und die über die Rechte sonstiger Arbeitnehmer hinausgehen, führt zwar zu einer im betrieblichen Gefüge abweichenden Interessenlage, nicht jedoch zu einem Wegfall der sozialen Schutzbedürftigkeit. Vielmehr dient das Betriebsverfassungsgesetz gerade dazu, der im Arbeitsverhältnis herrschenden rechtlichen und sozialen Abhängigkeit des Arbeitnehmers vom Arbeitgeber entgegenzuwirken, indem durch die betriebliche Mitbestimmung ein Ausgleich für das soziale Ungleichgewicht geschaffen wird.[287] Das hinter dem Gesetz stehende Telos ist wie die Grundsätze über die beschränkte Arbeitnehmerhaftung zumindest auch auf den sozialen Schutz des Arbeitnehmers gerichtet. Die Funktions- und Handlungsfähigkeit des Betriebsrats wird abgesichert durch flankierende Vorschriften, die eine Benachteiligung oder Begünstigung von Betriebsratsmitgliedern aufgrund ihrer Amtstätigkeit verhindern, die daraus entstehen, dass sich mit der Ausübung des Betriebsratsamtes typischerweise auch die Konfliktmöglichkeiten mit dem Arbeitgeber erhöhen.[288] Besonderer Kündigungsschutz, das gesetzliche Lohnausfallprinzip im Fall von Arbeitsversäumnissen aufgrund von Betriebsratsarbeit sowie Entgelt- und Tätigkeitsschutz stellen Betriebsratsmitglieder im Verhältnis zu sonstigen Arbeitnehmern insoweit nicht besser, sondern gleichen ansonsten möglicherweise aus dem Amt entstehende Nachteile aus.[289] Insbesondere führen diese Vorschriften nicht dazu, dass ein über sie hinausgehender Schutz von Betriebsratsmitgliedern vor ruinösen Schadensersatzforderungen hinfällig wäre. Im Gegenteil bestünde, ließe man die Grundsätze des innerbetrieblichen Schadensausgleichs unangewandt, eine empfindliche Lücke im kollektivrechtlichen Mächteverhältnis. Die Funktions- und Handlungsfähigkeit des Betriebsrats würde bei einer uneingeschränkten verschuldensunabhängigen Haftung

---

[286] BAG v. 27.09.1994 – GS 1/89 (A), AP BGB § 611 Haftung des Arbeitnehmers Nr. 103.
[287] *Belling*, Die Haftung des Betriebsrats und seiner Mitglieder für Pflichtverletzungen (1990), S. 176.
[288] Vgl. Säcker, RdA 1965, 372 (373).
[289] Vgl. *Krois* in: MHdB zum ArbR, Bd. 3, § 295 Rn 2.

und der daraus entstehenden zurückhaltenden Einstellung der Betriebsratsmitglieder in Hinblick auf die Wahrnehmung ihres Amtes leiden. Aus diesem Grund müssen Betriebsratsmitglieder in gleicher Weise wie sonstige Arbeitnehmer darauf vertrauen dürfen, nicht durch jedes Fehlverhalten im Rahmen ihrer Amtstätigkeit in ihrer wirtschaftlichen Existenz bedroht zu werden. Die dem sozialen Schutzgedankens innewohnende Wertung ist nach alledem auf Betriebsratsmitglieder übertragbar.

3. Betriebsratstätigkeit als betrieblich veranlasste Tätigkeit

Während das Betriebsrisiko und der Sozialschutzgedanke die materiellen Gründe für die Entwicklung der Rechtsfortbildung der beschränkten Arbeitnehmerhaftung darstellen, ist die einzige Voraussetzung auf sachlicher Ebene, dass eine betrieblich veranlasste Tätigkeit vorliegt.[290] Das Kriterium der betrieblich veranlassten Tätigkeit ist dabei ebenso Ausfluss einer richterlichen Rechtsfortbildung wie alle anderen Entscheidungen über den innerbetrieblichen Schadensausgleich auch.[291] Es besagt, dass die Grundsätze über die Beschränkung der Arbeitnehmerhaftung nur für solche Handlungen greifen, die durch den Betrieb veranlasst sind und die der Arbeitnehmer oder eine ihm gleichgestellte Person in Vollzug des Arbeitsverhältnisses vornimmt.[292] *Schwarze* bezeichnet die betriebliche Veranlassung der Tätigkeit daher als das „Nadelöhr, durch das die Enthaftung des Arbeitnehmers eingefädelt wird."[293]

Eine Tätigkeit ist zunächst immer dann betrieblich veranlasst, wenn sie dem Arbeitnehmer arbeitsvertraglich übertragen worden ist.[294] Aber auch Tätigkeiten außerhalb des vertraglich festgelegten Tätigkeitsfeldes können dem Anwendungsbereich der beschränkten Arbeitnehmerhaftung unterfallen, wenn sie im Interesse des Arbeitgebers für den Betrieb ausgeführt wurden.[295] Diese Voraussetzung ist erfüllt, wenn bei objektiver Betrachtungsweise aus der Sicht des Schädigers im Betriebsinteresse zu handeln war, sein Verhalten unter Berücksichtigung der Verkehrsüblichkeit nicht untypisch war und keinen Exzess darstellte.[296] Bei der Beurteilung der Frage, ob ein Verhalten des Arbeitnehmers noch in den Interessenbereich des Arbeitgebers fällt, wird in Anlehnung

---

[290] Vgl. Pallasch, RdA 2013, 338 (340); *Schwarze* in: Otto/Schwarze/Krause, § 8 Rn 1.
[291] *Schwarze* in: Otto/Schwarze/Krause, § 8 Rn 1.
[292] Std. Rspr., siehe statt vieler BAG v. 27.09.1994 – GS 1/89 (A), AP BGB § 611 Haftung des Arbeitnehmers Nr. 103; *Schwarze* in: Otto/Schwarze/Krause, § 8 Rn 1; *Schumacher*, Die privilegierte Haftung des Arbeitnehmers (2012), S. 35.
[293] *Schwarze* in: Otto/Schwarze/Krause, § 8 Rn 1.
[294] *Schwarze* in: Otto/Schwarze/Krause, § 8 Rn 1.
[295] BAG, Urteil vom 09.08.1966 – 1 AZR 426/65, NJW 1967, 220; BAG, Urt. v. 28. 10. 2010 – 8 AZR 418/09, NZA 2011, 345; *Preis* in: ErfK, § 619a BGB Rn 12; *Krause*, NZA 2003, 577 (582).
[296] BAG v. 28. 10.2010 – 8 AZR 418/09, NZA 2011, 345.

an die Rechtsprechung zum Merkmal der betrieblichen Tätigkeit in § 105 Abs. 1 Satz 1 SGB VII ein weiter Auslegungsmaßstab befürwortet.[297]

Der betriebliche Charakter der Tätigkeit geht daher nicht zwangsläufig dadurch verloren, dass der Arbeitnehmer bei der Ausführung der Tätigkeit grob fahrlässig oder sogar vorsätzlich gehandelt hat.[298] Auch die objektiv interessenswidrige eigenmächtige Übernahme einer Tätigkeit ist dem Arbeitgeber zuzurechnen, wenn der Arbeitnehmer bei der Beurteilung der Interessenlage die erforderliche Sorgfalt beobachtet hat.[299]

Dagegen entfällt die Betriebsbezogenheit einer Tätigkeit, wenn die schädigende Handlung nach ihrer Anlage und der Intention des Schädigers erst gar nicht auf die Förderung der Betriebsinteressen ausgerichtet war oder ihnen zuwiderläuft.[300] Nicht betrieblich veranlasst und daher vom Anwendungsbereich der beschränkten Arbeitnehmerhaftung ausgeschlossen sind außerdem solche Tätigkeiten, die nicht dem Betrieb, sondern dem allgemeinen Lebensrisiko des Arbeitnehmers zuzuordnen sind.[301]

a) Betriebliche Veranlassung der Betriebsratstätigkeit bei Handeln innerhalb des gesetzlichen Wirkungskreises

Handeln Betriebsratsmitglieder in Ausführung ihrer Amtstätigkeiten, ohne dabei die Grenzen des gesetzlichen Wirkungskreises des Betriebsrats zu überschreiten, liegt ein Tätigwerden in Vollzug des Betriebsverhältnisses als dem Verhältnis zwischen Arbeitgeber und dem Betriebsrat und seiner Mitglieder vor. Die betriebliche Veranlassung der Amtstätigkeit ergibt sich daraus, dass die betriebsverfassungsrechtliche Rechtsbeziehung der Betriebsratsmitglieder nicht nur untrennbar mit der Stellung als Arbeitnehmer des Betriebs verbunden ist[302], sondern die Betriebsratstätigkeit zumindest auch im betrieblichen Interesse erfolgt, weil ein Interessengleichlauf von Arbeitgeber und Betriebsratsmitgliedern in Hinblick auf das Ziel einer mitbestimmten betriebliche Ordnung besteht.[303] Schädigt ein Betriebsratsmitglied den Arbeitgeber, indem es beispielsweise bei der zulässigen Nutzung eines betrieblichen Computers zum

---

[297] BAG v. 22.04.2004 – 8 AZR 159/03, NZA 2005, 163; BAG v. 14.03.1974 – 2 AZR 155/73, AP RVO § 637 Nr. 8; *Langenbucher*, ZfA 1997, 523 (526).

[298] BAG v. 22.04.2004 – 8 AZR 159/03, NZA 2005, 163; BAG v. 18.04.2002 – 8 AZR 348/01, NJW 2003, 377.

[299] BAG v. 11.09.1975 – 3 AZR 561/74, AP § 611 BGB Haftung des Arbeitnehmers Nr. 78.

[300] BGH v. 30.06.1998 – VI ZR 286/97, VersR 1998, 1173; *Stelljes* in: BeckOK-SozialR, § 105 SGB VII Rn 9.

[301] BAG v. 20.09.2006 – 10 AZR 439/05, AP Nr. 13 zu § 3 60 HGB; *Krause*, NZA 2003, 577 (582).

[302] *P. Hanau*, RdA 1979, 324 (326); *Schwarze* in: Otto/Schwarze/Krause, § 8 Rn 17.

[303] Hierzu ausführlich unter D. II. 2. a) bb) (2); vgl. auch *Löwisch*, Anm. zu BAG v. 03.03.1983 – 6 ABR 04/80, AP Nr. 8 zu § 20 BetrVG 1972.

Zwecke der Betriebsratsarbeit versehentlich wichtige betriebliche Daten löscht, liegt daher eine betrieblich veranlasste Tätigkeit vor, die eine Privilegierung der Haftung nach den Grundsätzen des innerbetrieblichen Schadens rechtfertigt.[304]

b) Betriebliche Veranlassung der Betriebsratstätigkeit bei Handeln außerhalb des gesetzlichen Wirkungskreises

Ob eine betriebliche Veranlassung der Betriebsratstätigkeit auch angenommen werden kann, wenn der Betriebsrat seinen gesetzlichen Wirkungskreis überschreitet, ist fraglich. *Schwarze* geht davon aus, der Abschluss eines Vertrages für den Betriebsrat durch dessen Vorsitzenden sei nicht betrieblich veranlasst, wenn der Vertrag den Rahmen des § 40 Abs. 1 BetrVG überschreite und damit außerhalb des gesetzlichen Wirkungskreises des Betriebsrats liege.[305] Die Beauftragung eines betriebsexternen Dritten sei der gesetzlichen Einordnung über § 40 Abs. 1 BetrVG nach eine Aufwendungsentscheidung, in deren Rahmen der Betriebsrat die Zahlungsverpflichtung gegenüber dem Dritten freiwillig auf sich nehme.[306] Diese könne dem Arbeitgeber nur über § 40 Abs. 1 BetrVG und nach den für diese Norm geltenden sachlichen Prinzipien zugerechnet werden.[307] Die Vorschrift wiederum sehe vor, dass nur solche Aufwendungen, die der Betriebsrat unter Anwendung der im Verkehr erforderlichen Sorgfalt für erforderlich halten dürfe, vom Arbeitgeber zu übernehmen seien.[308] Die haftungsbegründende Handlung des Vorsitzenden sei aus diesem Grund kraft Wertung des § 40 Abs. 1 BetrVG nicht betrieblich veranlasst.[309] Ein über die Norm hinausgehender „arbeitsvertraglicher" Freistellungsanspruch des Betriebsratsvorsitzenden bestehe nicht.[310]

Dem kann nicht zugestimmt werden. Es existiert ein spezifischer arbeitsrechtlicher Freistellungsanspruch, der sich aus den im Wege richterlicher Rechtsfortbildung entwickelten Grundsätzen des innerbetrieblichen Schadensausgleichs ergibt. Folgte man der Rechtsauffassung *Schwarzes*, wäre eine Beschränkung der Außenhaftung von Betriebsratsmitglieder nach den Grundsätzen über die beschränkte Arbeitnehmerhaftung ausnahmslos ausgeschlossen. Diese Konsequenz ergibt sich aus dem Umstand, dass die Beauftragung eines Dritten durch den Betriebsrat innerhalb seines Wirkungskreises zu keiner Haftung des Vorsitzenden führen kann, da in dieser Konstellation der Betriebsrat

---

[304] *Schwarze* in: Otto/Schwarze/Krause, § 8 Rn 17; vgl. auch *Löwisch*, Anm. zu BAG v. 03.03.1983 – 6 ABR 04/80, AP Nr. 8 zu § 20 BetrVG 1972.
[305] *Schwarze* in: Otto/Schwarze/Krause, § 8 Rn 17.
[306] Ebd.
[307] Ebd.
[308] Ebd.
[309] Ebd.
[310] Ebd.

als Gremium außenrechtsfähig ist und dem Dritten als Gegenleistung die vom Arbeitgeber nach § 40 Abs. 1 BetrVG vorzunehmende Zahlung als Entgelt versprechen kann.[311] Denklogisch kommt eine Außenhaftung des Vorsitzenden überhaupt nur in Betracht, wenn die Entscheidung des Gremiums außerhalb des gesetzlichen Wirkungskreises des Betriebsrats lag.[312] Nähme man also an, § 40 Abs. 1 BetrVG gäbe die Reichweite der betrieblichen Veranlassung der Tätigkeit, die nun einmal Einfallstor der Arbeitnehmerhaftung ist, selbst vor, würde die Haftungsprivilegierung Betriebsratsmitgliedern immer dann verwehrt bleiben, wenn eine Haftung überhaupt in Betracht kommt. Diese Rechtsfolge ist in Anbetracht dessen, dass beinahe sämtliche Wertungsgesichtspunkte, die hinter der beschränkten Arbeitnehmerhaftung stehen, auch auf Betriebsratsmitglieder übertragbar sind, unangemessen. Darüber hinaus ist sie auch methodisch nicht zu begründen. § 40 Abs. 1 BetrVG bestimmt weder ausdrücklich noch im Wege der Auslegung, dass der Abschluss eines Vertrags mit einem Dritten bei Überschreiten der Erforderlichkeitsgrenze nicht betrieblich veranlasst sein kann. Der Betriebsratsvorsitzende schließt den Vertrag mit dem Dritten *für den Betriebsrat* ab, weil dieser ihn im Rahmen seines Beurteilungsspielraums als *für die Betriebsratsarbeit erforderlich* eingeschätzt hat. Der Vorsitzende selbst hat keine eigenwirtschaftliche Motivation, die Hilfe eines externen Dritten für die Wahrnehmung der Betriebsratsaufgaben in Anspruch zu nehmen. Die haftungsbegründende Handlung des Betriebsratsvorsitzenden, die in der Eingehung des Vertrags mit dem Dritten zu sehen ist, ist daher weit davon entfernt, in den Bereich seines allgemeinen Lebensrisikos zu fallen.

Ähnlich wie die fehlerhafte Inanspruchnahme von Mitbestimmungsrechten stehen die (Fehl-)Entscheidung über die Erforderlichkeit der Hinzuziehung eines Dritten sowie dessen Beauftragung unmittelbar im Verhältnis zur Betriebsratsarbeit, welche wiederum mit dem Arbeitsverhältnis zusammenhängt. Es besteht ein eindeutiger betrieblicher Zusammenhang. Der Vorsitzende handelt innerhalb der betrieblichen Sphäre und ohne Berücksichtigung etwaiger privater Zwecke. Ob das haftungsbegründende Handeln innerhalb oder außerhalb des gesetzlichen Wirkungskreises des Betriebsrats erfolgte, kann aus diesem Grund nicht das für die Beurteilung der betrieblichen Veranlassung ausschlaggebende Kriterium sein.

Es spricht stattdessen nichts dagegen, die für sonstige Arbeitnehmer von der Rechtsprechung entwickelten Maßstäbe auch auf die Betriebsratsarbeit anzuwenden mit der Maßgabe, dass anstelle eines notwendigen Bezugs der schädigenden Handlung zur arbeitsvertraglichen Tätigkeit auf die Betriebsratstätigkeit abgestellt wird. Da die Haftungsprivilegierung grundsätzlich auch bei Schlechtleistungen greift[313], muss sie – übertragen auf die Betriebsratsarbeit –

---

[311] Siehe hierzu B. III.
[312] Siehe hierzu C.
[313] *Schwarze* in: Otto/Schwarze/Krause, § 8 Rn 9.

II. Erweiterung der Arbeitnehmerhaftung auf Betriebsratsmitglieder

auch bei Amtspflichtverletzungen gelten, die stets aus dem gesetzlichen Wirkungskreis des Betriebsrats herausfallen.[314] Das für die betriebliche Veranlassung einer Tätigkeit außerhalb des vertraglich festgelegten Tätigkeitsfeldes erforderliche Interesse des Arbeitgebers[315] ergibt sich in Hinblick auf die Betriebsratsarbeit aus dem durch das Betriebsverfassungsgesetz vorgeschriebene Zusammenwirken mit dem Betriebsrat zum Wohl des Betriebs und der Belegschaft, an dem der Arbeitgeber gewissermaßen ein Interesse kraft Gesetzes hat.[316]

Nicht betrieblich veranlasst ist in diesem Sinne die vorsätzliche Überschreitung der dem Betriebsrat und seinen Mitgliedern durch das Betriebsverfassungsrecht zugewiesenen Rechten oder die schädigende Handlung eines Betriebsratsmitglieds, die schon ihrer Anlage und Intention nach gar nicht auf die Förderung der Interessen des Betriebsrats abzielte, sondern stattdessen an individuellen Eigeninteressen ausgerichtet war.[317]

4. Fazit: Erweiterung des persönlichen und sachlichen Geltungsbereichs der beschränkten Arbeitnehmerhaftung auf Betriebsratsmitglieder

Die Kriterien und Wertungsgesichtspunkte, welche nach derzeitigem Stand der Rechtsprechung und Forschung für die Begründung der Grundsätze der beschränkten Arbeitnehmerhaftung herangezogen werden, sind bis auf wenige Ausnahmen auf Betriebsratsmitglieder übertragbar. In Hinblick auf den persönlichen Geltungsbereich hat sich gezeigt, dass einzig der Gedanke der Organisationshoheit des Arbeitgebers aufgrund seiner Weisungsbefugnis sowie der Gedanke der Unzulässigkeit einer Schadensabwälzung auf den Arbeitnehmer bei betrieblicher Arbeitsteilung nicht recht auf Betriebsratsmitglieder anwendbar sind. Letzterem ist aufgrund der Tatsache, dass ihm überhaupt nur ein Erklärungswert zukommt, wenn man ihn im Zusammenspiel mit dem im Arbeitsverhältnis herrschenden Missverhältnis zwischen Arbeitsentgelt und Haftungsrisiko betrachtet[318], ohnehin eine nur untergeordnete Bedeutung für die Übertragung der Haftungsprivilegierung auf Betriebsratsmitglieder beizumessen. Der Gedanke der Weisungsbefugnis wird im wissenschaftlichen Schrifttum zur beschränkten Arbeitnehmerhaftung häufig überbetont.[319] Auch in Bezug auf Arbeitnehmer, die nicht Amtsträger sind, lässt sich durch ihn nicht erklären, weshalb die Grundsätze des innerbetrieblichen Schadensausgleichs etwa bei

---

[314] Siehe auch *Otto* in: Otto/Schwarze/Krause, § 7 Rn 11, der eine Haftungsmilderung bei der persönlichen Haftung von Betriebsratsmitgliedern für Amtspflichtverletzungen befürwortet.
[315] *Schwarze* in: Otto/Schwarze/Krause, § 8 Rn 10 ff.
[316] Siehe hierzu D. II. 2. a) bb) (2).
[317] Anlehnend an BGH v. 30.06.1998 – VI ZR 286/97.
[318] Siehe hierzu D. II. 2. a) ee) (1).
[319] Siehe Fßn. 539.

einer schädigenden Handlung des Arbeitnehmers eingreifen sollten, welche in keinem kausalen Verhältnis zu einer arbeitgeberseitigen Weisung steht.[320]

Alle weiteren Prinzipien, welche den Begriff des Betriebsrisikos als Schadensverursachungszurechnungsgrund für die Begründung der Haftungsprivilegierung von Arbeitnehmern ausfüllen, sind ihrer Wertung nach auf Betriebsratsmitglieder übertragbar. Auch der Gedanke des Sozialschutzes im Arbeitsverhältnis, der kein Schadensverursachungsbeitrag des Arbeitgebers ist, sondern an die sich aus dem Arbeitsverhältnis ergebende Unzumutbarkeit einer unbeschränkten Haftungsbelastung anknüpft, ist uneingeschränkt auf Betriebsratsmitglieder anwendbar. Betrachtet man die unterschiedlichen Wertungsgesichtspunkte, welche auf Betriebsratsmitglieder übertragbar sind, in ihrem strukturellen Zusammenspiel, ist die Interessenlage der Betriebsratsmitglieder in der Gesamtschau mit der sonstiger Arbeitnehmer des Betriebs vergleichbar. Die Herausnahme von Betriebsratsmitgliedern aus dem personellen Anwendungsbereich der beschränkten Arbeitnehmerhaftung würde daher zu einer nicht zu rechtfertigen Ungleichbehandlung führen.

Ferner fällt die Betriebsratstätigkeit in den sachlichen Geltungsbereich der Rechtsfortbildung der beschränkten Arbeitnehmerhaftung, sofern die im Rahmen der Ausübung der Betriebsratsaufgaben vorgenommene schädigende Handlung unter Berücksichtigung der Verkehrsüblichkeit nicht untypisch war und keinen Exzess darstellte.[321] In Anbetracht der planwidrigen Lückenhaftigkeit des Gesetzes in Bezug auf eine Haftungserleichterung für Betriebsratsmitglieder sowie der Übertragbarkeit der den Grundsätzen des innerbetrieblichen Schadensausgleichs immanenten Wertungen liegen alle materiellen Voraussetzungen für eine Rechtsfortbildung vor. Vor diesem Hintergrund ist eine Fortbildung der Rechtsfortbildung der beschränkten Arbeitnehmerhaftung auf Betriebsratsmitglieder nach den hierfür geltenden Maßstäben nicht nur möglich, sondern zur Vermeidung von Benachteiligungen von Betriebsratsmitgliedern im Vergleich zu sonstigen Arbeitnehmern gem. § 78 Satz 2 BetrVG auch geboten.

---

[320] Siehe nur BAG v. 23.01.1997 – 8 AZR 893/95, NZA 1998, 140; BAG v. 15.11.2012 – 8 AZR 705/11, AP BGB § 611 Haftung des Arbeitnehmers Nr. 137; siehe auch *Schwarze* in: Otto/Schwarze/Krause, § 10 Rn 2.
[321] Siehe hierzu D. II. 2. c) bb).

III. Auswirkung der Haftungsprivilegierung nach den Grundsätzen der beschränkten Arbeitnehmerhaftung auf die Außenhaftung für Betriebsratsverträge bei Überschreiten der Erforderlichkeitsgrenze

Die Übertragung der Rechtsfortbildung der Grundsätze des innerbetrieblichen Schadensausgleichs auf Betriebsratsmitglieder wirft die Frage auf, inwiefern sich die Haftungsbeschränkung auf die Wirksamkeit eines zwischen dem Betriebsrat und einem Dritten abgeschlossenen Vertrags auswirkt, der zumindest teilweise nicht erforderlich ist i.S.d. § 40 Abs. 1 BetrVG und für welchen dem Betriebsrat zumindest aus dieser Vorschrift kein Freistellungsanspruch gegen den Arbeitgeber zusteht.

1. Auswirkung der Grundsätze der privilegierten Arbeitnehmerhaftung nur im Innenverhältnis zum Arbeitgeber

Eine Beschränkung der Außenhaftung des Betriebsratsvorsitzenden in der Konstellation, in welcher er im Namen des Betriebsrats einen Vertrag mit einem Dritten abschließt, dabei aber die Grenze der Erforderlichkeit überschreitet und diesem gegenüber gem. § 179 Abs. 1 BGB analog schadensersatzpflichtig wird, kommt im Außenverhältnis zum Externen nicht in Betracht. Das ergibt sich daraus, dass die hinter dem Grundsatz der beschränkten Arbeitnehmerhaftung stehenden Wertungen nur für das Verhältnis zwischen Arbeitgeber und Arbeitnehmer, nicht aber für einen am Betrieb Unbeteiligten gelten, demgegenüber aufgrund der Relativität der Schuldverhältnisse der Arbeitsvertrag keine Wirkung entfalten kann.[322] Dem Dritten ist der ersatzlose Verzicht auf seinen Schadensersatzanspruch daher nicht zumutbar.[323] Stattdessen greift die Haftungsbeschränkung im Falle der Schädigung eines Dritten im Innenverhältnis zum Arbeitgeber in Form eines Freistellungsanspruchs ein, der – je nach Verschuldensgrad – auf vollständige oder anteilige Freistellung von der Schadensersatzpflicht gegenüber dem Dritten gerichtet ist.[324]

2. Haftungsfreistellung nach dem Verschuldensgrad

Die konkrete Verteilung des Schadens zwischen Arbeitnehmer und Arbeitgeber wird im Rahmen der Rechtsfortbildung der beschränkten Arbeitnehmerhaftung anhand einer Abwägung ermittelt, für die das maßgebliche Kriterium

---

[322] *Maties* in: BeckOKG-BGB, § 611a Rn 1710; *Krause*, VersR 1995, 752 (760).
[323] *Schlachter*, FS OLG Jena (1994), S. 253 (263).
[324] Std. Rspr., siehe BAG v. 27.09.1994 – GS 1/89 (A), AP BGB § 611 Haftung des Arbeitnehmers Nr. 103; *Schwarze* in: Otto/Schwarze/Krause, § 16 Rn 20 ff.; *Maties* in: BeckOKG-BGB, § 611a Rn 1711.

der Grad des Verschuldens ist, das dem Arbeitnehmer zur Last fällt.[325] In Hinblick auf Außenrechtsgeschäfte des Betriebsrats wirft dies die Frage auf, ob Anknüpfungspunkt für die Beurteilung des Verschuldensvorwurf die Entscheidung des Gremiums über die Erforderlichkeit der Hinzuziehung eines Dritten ist oder die Handlung des Vorsitzenden, der den diesbezüglich gefassten Beschluss des Betriebsrats nach außen transportiert und den Vertrag mit dem Dritten abschließt. § 26 Abs. 2 Satz 1 BetrVG bestimmt, dass der Vorsitzende des Betriebsrats den Betriebsrat im Rahmen der von ihm gefassten Beschlüsse vertritt. Der Betriebsratsvorsitzende hat bei der Umsetzung des Betriebsratsbeschlusses daher keinen Spielraum.[326] Insbesondere findet keine erneute Erforderlichkeitsprüfung durch den Vorsitzenden statt.[327] Vielmehr ist dieser dazu verpflichtet, den Beschluss über die Hinzuziehung des Externen – ob rechtmäßig oder nicht – nach außen hin umzusetzen. Kommt er dieser Pflicht nach, kann ihm dieses Verhalten nicht gleichermaßen als Verschulden vorgeworfen werden.

Bezugspunkt des Verschuldens ist aus diesem Grund nicht die Handlung des Vorsitzenden, sondern die Entscheidung des Gremiums über die Erforderlichkeit. Da dem Betriebsrat im Rahmen dieser Entscheidung ein Beurteilungsspielraum eingeräumt wird[328], stellt sich zudem die Frage, an welcher Stelle die Grenze zwischen einem noch innerhalb des Beurteilungsspielraums und damit innerhalb des Tatbestands von § 40 Abs. 1 BetrVG liegenden Handelns des Betriebsrats und einem etwaigen Verschulden bei der Überschreitung der Erforderlichkeitsgrenze, welches über den innerbetrieblichen Schadensausgleich auf Rechtsfolgenseite berücksichtigt wird, zu ziehen ist. Die Haftungsbeschränkung über die Grundsätze der beschränkten Arbeitnehmerhaftung kann sich denklogisch erst dann auswirken, wenn die Fehleinschätzung des Betriebsrats über die Erforderlichkeit der Konsultation des Dritten außerhalb des ihm zustehenden Beurteilungsspielraums lag. Für die Beantwortung dieser Frage ist die rechtliche Wirkung der Einräumung eines Beurteilungsspielraums in den Blick zu nehmen: Beurteilungsspielräume dienen dem Grundsatz nach dem Zweck, dem Normanwender eine Einschätzungsprärogative bei der Entscheidung zu vermitteln, ob in einem konkreten Fall eine bestimmte gesetzliche Tatbestandsvoraussetzung erfüllt ist.[329] Die Einschätzung des Betriebsrats über die Erforderlichkeit im Rahmen des § 40 Abs. 1 BetrVG ist aus diesem Grund nicht voll gerichtlich überprüfbar, sondern die richterliche Kontrolle re-

---

[325] *Preis* in: ErfK, § 619a Rn 13.
[326] *Wolmerath* in: Boecken/Düwell/Diller/Hanau, § 26 Rn 17.
[327] Siehe C. III. 3. a).
[328] Ausführlich zur Einräumung eines Beurteilungsspielraums im Rahmen von § 40 Abs. 1 BetrVG: Siehe B. II. 2. b).
[329] Vgl. *Ziekow* in: Ziekow, VwVfG, § 40 Rn 47.

duziert sich auf die Überprüfung, ob der Betriebsrat von einem korrekten Verständnis des Rechtsbegriffs der Erforderlichkeit ausgegangen ist und ob die Besonderheiten des Einzelfalls vollständig und frei von Verstößen gegen Denkgesetze oder allgemeine Erfahrungssätze abgewogen wurden.[330] Der Spielraum des Betriebsrats wirkt sich auf alle wertenden Entscheidungen bei der Konkretisierung des unbestimmten Rechtsbegriffs der Erforderlichkeit aus.[331]

Eine solche Wertentscheidung stellt es dar, wenn der Betriebsrat vor der Beauftragung eines Dritten abwägt, ob ein ausreichender Bezug der Beratertätigkeit zum gesetzlichen Aufgabenbereich des Betriebsrats besteht oder ob er möglicherweise von der Konsultation des Dritten absehen kann, weil eine gleich geeignete, kostengünstigere Möglichkeit zur Erlangung der in Rede stehenden Kenntnisse und Fähigkeiten zur Verfügung steht oder die Kostenverursachung in Hinblick auf die Leistungsfähigkeit und Größe des Betriebs unangemessen erscheint.[332] Auch die Frage, ob die Beauftragung des Dritten unter Berücksichtigung des abstrakten Wertes der mit ihr verfolgten Betriebsratsaufgabe in einem angemessenen Verhältnis zu der Intensität des Eingriffs für den Arbeitgeber steht, unterliegt einer Wertung durch den Normanwender. Wenngleich dem Betriebsrat bei der Einschätzung dieser Fragen eine Letztentscheidungskompetenz zugesprochen wird, die nur eingeschränkt aus der *ex-ante*-Perspektive gerichtlich überprüfbar ist, kann seine Beurteilung über die Reichweite der Erforderlichkeit dennoch falsch sein.[333] In diesem Bereich kann ihn bei der Fehlbeurteilung ein Verschulden treffen, etwa wenn er seine Beurteilung auf sachfremde Erwägungen stützt, allgemeine Bewertungsgrundsätze missachtet oder Tatsachen außer Acht lässt, die er im Rahmen der Interessenabwägung hätte berücksichtigen müssen. Ferner wirkt sich der dem Betriebsrat eingeräumte Beurteilungsspielraum überhaupt nicht aus, wenn das Gremium keiner Fehleinschätzung unterliegt, sondern sich gar keine Gedanken über die Erforderlichkeit einer Maßnahme gemacht hat und es folglich an einer nachvollziehbaren Begründung für seine Entscheidung fehlt. Diese Konstellation tritt bei der Beauftragung betriebsexterner Dritter gleichwohl nicht selten ein, wenn der Betriebsrat sich zwar zunächst über die Erforderlichkeit der Konsultation beraten und einen entsprechenden Beschluss über Leistungsart und -umfang gefällt hat, die Beratung durch den Dritten sich im Folgenden jedoch auf weitere Bereiche erstreckt, ohne dass das Gremium eine erneute Entscheidung über die Erforderlichkeit der konkreten Einzelmaßnahmen getroffen hat. Der

---

[330] St. Rspr., siehe etwa BAG v. 17.02.1993 – 7 ABR 19/92, AP BetrVG 1972 § 40 Nr. 37; BAG v. 1.12.2004 – 7 ABR 18/04, AP BetrVG § 40 Nr. 82; BAG v. 20.04.2016 – 7 ABR 50/14, AP BetrVG 1972 § 40 Nr. 113; *Fitting*, § 40 Rn 9.
[331] Siehe B. II. 2. b).
[332] Siehe unter B. II.
[333] Lunk/Rodenbusch, NJW 2014, 1989 (1991).

dem Betriebsrat eingeräumte Beurteilungsspielraum wirkt sich mithin immer nur dann aus, wenn es um Wertungsentscheidungen geht und schützt den Betriebsrat selbst in diesem Bereich nicht vor einer von ihm zu verschuldenden Überschreitung der Erforderlichkeitsgrenze aufgrund von einer Verkennung des Rechtsbegriffs an sich, einer unzutreffenden oder unvollständigen Sachverhaltsermittlung oder groben Fehlern bei der Abwägung der widerstreitenden Interessen.

An dieser Stelle wirkt sich die Anwendbarkeit der Grundsätze über die beschränkte Arbeitnehmerhaftung auf Betriebsratsmitglieder aus. Aufgrund der Überschreitung der Erforderlichkeitsgrenze macht sich der Betriebsratsvorsitzende als das den Betriebsrat nach außen vertretende Mitglied dem Dritten gegenüber schadensersatzpflichtig.[334] Die Haftungserleichterung nach den Grundsätzen über die beschränkten Arbeitnehmerhaftung bemessen sich in dieser Konstellation nach dem Verschuldensmaß, welches dem Betriebsrats als Gremium bei der Fehleinschätzung über die Erforderlichkeit zu Last gelegt werden kann.

a) Leichteste Fahrlässigkeit

Eine vollständige Befreiung von der Haftung tritt nach den Grundsätzen über die beschränkte Arbeitnehmerhaftung bei einer Schadensverursachung ein, die auf leichteste Fahrlässigkeit zurückzuführen ist.[335] In den Bereich der leichtesten Fahrlässigkeit fallen Sorgfaltsverstöße, die durch ein nur geringes Abweichen von den Sorgfaltsanforderungen gekennzeichnet sind.[336] Übertragen auf die Betriebsratsarbeit kommt eine Überschreitung der Erforderlichkeitsgrenze bei der Beauftragung Dritter aufgrund von leichtester Fahrlässigkeit beispielsweise dann in Betracht, wenn der Betriebsrat eine in Hinblick auf Beratungsart und -umfang sowie das zugesicherte Honorar rechtmäßige Entscheidung über die Erforderlichkeit getroffen hat, der Beratungsumfang in der Folge aber marginal über das Vereinbarte hinausging und der Teil der Leistung, über den der Betriebsrat keine Entscheidung getroffen hat, sich als nicht erforderlich herausstellt.[337] Die Überschreitung der Erforderlichkeitsgrenze kann in diesem Fall darauf beruhen, dass der Betriebsrat den nicht erforderlichen Teil, der im Verhältnis zur gesamten von dem Dritten abzurufenden Leistung einen verhältnismäßig kleinen Teil ausmacht, schlicht übersehen hat, sodass ihm lediglich

---

[334] Siehe unter C.
[335] *Preis* in: ErfK, § 619 a Rn 13.
[336] *Brors* in: BDDH, § 611 Rn 891; kritisch in Bezug auf die einzelnen Fahrlässigkeitsstufen: *Schwarze* in: Otto/Schwarze/Krause, § 9 Rn 34.
[337] Vgl. die Entscheidung des LAG Düsseldorf v. 26.07.1974, DB 1974, 2486, in der ein Kostenerstattungsanspruch nach § 40 Abs. 1 BetrVG gegen den Arbeitgeber für einen Teil der entstandenen Kosten abgelehnt wurde, wenn in einer Schulung neben Themen, die i.S.d. § 37 Abs. 6 BetrVG erforderlich sind, auch andere Themen behandelt werden.

leichteste Fahrlässigkeit vorzuwerfen ist. Der Betriebsratsvorsitzende ist folglich nach den Grundsätzen über die beschränkte Arbeitnehmerhaftung vollständig von der Haftung freizustellen.

In der Konsequenz trifft den Arbeitgeber die Pflicht zur Freistellung von einer Verbindlichkeit einerseits gegenüber dem teilrechtsfähigen Betriebsrat als Gremium in Gestalt des § 40 Abs. 1 BetrVG in Hinblick auf den erforderlichen Teil des Rechtsgeschäfts, andererseits in Hinblick auf den nicht erforderlichen, aber nur aufgrund leichtester Fahrlässigkeit verursachten Teil des Geschäfts in Gestalt des sich aus den Grundsätzen über den innerbetrieblichen Schadensausgleich ergebenden Freistellungsanspruchs gegenüber dem Betriebsratsvorsitzenden. Allerdings ist insoweit anerkannt, dass der Anspruch eines Betriebsratsmitglieds gegen den Arbeitgeber auf Freistellung von einer Verbindlichkeit auch vom Betriebsrat selbst geltend gemacht werden kann.[338] Da sich die Außenrechtsfähigkeit des Betriebsrats als Gremium der Rechtsprechung des BGH zufolge wiederum nach seiner Vermögensfähigkeit richtet, sodass sich die Grenze seiner Vertragsfähigkeit danach bemisst, ob und inwieweit ihm ein Anspruch gegen den Arbeitgeber auf Freistellung bzw. Erstattung der durch seine Tätigkeit entstehenden Kosten zusteht[339], wirkt sich die Anwendbarkeit der Grundsätze über die beschränkte Arbeitnehmerhaftung auf den Betriebsratsvorsitzenden unmittelbar auf die Wirksamkeit des mit dem Dritten eingegangenen Vertrages aus.

Dem Betriebsrat steht – sowohl in Hinblick auf den erforderlichen als auch den nicht erforderlichen Teil des Vertrags – ein Freistellungsanspruch gegen den Arbeitgeber zu. Sein *„vermögensmäßiges Können"*[340] erstreckt sich damit auf den gesamten Teil des mit dem Dritten abgeschlossenen Vertrages. Da sich sein *„rechtliches Können"* aus dem *„vermögensmäßigen Können"* ergibt[341], verfügt der Betriebsrat als Gremium folglich über die erforderliche Außenrechtsfähigkeit, um den Vertrag mit dem Dritten abzuschließen. Aufgrund der Überschreitung der Erforderlichkeitsgrenze kommt es für eine logische Sekunde zur Unwirksamkeit des Vertragsteils, welcher außerhalb des gesetzlichen Wirkungskreises des Betriebsrats liegt und für den der Vorsitzende dem Dritten gegenüber als *falsus procurator* haftet.[342] Aufgrund der nur leicht fahrlässig verursachten Überschreitung der Erforderlichkeit steht diesem – und damit dem Betriebsrat als Gremium – gleichwohl ein gegen den Arbeitgeber gerichteter Freistellungsanspruch nach den Grundsätzen über die beschränkte Ar-

---

[338] BAG v. 27.05.2015 – 7 ABR 26/13, NZA 2015, 1141; BAG v. 28.06.1995 – 7 ABR 55/94, NZA 1995, 1216; Fitting, § 40 Rn 93.
[339] BGH v. 25.10.2012 – III ZR 266/11, BGHZ 195, 174, NZA 2012, 1382, ausführlich hierzu unter B. III. 2.
[340] BGH v. 25.10.2012 – III ZR 266/11, BGHZ 195, 174, NZA 2012, 1382.
[341] Ebd.
[342] Siehe hierzu unter C. I. 4.

beitnehmerhaftung zu, der dem Betriebsrat die Außenrechtsfähigkeit zur Abschluss der Vertrags vermittelt. Im Ergebnis ist der Vertrag mit dem Dritten daher in seiner Gesamtheit wirksam und der Arbeitgeber hat die sich aus ihm ergebenden Kosten in voller Höhe zu tragen.

b) Mittlere Fahrlässigkeit

Nach dem dreistufigen Haftungsmodell des innerbetrieblichen Schadensausgleichs wird die Haftung im Bereich der mittleren[343] Fahrlässigkeit quotal anhand einer Abwägung der Gesamtumstände zwischen dem Arbeitgeber und dem Arbeitnehmer aufgeteilt.[344] Mittlere Fahrlässigkeit ist anzunehmen, wenn der Arbeitnehmer die im Verkehr erforderliche Sorgfalt außer Acht gelassen hat und der rechtlich missbilligte Erfolg bei Anwendung der gebotenen Sorgfalt voraussehbar und vermeidbar gewesen wäre.[345] Damit hält die Rechtsprechung im Grundsatz an dem objektiven, am jeweiligen Verkehrskreis orientierten Sorgfaltsmaßstab des § 276 Abs. 1 BGB fest.[346] Die Haftungsaufteilung richtet sich jedoch nach von der Rechtsprechung entwickelten und nicht abschließenden Billigkeits- und Zumutbarkeitsgesichtspunkten[347], worunter Aspekte der Schadensentstehung, des Missverhältnisses von Arbeitsentgelt und Schadenshöhe, der besonderen wirtschaftlich-sozialen Situation des Arbeitnehmers im Arbeitsverhältnis sowie der Schadensvorsorge auf Seiten des Arbeitgebers fallen.[348]

aa) Aufspaltung des nicht erforderlichen Vertragsteils in einen wirksamen und einen unwirksamen Teil aufgrund der Haftungsquotelung nach den Grundsätzen über die beschränkte Arbeitnehmerhaftung

Die Haftungsquotelung wirkt sich auf die Außenrechtsgeschäfte des Betriebsrats aus: In Hinblick auf den erforderlichen Teil des Rechtsgeschäfts mit einem Dritten steht dem Betriebsrat als Gremium ein Freistellungsanspruch gegen den Arbeitgeber aus § 40 Abs. 1 BetrVG zu, durch den seinerseits die Vermögensfähigkeit des Betriebsrats und aus dieser heraus seine Außenrechtsfähigkeit begründet wird. Der auf eine nach Art, Umfang und Honorarvereinbarung erforderliche Leistung des Dritten gerichtete Teil des Vertrags ist aus diesem Grund wirksam zwischen dem Betriebsrat als Gremium – vertreten durch den

---

[343] Synonym wird der Begriff der normalen, gewöhnlichen oder leichten Fahrlässigkeit verwendet, siehe *Schwarze* in: Otto/Schwarze/Krause, § 9 Rn 27.
[344] BAG v. 27.09.1994 – GS 1/89 (A), AP BGB § 611 Haftung des Arbeitnehmers Nr. 103; BAG v. 05.02.2004 – 8 AZR 91/03, NZA 2004, 649; *Brors* in: BDDH, § 611 Rn 893.
[345] *Preis* in: Erfk § 619a Rn 16.
[346] *Schwarze* in: Otto/Schwarze/Krause, § 9 Rn 27.
[347] *Schumacher*, Die privilegierte Haftung des Arbeitnehmers (2012), S. 52.
[348] *Schwarze* in: Otto/Schwarze/Krause, § 9 Rn 27.

Vorsitzenden – und dem Dritten zustande gekommen. Der Teil des Vertrags, der nicht mehr als erforderlich angesehen werden kann und daher außerhalb des gesetzlichen Wirkungskreises des Betriebsrats liegt, ist – zumindest für eine juristische Sekunde – unwirksam. Der Vorsitzende haftet dem Dritten gegenüber gem. § 179 Abs. 1 BGB analog.

Für dieses Teil des Vertrages wird dem Vorsitzenden aufgrund der nur auf mittlere Fahrlässigkeit zurückzuführenden Überschreitung der Erforderlichkeitsgrenze durch das Gremium gleichwohl ein Freistellungsanspruch gegen den Arbeitgeber für einen Teil des teilweise nichtigen Vertrags gewährt. Der auf den Grundsätzen der beschränkten Arbeitnehmerhaftung basierende Freistellungsanspruch des Vorsitzenden kann auch vom Betriebsrat als Gremium geltend gemacht werden[349] und vermittelt diesem dadurch das *„vermögensmäßiges Können"*, aus dem sich sein *„rechtlichen Können"* ergibt. Der Betriebsrat ist daher außenrechtsfähig sowohl in Hinblick auf den vom Freistellungsanspruch gem. § 40 Abs. 1 BetrVG gedeckten als auch den vom Freistellungsanspruch nach den Grundsätzen der beschränkten Arbeitnehmerhaftung gedeckten Teil des Vertrages mit einem Dritten. Die Haftungsquotelung im Bereich mittlerer Fahrlässigkeit führt im Ergebnis also dazu, dass sich der aufgrund der Überschreitung der Erforderlichkeitsgrenze zunächst unwirksame Teil des Vertrags erneut in zwei Teile zerlegt; einen nur zunächst unwirksamen, der aufgrund des sich aus der Haftungsteilung ergebenden Freistellungsanspruchs gegen den Arbeitgeber wieder wirksam wird, und einen endgültig unwirksamen Vertragsteil, für den der Vorsitzende gem. § 179 Abs. 1 BGB analog haftet.

bb) Vereinbarkeit der teilweisen Haftung im Bereich mittlerer Fahrlässigkeit mit dem Ehrenamtsprinzip sowie der Wertung von §§ 31a, 31b BGB

In Anbetracht dessen, dass im Schrifttum eine Beschränkung der Haftung von Betriebsratsmitgliedern auf Vorsatz und grobe Fahrlässigkeit gefordert wird[350], die konsequente Anwendung der Grundsätze der beschränkten Arbeitnehmerhaftung aber zu einer teilweisen Haftung des Betriebsratsvorsitzenden im Bereich mittlerer Fahrlässigkeit führt, stellt sich die Frage, ob die Haftungsquotelung mit dem betriebsverfassungsrechtlichen Ehrenamtlichkeitsprinzip und

---

[349] BAG v. 27.05.2015 – 7 ABR 26/13, NZA 2015, 1141; BAG v. 28.06.1995 – 7 ABR 55/94, NZA 1995, 1216; *Fitting*, § 40 Rn 93.

[350] *Fitting*, § 1 Rn 216, 218; *Thüsing* in: Richardi, Vorbemerkungen zu § 26 BetrVG Rn 14; Lunk/Rodenbusch, NJW 2014, 1989 (1994); *Müller/Jahner*, BB 2013, 440 (443); *Dommermuth-Alhäuser/Heup*, BB 2013, 1461 (1467); *Preis/Ulber*, Anm. zu BGH, Urteil vom 25. Oktober 2012 – III ZR 266/11, JZ 2013, 579 (583); *P. Hanau*, RdA 1979, 324 (327); *Schwab*, FS Bauer (2010), S. 1001 (1005); *Picht*, Haftung des Betriebsrats und seiner Mitglieder bei rechtsgeschäftlichen Verbindlichkeiten (2018), S. 127 ff.; *Belling*, Die Haftung des Betriebsrats und seiner Mitglieder für Pflichtverletzungen (1990), S. 246 f.

der gesetzlichen Wertung der §§ 31a und 31b BGB, die zur Förderung des bürgerschaftlichen Engagements in Vereinen und Stiftungen getroffen wurden[351], vereinbar ist.[352] Das Ehrenamtsprinzip nach § 37 Abs. 1 BetrVG hat – in Verbindung mit dem Begünstigungs- und Benachteiligungsverbot gem. § 78 Satz 2 BetrVG – herausragende Bedeutung für die Betriebsratsarbeit, weil es die innere Unabhängigkeit des Betriebsratsmitglieds und damit des Betriebsrats als Organ gewährleistet.[353] Es wird befürchtet, dass das Risiko, für bei der Amtstätigkeit fahrlässig verursachte Schäden zur Haftung herangezogen zu werden, sich negativ auf die Bereitschaft zur Kandidatur, die persönliche Unabhängigkeit der Betriebsratsmitglieder und damit auf die Leistungs- und Funktionsfähigkeit des Betriebsrats als Gremium insgesamt auswirken könnte.[354] Zur Begründung einer Haftungsbeschränkung wird auf die vom Gesetzgeber mit der Ausgestaltung der §§ 31a, 31b BGB zum Ausdruck gebrachten Wertung verwiesen, dass Haftungsrisiken für ehrenamtlich Tätige auf ein zumutbares Maß zu begrenzen seien.[355]

Diese Argumentation trifft in ihrem Kern zu. Sie rechtfertigt im Übrigen erst die Erweiterung der Rechtsfortbildung der beschränkten Arbeitnehmerhaftung auf Betriebsratsmitglieder, da die planwidrige Regelungslücke als maßgebliche Voraussetzung für die Zulässigkeit einer Fortbildung des Rechts auf der Wertungsebene genau darin besteht, dass eine uneingeschränkte Haftung der ehrenamtlich tätigen Betriebsratsmitglieder unzumutbar ist.[356] Aus einer Zusammenschau der für das betriebsverfassungsrechtliche Ehrenamt geltenden Vorschriften, nämlich der §§ 37 Abs. 1, 78 Satz 2 BetrVG, die im Lichte der den §§ 31a, 31b BGB immanenten Wertung zu betrachten sind[357], lässt sich gleichwohl nicht der Rückschluss ziehen, eine Haftungsquotelung im Bereich der mittleren Fahrlässigkeit sei unangemessen. Der Gesetzgeber hat die Haftung im Bereich des Vereinsrechts neu geregelt mit dem Ziel, „die Haftungsrisiken für ehrenamtlich tätige Vereinsvorstände auf ein für diese zumutbares Maß zu begrenzen".[358] Eben dieses Ziel soll im Bereich der Arbeitsverhältnisse

---

[351] Siehe BT-Drs. 16/10120, S. 6; BT-Drs. 17/11316, S. 8, S. 17.
[352] Dies verneinend: *H. Hanau*, FS Düwell (2021), S. 817 (830), der aufgrund der Wertung des § 31a BGB annimmt, für das Ehrenamt solle im Innenverhältnis ersichtlich eine Haftung unterhalb der Schwelle zur groben Fahrlässigkeit ausscheiden.
[353] *Koch* in: ErfK, § 37 Rn 1; *Jacobs*, NZA 2019, 1606 (1607).
[354] Siehe hierzu C. III. 4.
[355] BT-Drs. 16/10120, S. 6; BT-Drs. 17/11316, S. 8, S. 17; *H. Hanau*, FS Düwell (2021), S. 817 (830); *Dommermuth-Alhäuser/Heup*, BB 2013, 1461 (1466); Lunk/Rodenbusch, NJW 2014, 1989 (1993).
[356] Siehe hierzu D. II. 1.
[357] Ausführlich zum Zusammenspiel des § 37 Abs. 1 BetrVG mit den Vorschriften §§ 31a, 31b BGB: *Reuter*, Der Betriebsrat als Mandant (2018), S. 179.
[358] Siehe BT-Drs. 16/10120, S. 1.

III. Auswirkung der Haftungsprivilegierung auf die Außenhaftung 151

durch die Rechtsfortbildung des innerbetrieblichen Schadensausgleichs erreicht werden. Besonders deutlich tritt der Gedanke der Unzumutbarkeit einer unbeschränkten Haftung unter dem Wertungsgesichtspunkt des Sozialschutzes im Arbeitsverhältnis hervor, indem als Begründungsansatz maßgeblich auf das Missverhältnis zwischen Arbeitsentgelt und Arbeitslohn abgestellt wird.[359] Anders als im Vereinsrecht wird das dem Arbeitnehmer zumutbare Maß der Haftung im Bereich der normalen Fahrlässigkeit nach den Grundsätzen über die beschränkten Arbeitnehmerhaftung nach spezifischen Kriterien ermittelt, die von der Rechtsprechung eigens für diesen Zweck entwickelt wurden. Auf diese Weise können die besonderen Machtverhältnisse, die im Arbeitsverhältnis herrschen, berücksichtigt werden. Betriebsratsmitglieder, die aufgrund der Verknüpfung des ehrenamtlich geführten Betriebsratsamtes mit ihrer Stellung als Arbeitnehmer des Betriebs in ihrer Rechtsstellung einzigartig sind, können in rechtlicher Hinsicht weder ohne Weiteres mit sonstigen Arbeitnehmern noch mit ehrenamtlichen Vereinsorganen und -mitgliedern gleichgestellt werden. Vielmehr erfordert es einen besonderen Begründungsaufwand, die für diese Gruppen geltenden Rechtssätze auf Betriebsratsmitglieder zu übertragen. In Hinblick auf die Vergleichbarkeit sonstiger Arbeitnehmer des Betriebs mit Betriebsratsmitgliedern in Bezug auf die Anwendbarkeit der Grundsätze über die beschränkte Arbeitnehmerhaftung hat sich gezeigt, dass die hinter der Rechtsfortbildung stehenden Wertungen übertragbar sind.[360] Die nach diesen Grundsätzen vorzunehmende Haftungsquotelung im Bereich mittlerer Fahrlässigkeit ist aus diesem Grund dazu geeignet, die Haftung im Bereich der Außenrechtsgeschäfte auf ein zumutbares Maß zu beschränken. Der Grundsatz des innerbetrieblichen Schadensausgleichs passt insoweit besser zu der besonderen rechtlichen Stellung, die Betriebsratsmitglieder im Betrieb einnehmen, als die für das Ehrenamt im Vereinsrecht geltenden Maßstäbe.

Dafür spricht auch, dass § 78 Satz 2 BetrVG die Verknüpfung des Betriebsratsamtes mit dem Arbeitsverhältnis betont, indem die Vorschrift Benachteiligungen oder Begünstigungen im Vergleich zu sonstigen Arbeitnehmern des Betriebs verbietet. Da Betriebsratsmitglieder während der Betriebsratstätigkeit von ihrer Arbeitspflicht befreit werden, ist die Gefahr der in den Bereich normaler Fahrlässigkeit fallenden Verursachung eines Schadens im Rahmen der arbeitsvertraglich geschuldeten Tätigkeit in dieser Zeit ausgeschlossen. Müssten Betriebsratsmitglieder während der Betriebsratstätigkeit dagegen nur für Schäden haften, die sie vorsätzlich oder grob fahrlässig herbeigeführt haben, stünden sie bei „*normal*" fahrlässig verursachten Schäden besser als sonstige Arbeitnehmer des Betriebs. Eine Modifikation der Grundsätze der beschränkten Arbeitnehmerhaftung im Bereich der Betriebsratstätigkeit ist daher unzu-

---

[359] Siehe unter D. II. 2. b).
[360] Siehe D. II. 2.

lässig, auch wenn die Haftungsbeschränkung im Ergebnis hinter den Haftungsregelungen nach den §§ 31a, 31b BGB zurückbleibt. Durch die Haftungsquotelung im Bereich mittlerer Fahrlässigkeit wird ferner ein Ausufern der im Rahmen der Betriebsratsarbeit vom Arbeitgeber zu tragenden Kosten vermieden.

c) Vorsatz und grobe Fahrlässigkeit

Im Bereich vorsätzlichen Handelns sowie grober Fahrlässigkeit scheidet eine Haftungsentlastung nach den Grundsätzen über die beschränkte Arbeitnehmerhaftung aus.[361] Grobe Fahrlässigkeit fällt dem Arbeitnehmer zur Last, wenn er die im Verkehr erforderliche Sorgfalt in einem ungewöhnlich hohem Maße verletzt hat und dadurch dasjenige unbeachtet gelassen hat, was im gegebenen Fall jedem hätte einleuchten müssen.[362] Übertragen auf Außenrechtsgeschäfte des Betriebsrats kommt ein vorsätzliches Überschreiten der Grenze der Erforderlichkeit etwa in Betracht, wenn die Mitglieder des Betriebsrats im Rahmen ihrer Entscheidungsfindung eigene Interessen verfolgt haben, anstatt die Einschätzung über die Erforderlichkeit am Maßstab der sachgemäßen Ausführung der ihnen durch das Betriebsverfassungsgesetz übertragenen Aufgaben zu bemessen. Da dem Betriebsratsvorsitzenden wegen der vorsätzlichen oder grob fahrlässigen Überschreitung der Erforderlichkeitsgrenze kein Freistellungsanspruch gegen den Arbeitgeber nach den Grundsätzen über die beschränkte Arbeitnehmerhaftung zusteht, bleibt es bei der Unwirksamkeit des nicht erforderlichen Teils des mit dem Dritten abgeschlossenen Vertrags. Für diesen Teil haftet der Betriebsratsvorsitzende, der den Vertrag für den Betriebsrat abgeschlossen hat, dem Dritten gegenüber gem. § 179 Abs. 1 BGB analog als *falsus procurator*.[363]

3. Haftungsdurchgriff auf die dem Betriebsratsbeschluss zustimmenden Betriebsratsmitglieder für Betriebsratsverträge außerhalb des gesetzlichen Wirkungskreises des Betriebsrats

Die Außenhaftung allein des Betriebsratsvorsitzenden nach § 179 Abs. 1 BGB analog für Fehleinschätzungen über die Erforderlichkeit ist vor dem Hintergrund, dass der Betriebsratsbeschluss über die Beauftragung eines Dritten ein Akt der internen Willensbildung des Gremiums ist und der Vorsitzende den

---

[361] BAG v. 27.09.1994 – GS 1/89 (A), AP BGB § 611 Haftung des Arbeitnehmers Nr. 103; BAG v. 15.11.2012, AP BGB § 611 Haftung des Arbeitnehmers Nr. 137; *Schwarze* in: Otto/Schwarze/Krause, § 8 Rn 13; *Schumacher*, Die privilegierte Haftung des Arbeitnehmers (2012), S. 47, 49.

[362] BAG v. 15.11.2012 – 8 AZR 705/11, AP BGB § 611 Haftung des Arbeitnehmers Nr. 137; BAG v. 18.01.2007 – 8 AZR 250/06, AP BGB § 254 Nr. 15 = EzA BGB 2002 § 611 Arbeitnehmerhaftung Nr. 2; BAG v. 23.03.1983, AP BGB § 611 Haftung des Arbeitnehmers Nr. 82; *Preis* in: ErfK, § 169a Rn 15.

[363] BGH v. 25.10.2012 – III ZR 266/11, BGHZ 195, 174, NZA 2012, 1382.

Beschluss nur nach außen hin ausführt, ohne eigenständig entscheidungsbefugt zu sein[364], unverhältnismäßig.[365] Das Haftungsmodell des BGH trägt der gesetzgeberischen Konzeption des § 26 Abs. 2 Satz 1 BetrVG und damit den betriebsverfassungsrechtlichen Besonderheiten nicht ausreichend Rechnung. Der erkennende Senat knüpft die Haftung des Vorsitzenden nach § 179 Abs. 1 BGB analog daran, dass dieser „den Vertrag im Namen des Betriebsrats" geschlossen und „die konkrete Leistung beim Berater abgerufen" habe.[366] Diese Lösung lässt die besondere Stellung des den Betriebsratsbeschluss nach außen hin umsetzenden Betriebsratsvorsitzenden unberücksichtigt: Nach der Konzeption des § 26 Abs. 2 Satz 1 BetrVG gibt der Betriebsratsvorsitzende bei der Umsetzung des vom Gremium gefassten Beschlusses zwar eine eigene Willenserklärung ab, dennoch ist er bei seiner Erklärung inhaltlich an den Betriebsratsbeschluss gebunden, selbst wenn er bei der Beschlussfassung dagegen gestimmt hat.[367] Für den Betriebsratsvorsitzenden kommt es damit zu einer „pflichtgemäßen Pflichtwidrigkeit": Er setzt pflichtgemäß einen wirksamen[368] Beschluss des Betriebsrats um, verhält sich im Außenverhältnis zum Vertragspartner jedoch pflichtwidrig, weil er den Betriebsrat aufgrund einer dem Beschluss zugrunde liegenden Kompetenzüberschreitung des Gremiums mangels dessen Außenrechtsfähigkeit nicht vertreten und damit verpflichten kann.[369] Eine aus dieser Pflichtverletzung resultierende Haftung allein des Betriebsratsvorsitzenden als *falsus procurator* für die Ausführung der Fehlentscheidung des Gremiums über die Erforderlichkeit würde dem Vorsitzenden eine Einstandspflicht für das Fehlverhalten der dem Beschluss zustimmenden Mitglieder des Gremiums auferlegen.[370] Die einzelnen Betriebsratsmitglieder trifft

---

[364] *Wolmerath* in: Boecken/Düwell/Diller/Hanau, § 26 Rn 17.

[365] So aber BGH v. 25.10.2012 – III ZR 266/11, BGHZ 195, 174, NZA 2012, 1382.

[366] BGH v. 25.10.2012 – III ZR 266/11, BGHZ 195, 174, NZA 2012, 1382; kritisch: *Uffmann*, Anm. (2) zu BGH v. 25.10.2012 – III ZR 266/11, AP BetrVG 1972 § 40 Nr. 110.

[367] *Preis/Ulber*, Anm. zu BGH, Urteil vom 25. Oktober 2012 – III ZR 266/11, JZ 2013, 579 (582).

[368] Von der Wirksamkeit des – zwar rechtswidrigen – Beschlusses ist aufgrund eines ordnungsgemäßen Zustandekommens des Beschlusses auszugehen; zur Konstellation einer Vertreterhaftung für einen Vertragsschluss in Vollzug eines wegen Verfahrensmängeln unerkannt nichtigen Beschlusses siehe *Reuter*, Der Betriebsrat als Mandant (2018), S. 185, die allerdings auch davon ausgeht, ein Betriebsratsbeschluss über die Beauftragung eines Beraters sei nichtig bzw. teilnichtig, wenn der Betriebsrat die Grenzen seiner Außenrechtsfähigkeit überschreitet. Diese Auffassung ist in Hinblick auf die Wirksamkeitsvoraussetzungen des Betriebsratsbeschlusses abzulehnen, vgl. *Fitting*, § 33 Rn 10a; zur Einschätzung des die Kompetenzen des Betriebsrats überschreitenden Betriebsratsbeschlusses als *rechtswidrig* und nicht *nichtig* siehe außerdem *Walker*, FS v. Hoyningen-Huene (2014), S. 535 (546).

[369] *Preis/Ulber*, Anm. zu BGH, Urteil vom 25. Oktober 2012 – III ZR 266/11, JZ 2013, 579 (582); *Molkenbur/Weber*, DB 2014, 242 (245).

[370] *Picht*, Haftung des Betriebsrats und seiner Mitglieder bei rechtsgeschäftlichen Verbindlichkeiten (2018), S. 108.

aber grundsätzlich keine Einstandspflicht für ein Fehlverhalten des Betriebsrats[371], was im Besonderen gelten muss, wenn das betroffene Mitglied für das Zustandekommen eines Betriebsratsbeschlusses aufgrund seines entsprechenden Abstimmungsverhaltens keine Verantwortung trifft. Aber auch für den Fall, dass der Vorsitzende für die Beauftragung eines Dritten außerhalb der Außenrechtsfähigkeit des Betriebsrats gestimmt hat, ist nicht einzusehen, weshalb er alleine für die Fehlentscheidung des Gremiums einstehen sollte. Die sich aus dem Betriebsverfassungsgesetz ergebende Besonderheit der Stellung des Vorsitzenden, der eine eigene Erklärung mit fremdbestimmtem Inhalt abgibt und der damit gewissermaßen eine Zwitterstellung zwischen Stellvertreter und Bote einnimmt, muss sich in der Außenhaftung in Form eines Rückgriffs auf das Vermögen derjenigen Betriebsratsmitglieder, die dem Beschluss zur Beauftragung des Dritten zugestimmt haben, widerspiegeln.[372]

a) Gesamtschuldnerische Verpflichtung der dem Betriebsratsbeschluss zustimmenden Mitglieder im Außenverhältnis zum Dritten

In der Literatur wird stellenweise eine gesamtschuldnerische Haftung der Betriebsratsmitglieder befürwortet, die unmittelbar an der Pflichtverletzung – nämlich der Zustimmung zu dem die (teilweise) nicht erforderliche Beauftragung des Dritten vorsehenden Beschlusses – anknüpft.[373] Die Haftung gegenüber dem Dritten träfe in der Konsequenz alle dem Beschluss zustimmenden Betriebsratsmitglieder. Der Grundstein für diese Rechtsauffassung wurde vom BAG bereits im Rahmen seiner Entscheidung aus dem Jahr 1986 gelegt, in welcher der Senat die Möglichkeit einer Gesamtschuldnerschaft der „den Beschluss tragenden Betriebsratsmitglieder", die aufgrund eines Betriebsratsbeschlusses Rechtsgeschäfte außerhalb der ihnen gesetzlich zugewiesenen Einzelfälle durchführten, anerkannt hat.[374]

In dieser Hinsicht wird insbesondere von den Vertretern der Auffassung, welche die Außenrechtsfähigkeit des Betriebsrats ablehnen[375], eine gesamtschuldnerische Haftung der den Betriebsratsbeschluss tragenden Betriebsratsmitglieder auf Erfüllung angenommen. Die Willenserklärung des Betriebsratsvorsitzenden gegenüber dem Dritten sei dahingehend auszulegen, dass dieser

---

[371] *Fitting*, § 1 Rn 216; *Thüsing* in: Richardi, Vorbemerkung zu § 26 Rn 14.
[372] Ähnlich *Walker*, FS v. Hoyningen-Huene (2014), S. 535 (546).
[373] *H. Hanau*, FS Düwell (2021), S. 817 (826, 827); *Thüsing* in: Richardi, Vorbemerkung zu § 26 Rn 14; *Franzen* in: GK-BetrVG, § 1 Rn 79; *Löwisch/Kaiser*, § 40 Rn 7.
[374] BAG v. 24.04.1986 – 6 AZR 607/83, NZA 1987, 100.
[375] Siehe unter B) III. 1 a).

alle dem Beschluss zustimmenden Betriebsratsmitglieder vertrete.[376] In der Konsequenz schuldeten die Betriebsratsmitglieder, deren Stimmabgabe kausal für das Zustandekommen des Betriebsratsbeschlusses war, dem Dritten von vorneherein die Vergütung sowohl für den erforderlichen als auch für den nicht erforderlichen Teil des Vertrags, weil sie sich bei Vertragsschluss – vertreten durch den Vorsitzenden – im eigenen Namen verpflichtet haben.[377] Für den erforderlichen Vertragsteil könnten sie vom Arbeitgeber gem. § 40 Abs. 1 BetrVG die Freistellung von der eingegangenen Verbindlichkeit verlangen. In Hinblick auf den Teil des Vertrags, für welchen den Betriebsratsmitgliedern aufgrund einer Überschreitung der ihnen vom BetrVG zugewiesenen Kompetenzen kein Freistellungsanspruch gegen den Arbeitgeber zusteht, müssten sie dem Dritten gegenüber ohne Einschränkung für ihre vertragliche Verpflichtung gem. §§ 420 ff. BGB gesamtschuldnerisch einstehen.[378]

Aber auch wenn man die Außenrechtsfähigkeit des Betriebsrats mit der h.M. in Literatur und Schrifttum[379] anerkennt, ist eine gesamtschuldnerische Haftung der dem Betriebsratsbeschluss zustimmenden Mitglieder für den nicht von einem Freistellungsanspruch gegen den Arbeitgeber gedeckten Teil des mit einem Dritten abgeschlossenen Vertrags konstruierbar, wenn man die Willenserklärung des Vorsitzenden gewissermaßen in zwei Sphären aufteilt: Für den erforderlichen Teil des Vertrags kann der Vorsitzende den Betriebsrat als Gremium im Außenverhältnis wirksam vertreten und verpflichten, weil der Betriebsrat insoweit außenrechtsfähig ist. Dagegen könnte man die Willenserklärung des Vorsitzenden in Hinblick auf den nicht erforderlichen Teil des Vertrags dahingehend auslegen, dass – konkludent – die für den Beschluss stimmenden Betriebsratsmitglieder persönlich berechtigt und verpflichtet werden.[380] Diese würden dem Dritten gegenüber im Ergebnis nicht für den gesamten Vertrag haften, sondern nur für den Vertragsteil, für den der Betriebsrat als Gremium mangels Außenrechtsfähigkeit nicht wirksam vom Vorsitzenden vertreten werden kann. Im Ergebnis wäre der gesamte Vertrag mit dem Dritten

---

[376] *Franzen* in: GK-BetrVG § 1 Rn 79; *ders.*, FS v. Hoyningen-Huene, S. 87 (92); *v. Hoyningen-Huene*, Gedenkschrift Blomeyer (2003), S. 141 (153, 154); *Weber* in: GK-BetrVG § 40 BetrVG Rn 26; *Jawad*, Die rechtliche Stellung und die Rechtsfähigkeit des Betriebsrats (2004), S. 194.
[377] Siehe unter B) III. 1 a) bb).
[378] *Franzen*, FS v. Hoyningen-Huene, S. 87 (98).
[379] Siehe unter B. III 1. b).
[380] So *H. Hanau*, FS Düwell (2021), S. 817 (826), der die dem Betriebsratsbeschluss zur Beauftragung des Dritten zugrunde liegende Willensbildung als Summe kollektiver Willenserklärungen ansieht, welche dem Betriebsratsvorsitzenden die Vertretungsmacht vermitteln, nicht den Betriebsrat als Gremium, sondern die dem Beschluss zustimmenden Betriebsratsmitglieder zu vertreten.

wirksam, da es dem Betriebsratsvorsitzenden sowohl in Hinblick auf den erforderlichen Vertragsteil als auch den nicht erforderlichen Vertragsteil nicht an Vertretungsmacht fehlt.[381]

Ob die Willenserklärung des Vorsitzenden durch Auslegung nach den §§ 133, 157 BGB in zwei Teile – Vertretung des Betriebsrats als Gremium einerseits und Vertretung der dem Betriebsratsbeschluss zustimmenden Mitglieder des Betriebsrats andererseits – aufgespalten werden kann, begegnet allerdings erheblichen rechtlichen Bedenken. Betriebsratsmitglieder haben in der Regel nicht den Willen, im Rahmen der Betriebsratstätigkeit privatrechtliche Verpflichtungen finanzieller Art einzugehen.[382] Vielmehr kommt es dem Betriebsratsvorsitzenden, der den Betriebsrat gem. § 26 Abs. 2 Satz 1 BetrVG nach außen vertritt, gerade darauf an, den Betriebsrat als Gremium zu verpflichten.[383] Seine Willenserklärung gegenüber dem Dritten kann weder seinem wirklichen Willen nach noch nach dem objektiven Empfängerhorizont so ausgelegt werden, dass er die dem Beschluss zustimmenden Betriebsratsmitglieder persönlich berechtigen und verpflichten will.[384] Das gilt umso mehr, als der Betriebsratsvorsitzende beim Vertragsschluss regelmäßig annimmt, dieser sei sowohl in Hinblick auf Leistungsart und -umfang sowie in Bezug auf das vereinbarte Honorar für die Betriebsratsarbeit erforderlich und damit vom Freistellungsanspruch gegen den Arbeitgeber gedeckt. Da die Außenrechtsfähigkeit des Betriebsrats für Außenrechtsgeschäfte innerhalb seines gesetzlichen Wirkungskreises inzwischen anerkannt ist, geht der Vorsitzende bei Abgabe seiner Willenserklärung davon aus, den Betriebsrat wirksam vertreten zu können. Weder für ihn noch für die dem Betriebsratsbeschluss zustimmenden Betriebsratsmitglieder besteht ein Grund, sich dem Dritten gegenüber von vorneherein gesamtschuldnerisch persönlich zu verpflichten.

Der Betriebsratsvorsitzende kann mit der gegenüber dem Dritten abgegebenen Willenserklärung aus diesem Grund nicht gleichzeitig den Betriebsrat als Gremium für einen Teil des Vertrags und die dem Betriebsratsbeschluss zustimmenden Mitglieder für einen anderen Teil des Vertrags vertreten. Eine gesamtschuldnerische Haftung der dem Betriebsratsbeschluss tragenden Mitglieder unmittelbar im Verhältnis zum Dritten ist daher nicht konstruierbar.

---

[381] *H. Hanau*, FS Düwell (2021), S. 817 (826, 831).
[382] So ausdrücklich in BAG v. 24.04.1986 – 6 AZR 607/83, NZA 1987, 100; *Dommermuth-Alhäuser/Heup*, BB 2013, 1461 (1462).
[383] Siehe unter B) III. 1. a) bb).
[384] Ebenso *Dommermuth-Alhäuser/Heup*, BB 2013, 1461 (1462).

b) Gesamtschuldnerische Haftung der dem Beschluss zustimmenden Betriebsratsmitglieder im Innenverhältnis zu dem nach außen gem. § 179 Abs. 1 BGB analog haftenden Betriebsratsvorsitzenden

Eine gesamtschuldnerische Haftung der dem Betriebsratsbeschluss zustimmenden Mitglieder kommt im Verhältnis zum Betriebsratsvorsitzenden, der im Rahmen eines Außenrechtsgeschäftes für den Betriebsrat dem Dritten gegenüber gem. § 179 Abs. 1 BGB analog für Fehleinschätzungen des Gremiums über die Erforderlichkeit haftet, in Betracht. Voraussetzung hierfür wäre ein dem Betriebsratsvorsitzenden gegen die den Beschluss tragenden Betriebsratsmitglieder zustehender Regressanspruch. Ein solcher kann sich aus einem Auftragsverhältnis ergeben, welches zwischen dem Betriebsratsvorsitzenden und den dem Beschluss zustimmenden Betriebsratsmitglieder entsteht.[385]

Walker vertritt insoweit die Auffassung, durch den formell wirksam zustande gekommenen Beschluss des Betriebsrats, welchen der Vorsitzende gem. § 26 Abs. 2 Satz 1 BetrVG nach außen umsetzen muss, entstehe ein gesetzliches Schuldverhältnis zwischen dem Betriebsratsvorsitzenden und den beschlussfassenden Betriebsratsmitgliedern, das Elemente eines Auftragsverhältnisses enthalte.[386] Das unentgeltliche Geschäft, das der Betriebsratsvorsitzende besorgt, ist in dem Abschluss des Vertrags mit dem Dritten zu sehen.[387] Wenngleich er dieses in erster Linie für den Betriebsrat als Gremium ausführt, den er dem Dritten gegenüber vertreten möchte, handelt er außerhalb des gesetzlichen Wirkungskreises des Betriebsrats noch immer in Ausführung des Betriebsratsbeschlusses, der nur zustande gekommen ist, weil im Betriebsratsgremium eine Abstimmungsmehrheit erreicht worden ist.[388] Die den Betriebsratsbeschluss tragenden Mitglieder sind aus diesem Grund dafür verantwortlich, wenn der Betriebsratsvorsitzende gem. § 26 Abs. 2 Satz 1 BetrVG im Innenverhältnis zum Betriebsrat dazu verpflichtet wird, den Vertrag im Außenverhältnis mit dem Dritten im Namen des Betriebsrats abzuschließen, unabhängig davon, ob ihm die entsprechende Vertretungsmacht zusteht.[389] Ähnlich wie bei einem Auftrag, bei dem die vertraglich übernommene Hauptpflicht des Beauftragten in der interessenswahrenden und zielgerichteten Ausführung des

---

[385] *Walker*, FS v. Hoyningen-Huene (2014), S. 535 (546); *Schmitt*, Die Haftung betriebsverfassungsrechtlicher Gremien und ihrer Mitglieder (2017), S. 789 ff.; *Picht*, Haftung des Betriebsrats und seiner Mitglieder bei rechtsgeschäftlichen Verbindlichkeiten (2018), S. 109 ff.; a.A. *Reuter*, Der Betriebsrat als Mandant (2018), S. 204, 205.

[386] *Walker*, FS v. Hoyningen-Huene (2014), S. 535 (546); ebenso *Schmitt*, Die Haftung betriebsverfassungsrechtlicher Gremien und ihrer Mitglieder (2017), S. 789.

[387] Ebd.

[388] *H. Hanau*, FS Düwell (2021), S. 817 (825, 826); *Schmitt*, Die Haftung betriebsverfassungsrechtlicher Gremien und ihrer Mitglieder (2017), S. 790.

[389] *Schmitt*, Die Haftung betriebsverfassungsrechtlicher Gremien und ihrer Mitglieder (2017), S. 790.

Auftrags besteht[390], ist der Betriebsratsvorsitzende zur Umsetzung des ordnungsgemäß zustande gekommenen Beschlusses nach außen gesetzlich verpflichtet.[391] Während der Beauftragte beim vertraglich übernommenen Auftrag an die Weisungen seines Auftraggeber gebunden ist, hat der Betriebsratsvorsitzende den durch Abstimmung im Gremium zustande gekommenen Betriebsratsbeschluss umzusetzen, ohne dass ihm ein Spielraum für Abweichungen zusteht.[392] Die Interessenlage des Vorsitzenden ist nach der betriebsverfassungsrechtlichen Ausgestaltung des § 26 Abs. 2 Satz 1 BetrVG daher mit der eines Beauftragten i.S.d. § 662 BGB vergleichbar.[393]

Vor diesem Hintergrund könnte man annehmen, der Betriebsratsvorsitzende könnte Vermögenseinbußen, die er im Fall einer Außenhaftung gem. § 179 Abs. 1 BGB analog gegenüber dem Vertragspartner des Betriebsrats erleidet, gem. § 670 BGB von den dem Betriebsratsbeschluss zustimmenden Mitgliedern ersetzt verlangen.[394] Gem. § 670 BGB kann ein Beauftragter von seinem Auftraggeber Ersatz derjenigen Aufwendungen verlangen, die er zum Zwecke der Ausführung des Auftrags tätigt, wenn er diese den Umständen nach für erforderlich halten durfte. Allerdings ist das Vermögensopfer, das der nach außen haftende Betriebsratsvorsitzende erleidet, unfreiwilliger Natur. Es kann aus diesem Grund nicht als Aufwendung – also eine freiwillige Vermögenseinbuße[395] – eingeordnet werden, sondern stellt aus Sicht des Vorsitzenden einen Eigenschaden dar.[396] § 670 BGB passt aus diesem Grund – zumindest in unmittelbarer Anwendung – nicht.

Allerdings ist eine analoge Anwendung von § 670 BGB anerkannt, wenn demjenigen, der ein Geschäft für jemand anderen besorgt, bei der Durchführung des Geschäfts ein Schaden entsteht, der auf einer mit der Besorgung des Geschäfts verbundenen Gefahr beruht und von beiden Parteien von vornherein in Rechnung gezogen werden musste.[397] Eine Haftung des Vorsitzenden gem. § 179 Abs. 1 BGB analog im Außenverhältnis kommt indessen nur in Betracht, wenn es im Rahmen der Beschlussfassung zu einer Überschreitung der

---

[390] *Martinek/Omlor* in: Staudinger, § 662 Rn 20, 26.

[391] *Picht*, Haftung des Betriebsrats und seiner Mitglieder bei rechtsgeschäftlichen Verbindlichkeiten (2018), S. 111.

[392] Ebd.

[393] *Walker*, FS v. Hoyningen-Huene (2014), S. 535 (546); *Schmitt*, Die Haftung betriebsverfassungsrechtlicher Gremien und ihrer Mitglieder (2017), S. 792.

[394] Für einen Anspruch aus § 670 BGB analog: *Walker*, FS v. Hoyningen-Huene (2014), S. 535 (546); ebenso *Schmitt*, Die Haftung betriebsverfassungsrechtlicher Gremien und ihrer Mitglieder (2017), S. 789 ff.

[395] *Mansel* in: Jauernig, BGB-Komm., § 670 Rn 2.

[396] *Schmitt*, Die Haftung betriebsverfassungsrechtlicher Gremien und ihrer Mitglieder (2017), S. 792 m.w.N.

[397] *Fischer* in: BeckOKG-BGB, § 670 Rn 15 m.w.N; *Schäfer* in: MüKo zum BGB, § 683 Rn 38.

Erforderlichkeitsgrenze kam, die nicht nur auf leichteste Fahrlässigkeit der dem Beschluss zustimmenden Mitglieder zurückzuführen ist.[398] Damit trifft die Betriebsratsmitglieder, deren Abstimmungsverhalten im Gremium zum Zustandekommen des Betriebsratsbeschlusses geführt hat, ein Verschuldensvorwurf.[399] In derlei Fällen kommt eine Haftung für Zufallsschäden über § 670 BGB analog nicht in Betracht, weil einerseits nicht angenommen werden kann, die Parteien hätten ihr Verschulden von vorneherein in Rechnung ziehen müssen und es andererseits bereits an einer planwidrigen Regelungslücke für eine Analogie fehlt. Letzteres ergibt sich daraus, dass die allgemeinen Vorschriften des BGB Regelungen für einen vom Auftraggeber verschuldeten Schaden beim Beauftragten bereitstellen.[400] Erteilt der Auftraggeber eine fehlerhafte Weisung, ist er dem Beauftragten gem. § 280 Abs. 1 BGB zu Ersatz des von ihm verschuldeten Schadens verpflichtet.[401] Erkennt man die sich aus § 26 Abs. 2 Satz 1 BetrVG ergebende Pflicht des Vorsitzenden, wirksam zustande gekommene Betriebsratsbeschlüsse ohne Rücksicht auf ihren Inhalt nach außen umzusetzen, als gesetzliches Schuldverhältnis im Sinne eines Auftragsverhältnisses an, müssen vom Auftraggeber zu vertretende Pflichtverletzungen ebenfalls über § 280 Abs. 1 BGB zu einer Schadensersatzpflicht führen. Die dem Beschluss zustimmenden Mitglieder, welche die Inanspruchnahme des Vorsitzenden durch einen Dritten über § 179 Abs. 1 BGB durch ihr Abstimmungsverhalten verschuldet haben, sind insoweit mit einem Auftraggeber, der eine fehlerhafte Weisung erteilt, vergleichbar. Der Betriebsratsvorsitzende kann die dem Betriebsratsbeschluss zustimmenden Betriebsratsmitglieder über § 280 Abs. 1 BGB in Regress nehmen, wenn ihm bei der Ausführung eines wegen einer Kompetenzüberschreitung, die nicht auf leichtester Fahrlässigkeit beruht, unwirksamen Vertrags ein Eigenschaden aufgrund eines Einstehensmüssens gegenüber dem Dritten gem. § 179 Abs. 1 BGB analog entsteht. Die den Betriebsratsbeschluss tragenden Mitglieder haften dem Vorsitzenden gegenüber als Gesamtschuldner nach den §§ 421 ff. BGB. Hat der Betriebsratsvorsitzende selbst für den Betriebsratsbeschluss gestimmt, der auf den Abschluss eines Vertrags mit einem Dritten gerichtet ist, der zumindest teilweise außerhalb des gesetzlichen Wirkungskreises des Betriebsrats liegt, ist er in den Kreis der Gesamtschuldner mit einzubeziehen. Die Haftungsverteilung richtet sich nach § 426 BGB.

---

[398] Siehe hierzu unter D. III.
[399] *Schmitt*, Die Haftung betriebsverfassungsrechtlicher Gremien und ihrer Mitglieder (2017), S. 793, 794.
[400] *Schäfer* in: MüKo zum BGB, § 670 Rn 14.
[401] *Picht*, Haftung des Betriebsrats und seiner Mitglieder bei rechtsgeschäftlichen Verbindlichkeiten (2018), S. 112; vgl. auch *Mansel* in: Jauernig BGB-Komm., § 670 Rn 5.

IV. Ergebnis

Die Fortbildung des persönlichen Geltungsbereichs der Grundsätze des innerbetrieblichen Schadensausgleichs auf Betriebsratsmitglieder erlaubt eine Beschränkung der betriebsverfassungsrechtlichen Außenhaftung von Betriebsratsmitgliedern, die sich am Verschuldensvorwurf im Einzelfall orientiert. Im Gegensatz zu Lösungsansätzen, welche das Haftungsrisiko über eine Haftungsbeschränkung auf Tatbestandebene einzudämmen suchen, wird durch die Fortbildung der Rechtsfortbildung der beschränkten Arbeitnehmerhaftung eine Abkehr von der strengen *„Alles-oder-nichts"*-Haftung nach den allgemeinen zivilrechtlichen Vorschriften bewirkt. Auf diese Weise kann eine interessensgerechte Haftungsaufteilung zwischen den Betriebsratsmitgliedern, welche in Verkennung der Grenzen der Außenrechtsfähigkeit des Betriebsrats einen Beschluss über die Beauftragung eines betriebsexternen Dritten gefasst haben, und dem Arbeitgeber hergestellt werden. Das mit einem Rechtsstreit über die Erforderlichkeit i.S.d. § 40 Abs. 1 BetrVG befasste Gericht wird in die Lage versetzt, die einzelnen Verschuldensanteile angemessen zu berücksichtigen. Aufgrund des dem Betriebsrat eingeräumten Beurteilungsspielraums bei der Einschätzung über die Erforderlichkeit prüft es im Rahmen seiner diesbezüglich nur eingeschränkten gerichtlichen Kontrollmöglichkeit zunächst, ob der Betriebsrat die Konsultation des Dritten aus der *ex-ante*-Perspektive bei gewissenhafter Überprüfung und bei ruhiger und vernünftiger Würdigung aller Umstände als für die Verrichtung der Betriebsratstätigkeit erforderlich halten durfte. An dieser Stelle verbietet sich eine Berücksichtigung derjenigen Wertungsgesichtspunkte, die für die Anwendbarkeit der Grundsätze der beschränkten Arbeitnehmerhaftung auf Betriebsratsmitglieder eine Rolle spielen. Konkret bedeutet dies, dass das erkennende Gericht die Grenzen des dem Betriebsrat zustehenden Beurteilungsspielraums nicht weit auslegen darf, um ungerechte Ergebnisse zu verhindern.

Stattdessen wirkt sich die spezifische Interessenlage, die sich aufgrund des in § 40 Abs. 1 BetrVG angelegten Spannungsverhältnisses ergibt, auf der Rechtsfolgenseite aus. Die Anwendbarkeit der Grundsätze über die beschränkte Arbeitnehmerhaftung ermöglicht es, der besonderen rechtlichen Stellung, die Betriebsratsmitglieder im Betrieb einnehmen, gerecht zu werden und den wechselseitigen Interessen des beauftragten Dritten, des Arbeitgebers und der ehrenamtlich tätigen Betriebsratsmitglieder flexibel Rechnung zu tragen. Kommt es in den Bereichen grober oder mittlerer Fahrlässigkeit zu einer Außenhaftung des Betriebsratsvorsitzenden, ist dieser durch den ihm gegenüber den die Beauftragung des Dritten vorsehenden Betriebsratsbeschluss tragenden Mitgliedern zustehenden Regressanspruchs nach § 280 Abs. 1 BGB i.V.m. § 662 BGB vor einer alleinigen Inanspruchnahme durch den Dritten geschützt.

Zusammenfassung der wesentlichen Ergebnisse und Thesen

I. Die Beauftragung außerhalb der Betriebssphäre stehender Dritter ist dem Betriebsrat in den gesetzlich ausdrücklich genannten Fällen der §§ 80 Abs. 3 BetrVG und § 111 Satz 2 BetrVG und den ungeschriebenen Fällen der §§ 40 Abs. 1 BetrVG sowie 37 Abs. 6, Abs. 7 BetrVG möglich.

II. Der Arbeitgeber ist verpflichtet, die Kosten für die Hinzuziehung eines Dritten gem. § 40 Abs. 1 BetrVG zu übernehmen, soweit die kostenverursachende Tätigkeit des Dritten einen Bezug zum gesetzlichen Aufgabenbereich des Betriebsrats aufweist und sie in Hinblick auf Leistungsart und -umfang sowie in Bezug auf das mit dem Dritten vereinbarte Honorar für die Betriebsratsarbeit erforderlich und verhältnismäßig ist. Diese drei Kriterien werden unter dem Rechtsbegriff der Erforderlichkeit zusammengefasst, welcher über § 37 Abs. 2 BetrVG in § 40 Abs. 1 BetrVG hineingelesen wird.

III. Dem Betriebsrat steht in Hinblick auf die Einschätzung der Frage, ob und in welchem Umfang die Beauftragung eines Dritten erforderlich und verhältnismäßig ist, ein Beurteilungsspielraum zu. Die Einräumung des Beurteilungsspielraums führt dazu, dass die Entscheidung des Betriebsrats einem reduzierten gerichtlichen Kontrollmaßstab unterliegt, innerhalb dessen aus der *ex-ante*-Perspektive überprüft wird, ob der Betriebsrat von einem korrekten Verständnis des Rechtsbegriffs der Erforderlichkeit ausgegangen ist und ob die Besonderheiten des Einzelfalls vollständig und frei von Verstößen gegen Denkgesetze oder allgemeine Erfahrungssätze abgewogen wurden. Die Grenze dieses Beurteilungsspielraums darf von dem überprüfenden Gericht weder enger noch weiter gezogen werden.

IV. Der Betriebsrat ist innerhalb seines gesetzlichen Wirkungskreises rechtsfähig. Er kann Außenrechtsgeschäfte mit außerhalb der Betriebssphäre stehenden Dritten eingehen, wenn das Rechtsgeschäft in Hinblick auf Leistungsart und -umfang sowie auf die vereinbarte Honorarhöhe für die Betriebsratsarbeit erforderlich i.S.d. § 40 Abs. 1 BetrVG ist und ihm ein aus diesem Grund ein Freistellungsanspruch gegen den Arbeitgeber zusteht. Für diese Art von Rechtsgeschäften wird der Betriebsrat im Außenverhältnis von seinem Vorsitzenden beziehungsweise dessen Vertreter gem. § 26 Abs. 2 Satz 1 BetrVG vertreten.

V. Der Betriebsrat ist außerhalb seines gesetzlichen Wirkungskreises nicht rechtsfähig. Er kann als Gremium keine Außenrechtsgeschäfte eingehen, wenn der Vertrag mit einem Dritten ganz oder teilweise Leistungen oder Honorarvereinbarungen zum Inhalt hat, die außerhalb der Grenze des Erforderlichen i.S.d. § 40 Abs. 1 BetrVG liegen. Der die Grenze des Erforderlichen überschreitende Teil des Vertrags ist gem. § 139 BGB unwirksam, wenn anzunehmen ist, dass der Vertrag von den Parteien auch ohne den unwirksamen Teil abgeschlossen worden wäre. Ansonsten ist der gesamte Vertrag nichtig.

VI. Der Betriebsratsvorsitzende, der in Überschreitung der Grenze der Außenrechtsfähigkeit des Betriebsrats einen Vertrag mit einem Dritten über eine Leistung abschließt, die zur Erfüllung der Aufgaben des Betriebsrats nach dem BetrVG nicht erforderlich ist, haftet diesem gegenüber gem. § 179 Abs. 1 BGB analog als Vertreter ohne Vertretungsmacht für den unwirksamen Teil des Vertrags.

1. Die analoge Anwendung von § 179 Abs. 1 BGB ergibt sich aus der Vergleichbarkeit der Interessenlage des Dritten, der bei einem Auftreten des Betriebsratsvorsitzenden im Namen des (teilweise) nicht außenrechtsfähigen Betriebsrats in vergleichbarer Weise mit der objektiven Ungewissheit über die Wirksamkeit des Vertrags belastet wird wie bei einem Vertretergeschäft, bei dem der Vertretene rechtsfähig ist.

2. Die Vertrauenshaftung knüpft an das schützenswerte Vertrauen des Dritten in den Umstand, dass der Betriebsrat im Rahmen des ihm bei der Erforderlichkeitsprüfung zustehenden Beurteilungsspielraums nach gewissenhafter Abwägung aller Umstände des Einzelfalls zu einem vertretbaren Beschluss über die Erforderlichkeit der Konsultation eines außerhalb der Betriebssphäre stehenden Externen gekommen ist, welchen der Vorsitzende gem. § 26 Abs. 2 Satz 1 BetrVG nach außen umsetzt.

VII. Die Haftung des Betriebsratsvorsitzenden ist gem. § 179 Abs. 2 BGB analog auf das negative Interesse beschränkt, wenn er gutgläubig war in Hinblick auf das Bestehen der Außenrechtsfähigkeit des Betriebsrats. Die Haftung ist gem. § 179 Abs. 3 Satz 1 BGB analog ausgeschlossen, wenn der Dritte Kenntnis von der fehlenden Außenrechtsfähigkeit des Betriebsrats hatte oder haben musste. Eine darüber hinausgehende gesetzliche Haftungsprivilegierung existiert nicht.

VIII. Auf den Betriebsratsvorsitzenden, der einem Dritten gegenüber als Vertreter ohne Vertretungsmacht gem. § 179 Abs. 1 BGB analog haftet, sind die richterlichen Regeln der Haftungsprivilegierung nach den Grundsätzen über die beschränkte Arbeitnehmerhaftung anwendbar.

1. Der persönliche Geltungsbereich der Rechtsfortbildung der beschränkten Arbeitnehmerhaftung ist im Wege einer erneuten Fortbildung des Rechts auf Betriebsratsmitglieder zu erweitern. Die Fortbildung des Rechts ist geboten, weil das Gesetz in Hinblick auf die Haftung von Betriebsratsmitgliedern planwidrig lückenhaft ist und die Kriterien und Wertungsgesichtspunkte, welche

von der Rechtsprechung für die Begründung der Grundsätze der beschränkten Arbeitnehmerhaftung herangezogen werden, im Wesentlichen auf Betriebsratsmitglieder übertragbar sind.

2. Die Betriebsratsarbeit unterfällt dem sachlichen Geltungsbereich der Grundsätze über die beschränkte Arbeitnehmerhaftung, wenn sie betrieblich veranlasst ist.

a) Die betriebliche Veranlassung der Betriebsratstätigkeit bei Handeln innerhalb des gesetzlichen Wirkungskreises des Betriebsrats ergibt sich daraus, dass die Amtstätigkeit zumindest auch im betrieblichen Interesse erfolgt, weil ein Interessengleichlauf von Arbeitgeber und Betriebsratsmitgliedern in Hinblick auf das übergeordnete Ziel einer mitbestimmten betriebliche Ordnung besteht.

b) Ein Handeln außerhalb des gesetzlichen Wirkungskreises des Betriebsrats schließt die betriebliche Veranlassung der Tätigkeit nicht aus. Für die betriebliche Veranlassung der schädigenden Handlung kommt es lediglich darauf an, dass ein hinreichender Bezug zur Betriebsratstätigkeit besteht und die Tätigkeit unter Berücksichtigung der Verkehrsüblichkeit nicht untypisch war und keinen Exzess darstellte oder im Bereich des allgemeinen Lebensrisikos des handelnden Betriebsratsmitglieds anzuordnen ist.

c) Die schädigende Handlung des Betriebsratsvorsitzenden, der in Überschreitung der Grenze der Außenrechtsfähigkeit des Betriebsrats einen Vertrag mit einem Dritten eingeht und dadurch einen Schaden verursacht, ist gemessen an diesen Maßstäben i.d.R. betrieblich veranlasst, weil der Vorsitzende den Vertrag für den Betriebsrat abschließt, weshalb ein hinreichender Bezug zur Betriebsratstätigkeit besteht.

IX. Die Anwendbarkeit der Grundsätze über die beschränkte Arbeitnehmerhaftung auf den Betriebsratsvorsitzenden, der in Überschreitung der Grenze der Außenrechtsfähigkeit des Betriebsrats einen Vertrag mit einem Dritten über eine Leistung abschließt, die zur Erfüllung der Aufgaben des Betriebsrats nach dem BetrVG nicht erforderlich ist, wirkt sich auf die Wirksamkeit des Vertrags aus.

1. Beruht die Fehleinschätzung des Betriebsrats über die Erforderlichkeit des Rechtsgeschäfts mit dem Dritten auf einem Verhalten, das in den Bereich der leichtesten Fahrlässigkeit fällt, ist der Vertrag mit dem Dritten in seiner Gesamtheit wirksam und der Arbeitgeber hat die sich aus ihm ergebenden Kosten zu tragen.

a) Im Bereich der leichtesten Fahrlässigkeit erfolgt eine vollständige Haftungsbefreiung des Betriebsratsvorsitzenden nach den Grundsätzen über die beschränkte Arbeitnehmerhaftung. Aufgrund der Überschreitung der Erforderlichkeitsgrenze durch das Betriebsratsgremium kommt es für eine logische Sekunde zur Unwirksamkeit des Vertragsteils, welcher nicht vom Freistellungsanspruch nach § 40 Abs. 1 BetrVG gedeckt ist und daher außerhalb der Außenrechtsfähigkeit des Betriebsrats liegt. Für diesen Teil des Vertrags haftet der Vorsitzende dem Dritten gegenüber als Vertreter ohne Vertretungsmacht nach § 179 Abs. 1 BGB analog. In Anwendung der Grundsätze über die beschränkte Arbeitnehmerhaftung steht ihm ein Anspruch gegen den Arbeitgeber auf Freistellung von seiner Verbindlichkeit gegenüber dem Dritten zu. Der Anspruch des Vorsitzenden kann auch vom Betriebsrat als Gremium geltend gemacht werden.

b) In der Folge steht dem Betriebsrat ein Freistellungsanspruch gegen den Arbeitgeber sowohl in Gestalt des § 40 Abs. 1 BetrVG in Hinblick auf den erforderlichen Teil des Rechtsgeschäfts als auch nach den Grundsätzen des innerbetrieblichen Schadensausgleichs in Bezug auf den nicht erforderlichen Teil des Rechtsgeschäfts mit dem Dritten zu.

c) Der Freistellungsanspruch des Betriebsrats gegen den Arbeitgeber vermittelt diesem die Vermögensfähigkeit, aus der sich die Rechtsfähigkeit ergibt. Der Betriebsrat ist daher außenrechtsfähig sowohl in Hinblick auf den vom Freistellungsanspruch gem. § 40 Abs. 1 BetrVG gedeckten als auch den vom Freistellungsanspruch nach den Grundsätzen der beschränkten Arbeitnehmerhaftung gedeckten Teil des Vertrages dem Dritten.

2. Hat der Betriebsrat die Erforderlichkeitsgrenze aufgrund eines Verhaltens überschritten, das in den Bereich der mittleren Fahrlässigkeit fällt, ist nur der Teil des Vertrags mit dem Dritten wirksam, der von einem dem Betriebsrat gegen den Arbeitgeber zustehenden Freistellungsanspruch nach § 40 Abs. 1 BetrVG oder nach den Grundsätzen über die beschränkte Arbeitnehmerhaftung gedeckt ist.

a) Im Bereich der mittleren Fahrlässigkeit wird die Haftung des Vorsitzenden gem. § 179 Abs. 1 BGB analog nach den Grundsätzen über die beschränkte Arbeitnehmerhaftung quotal anhand einer Abwägung der Gesamtumstände zwischen dem Arbeitgeber und dem Betriebsratsvorsitzenden aufgeteilt. Dem Vorsitzenden steht ein Freistellungsanspruch in Bezug auf den vom Arbeitgeber zu übernehmenden Teil der Haftung zu, der auch vom Betriebsrat als Gremium geltend gemacht werden kann.

b) Die Haftungsquotelung führt dazu, dass sich der aufgrund der Überschreitung der Erforderlichkeitsgrenze unwirksame Teil des Vertrags erneut in zwei Teile zerlegt; einen nur zunächst unwirksamen, der aufgrund des sich aus der Haftungsteilung ergebenden Freistellungsanspruchs gegen den Arbeitgeber wieder wirksam wird, und einen endgültig unwirksamen Vertragsteil, für den der Vorsitzende gem. § 179 Abs. 1 BGB analog haftet.

c) Der Betriebsrat ist daher außenrechtsfähig in Hinblick auf den vom Freistellungsanspruch gem. § 40 Abs. 1 BetrVG gedeckten als auch den vom Freistellungsanspruch nach den Grundsätzen der beschränkten Arbeitnehmerhaftung gedeckten Teil des Vertrages mit einem Dritten.

3. Im Bereich vorsätzlichen Handelns sowie grober Fahrlässigkeit scheidet eine Haftungsentlastung nach den Grundsätzen des innerbetrieblichen Scha-

densausgleichs aus. Dem Betriebsratsvorsitzenden steht kein Freistellungsanspruch gegen den Arbeitgeber zu. Es bleibt bei der Unwirksamkeit des nicht erforderlichen Teils des mit dem Dritten abgeschlossenen Vertrags, sofern anzunehmen ist, dass der Vertrag von den Parteien auch ohne den unwirksamen Teil abgeschlossen worden wäre. Ansonsten ist der gesamte Vertrag nichtig. Für den nichtigen Teil des Vertrags haftet der Betriebsratsvorsitzende dem Dritten gegenüber gem. § 179 Abs. 1 BGB analog als Vertreter ohne Vertretungsmacht.

X. Die Betriebsratsmitglieder, welche dem Betriebsratsbeschluss über die Beauftragung des Dritten zugestimmt haben, haften dem Vorsitzenden gegenüber als Gesamtschuldner gemäß § 421 Satz 1 BGB. Hat der Betriebsratsvorsitzende selbst für den Betriebsratsbeschluss gestimmt, der auf den Abschluss eines Vertrags mit einem Dritten, der zumindest teilweise außerhalb des gesetzlichen Wirkungskreises des Betriebsrats liegt, ist er in den Kreis der Gesamtschuldner mit einzubeziehen. Die Haftungsverteilung richtet sich nach § 426 Abs. 2 BGB.

Literaturverzeichnis

Achterberg, Norbert, Der Rechtsgrund der Haftungsbeschränkung und der Ersatzansprüche des Arbeitnehmers bei schadengeneigter Arbeit, AcP 164 (1964), S. 14–49.
Annuß, Georg, Die Haftung des Arbeitnehmers, Heidelberg 1998.
Bachmann, Gregor, Die Beschränkung der Organhaftung nach den Grundsätzen des Arbeitsrechts, ZIP 2017, S. 841–851.
Baumbach, Adolf/Hueck, Alfred, Gesetz betreffend die Gesellschaften mit beschränkter Haftung, 21. Auflage, München 2017.
Beck online Großkommentar zum Zivilrecht, hrsg. v. Gsell, Beate/Krüger, Wolfgang/Lorenz, Stephan/Reymann, Christoph, (zitiert: *Bearbeiter* in: BeckOGK-BGB, Stand).
Beck online Kommentar Arbeitsrecht, hrsg. v. Rolfs, Christian/Giesen, Richard/Kreikebohm, Ralf/Udsching, Peter, 55. Edition, Stand: 01.03.2020 (zitiert: *Bearbeiter* in: BeckOK-ArbR.).
Beck online Kommentar BGB, hrsg. v. Hau, Wolfgang/Poseck, Roman, 53. Edition, Stand: 01.02.2020 (zitiert: *Bearbeiter* in: BeckOK-BGB).
Beck online Kommentar für Sozialrecht, hrsg. v. Rolfs, Christian/Giesen, Richard/Kreikebohm, Ralf/Udsching, Peter, 57. Edition, Stand: 01.06.2020 (zitiert: *Bearbeiter* in: BeckOK-SozialR.).
Bell, Regina/Helm, Rüdiger, Der BGH zur Haftung von Betriebsratsmitgliedern – Widerspruch aus München, ArbRAktuell 2013, S. 39–43.
Belling, Detlev W., Die Haftung des Betriebsrats und seiner Mitglieder für Pflichtverletzungen, Tübingen 1990.
Ders., Anm. zu BGH, Urteil vom 25.10.2012 – III ZR 266/11, AP BetrVG 1972 § 40 Nr. 110.
Benecke, Martina, Die Kosten der Beratung des Betriebsrats, NZA 2018, S. 1361–1367.
Bergmann, Magnus, Finanzielle Haftung von Betriebsratsmitgliedern, NZA 2013, S. 57–62.
Bergmann, Magnus/Teichert, Stefan, Haftung von Betriebsratsmitgliedern – Damoklesschwert oder viel Lärm um nichts?, ZBVR online 2014, S. 32–40.
Bergwitz, Christoph, Die Rechtsstellung des Betriebsrats, Berlin 2003.
Berlit, Uwe/Conradis, Wolfgang/Pattar, Andreas, Existenzsicherungsrecht, 3. Auflage, Baden-Baden 2019 (zitiert: *Bearbeiter* in: Berlit/Conradis/Pattar, Existenzsicherungsrecht).
Blomeyer, Wolfgang, Das Übermaßverbot im Betriebsverfassungsrecht, Festschrift 25 Jahre Bundesarbeitsgericht, München 1979, S. 17–36.
Boecken, Winfried/Düwell, Frank Josef/Diller, Martin/Hanau, Hans, Gesamtes Arbeitsrecht Kommentar, 1. Auflage, Baden-Baden 2016 (zitiert: *Bearbeiter* in: BDDH).
Bork, Reinhard/Schäfer, Christian, Kommentar zum GmbH-Gesetz, 4. Auflage, Köln 2019 (zitiert: *Bearbeiter* in: Bork/Schäfer, GmbHG-Komm.).
Braunschneider, Hartmut, Entgeltzahlungspflicht und Haftung einzelner Betriebsratsmitglieder für Beratungsvertrag zwischen Betriebsrat und Beratungsunternehmen, ZBVR online 2013, S. 15–21.

Brox, Hans/Walker, Wolf-Dieter, Die Einschränkung der Arbeitnehmerhaftung gegenüber dem Arbeitgeber, DB 1985, S. 1469–1478.

Bulla, Werner, Die Verpflichtung des Arbeitgebers, dem Betriebsrat Fachliteratur zur Verfügung zu stellen, DB 1974, Heft 34, S. 1622–1626.

Canaris, Claus-Wilhelm, Risikohaftung bei schadensgeneigter Tätigkeit in fremdem Interesse, RdA 1966, S. 41–45.

Clodius, Anke, Die Bedeutung der Grundrechte im Betriebsverfassungsgesetz, Göttingen 2004.

Danwerth, Christiopher, Analogie und teleologische Reduktion – zum Verhältnis zweier scheinbar ungleicher Schwestern, ZfPW 2017, S. 230–249.

Däubler, Wolfgang, Die Haftung des Arbeitnehmers – Grundlagen und Grenzen, NJW 1986, S. 867–874.

Ders., Schulung und Fortbildung von Betriebsratsmitgliedern und Jugendvertretern nach § 37 BetrVG, 3. Auflage, Köln 1978.

Däubler, Wolfgang/Kittner, Michael/Klebe, Thomas/Wedde, Peter, Betriebsverfassungsgesetz Kommentar für die Praxis, 16. Auflage, Frankfurt am Main 2018.

Didier, Timo, Die Beweislastverteilung bei der Geltendmachung arbeitsrechtlicher Freistellungs- und Erstattungsansprüche, RdA 2013, S. 285–286.

Dieckhöfer, Joachim, Die Mankohaftung des Arbeitnehmers im Verhältnis zum innerbetrieblichen Schadensausgleich, München 1966.

Domernicht, Christoph, Kosten und Sachaufwand des Betriebsrats, München 2018.

Dommermuth-Alhäuser, Daniel/Heup, Eva, Haftung des Betriebsrats und seiner Mitglieder, BB 2013, S. 1461–1468.

Dütz, Wilhelm, Gefahrgeneigte Arbeit, NJW 1986, S. 1779–1786.

Dütz, Wilhelm/Säcker, Franz-Jürgen, Zum Umfang der Kostenerstattungs- und Kostenvorschusspflicht des Arbeitgebers gemäß § 40 BetrVG, DB 1972 Beilage 17, S. 1–16.

Düwell, Franz Josef, Betriebsverfassungsgesetz Kommentar, 5. Auflage, Baden-Baden 2018 (zitiert: *Bearbeiter* in: Düwell, BetrVG-Komm.).

Dzida, Boris, BGH lässt Betriebsratsmitglieder persönlich haften, ArbRB 2013, S. 126–129.

Ders., Die persönliche Haftung von Betriebsratsmitgliedern nach § 179 BGB, NJW 2013, S. 433–435.

Eckert, Michael, Blick ins Arbeitsrecht, DStR 2013, S. 921–925.

Ehrich, Axel/Hoß, Christian, Die Kosten des Betriebsrats – Umfang und Grenzen der Kostentragungspflicht des Arbeitgebers, NZA 1996, S. 1075–1084.

Erfurter Kommentar zum Arbeitsrecht, hsrg. v. Dietrich, Thomas/Hanau, Peter/Schaub, Günter, 17. Auflage (zitiert: *Bearbeiter* in: ErfK.).

Esser, Hubert, Erforderlichkeit mit Beurteilungsspielraum?, RdA 1976, S. 229 ff.

Ettinger, Jochen/Jaques, Henning, Beck'sches Handbuch Unternehmenskauf im Mittelstand, 2. Auflage, München 2017 (zitiert: *Bearbeiter* in: Ettinger/Jaques).

Fischels, André, Sollte die Rechtsprechung zum innerbetrieblichen Schadensausgleich auf Solo-Selbstständige erstreckt werden?, RdA 2019, S. 208–215.

Fischer, Ulrich, Der BGH schafft eine neue Partei (wenn auch nur nach § 50 I ZPO) – den Betriebsrat, NZA 2014, S. 343–347.

Ders., Die Vergütung des Betriebsratsanwalts in der arbeitsrechtlichen Praxis, FA 2014, S. 6–9.

Fischinger, Philipp, Haftungsbeschränkung im Bürgerlichen Recht, Tübingen 2015.

Fitting, Karl (Begr.), Betriebsverfassungsgesetz Kommentar, 30. Auflage, München 2020.

Ders. (Begr.), Betriebsverfassungsgesetz, 26. Auflage, München 2012.

Franzen, Martin, Betriebsratskosten und Umlageverbot, in: Hanau, Peter/Thau, Jens/Westermann, Harm-Peter (Hrsg.), Gegen den Strich, Festschrift für Klaus Adomeit, Köln 2008, S. 173–186.

Ders., Die vertragliche Haftung des Betriebsrats und seiner Mitglieder bei der Beauftragung Dritter – Überlegungen zum Urteil des Bundesgerichtshofs vom 25.10.2012 – III ZR 266/11, in: Boemke, Burkhard/Lembke, Mark/Linck, Rüdiger (Hrsg.), Festschrift für v. Hoyningen-Huene zum 70. Geburtstag, München 2014, S. 87–101.

Frey, Erich, Die unzureichende Arbeitsleistung (Schlechterfüllung) als Gegenstand der Schadensersatzpflicht des Arbeitnehmers, BB 1960, S. 411–416.

Frisch, Burkhard, Haftungserleichterung für GmbH-Geschäftsführer nach dem Vorbild des Arbeitsrechts, Berlin 1998.

Gaul, Dieter, Die Haftung des Arbeitnehmers und des Arbeitgebers in Fällen schadensgeneigter Arbeit, DB 1962, S. 202–206.

Georgi, Felicitas, Das Ehrenamtsprinzip in der Betriebsverfassung, Jena 2017.

Grobys, Isabella/Panzer-Heemeier, Andrea, Stichwort Kommentar Arbeitsrecht, 3. Auflage, München 2019 (zitiert: *Bearbeiter* in: Grobys/Panzer-Heemeier, Stichw.Komm.-ArbR.).

Haas, Bernd, Anwaltliches Mandatsverhältnis zum Betriebsrat, Frankfurt am Main 2009.

Hager, Johannes, Teilrechtsfähigkeit und Ulta-vires-Lehre, in: Lettl, Tobias/ Fritzsche, Jörg/Buchner, Benedikt/Alexander, Christian (Hrsg.), Festschrift Köhler zum 70. Geburtstag, 1. Auflage, München 2014, S. 228–234.

Hanau, Hans, Zur Haftung des Betriebsrats, in: Düwell, Nora/Gallner, Inken/Haase, Karsten/Wolmerath, Martin (Hrsg.), Festschrift für Franz Josef Düwell zum 75. Geburtstag, Baden-Baden 2021, S. 811-826.

Hanau, Peter, Abschied von der gefahrgeneigten Arbeit, NJW 1994, S. 1439–1442.

Ders., Repräsentation des Arbeitgebers und der leitenden Angestellten durch den Betriebsrat?, RdA 1979, Heft 6, S. 324–331.

Happe, Nico H., Die persönliche Rechtsstellung von Betriebsräten, Berlin 2017.

Hayen, Ralf-Peter, Haftungsfolgen für Betriebsratsmitglieder bei Überschreitung des wirksamen Umfangs eines Verpflichtungsgeschäfts des Betriebsrats im Rahmen seiner Teilrechtsfähigkeit, AuR 2013, S. 95–96.

Hess, Harald/Worzalla, Michael/Glock, Dirk/Nicolai, Andrea/Rose, Franz-Josef/Huke, Kristina, Kommentar zum BetrVG, 10. Auflage, München 2018 (zitiert: *Bearbeiter* in: HWGNRH).

Hinrichs, Lars/Plitt, David, Der Anspruch des Betriebsrats auf die Freistellung von Beratungskosten, NZA 2011, S. 1006–1011.

Höpfner, Clemens, Gesetzesbindung und verfassungskonforme Auslegung im Arbeits- und Verfassungsrecht, RdA 2018, S. 321–328.

Hoppe, Christian, Anm. zu BGH, Urteil vom 25. Oktober 2012 – III ZR 266/11, ArbR 2012, S. 619–620.

Hoyningen-Huene, Gerrick von, Das Betriebsverhältnis – Eine Skizze zum betriebsverfassungsrechtlichen Kooperationsverhältnis, NZA 1989, S. 121–125.

Ders., Die Abwicklung der Betriebsratskosten nach § 40 I BetrVG, in: Richardi, Reinhard/Reichold, Hermann (Hrsg.), Altersgrenzen und Alterssicherung im Arbeitsrecht, Gedenkschrift für Wolfgang Blomeyer, München 2003, S. 141–156.

Hueck, Alfred/Nipperdey, Hans Carl, Lehrbuch des Arbeitsrechts, Bd. II/2, 3.-5. Auflage, Mannheim 1932.

Jacob, Thomas/Lau, Marcus, Zulässigkeit und Grenzen administrativer Letztentscheidungsmacht am Beispiel des Naturschutz- und Wasserrechts, NVwZ 2015, S. 241–248.

Jacobs, Matthias, Die Vergütung freigestellter Betriebsratsmitglieder, NZA 2019, S. 1606–1612.

Jaeger, Georg/Steinbrück, Katharina, Persönliche Haftung von Betriebsratsmitgliedern für Beraterhonorare? Konsequenzen für die Praxis aus dem Urteil des BGH vom 25.10.2012, NZA 2013, S. 401–407.

Jauernig Bürgerliches Gesetzbuch Kommentar, hrsg. v. Stürner, Rolf, 17. Auflage, München 2018 (zitiert: *Bearbeiter* in: Jauernig BGB-Komm.).

Jawad, Alexander, Die rechtliche Stellung und die Rechtsfähigkeit des Betriebsrats, Aachen 2004.

Joussen, Jacob, Der persönliche Anwendungsbereich der Arbeitnehmerhaftung, RdA 2006, S. 129–137.

Katzenstein, Matthias, Die Außenwirkung der arbeitsrechtlichen Haftungsbeschränkungen, RdA 2003, S. 346–356.

Klapper, Corinne, Unterstützung des Betriebsrats durch in- und externen Sachverstand, Hamburg 2007.

Klebe, Thomas, Europa: Mitbestimmung in Grenzen?, in: Bobke, Manfred/Däubler, Wolfgang/Kehrmann, Karl (Hrsg.), Arbeit und Recht, Festschrift für Albert Gnade, Köln 1992, S. 661–673.

Kloppenburg, Thomas, Anm. zu BGH 3. Zivilsenat, Urteil vom 25.10.2012 – III ZR 266/11, jurisPR-ArbR1/2013 Anm. 1.

Kment, Martin/Vorwalter, Sebastian, Beurteilungsspielraum und Ermessen, JuS 2015, S. 193–201.

Koller, Ingo, Die Risikozurechnung bei Vertragsstörungen in Austauschverträgen, München 1979.

Krause, Rüdiger, Die Beschränkung der Außenhaftung des Arbeitnehmers, VersR 1995, S. 752–760.

Ders., Geklärte und ungeklärte Probleme der Arbeitnehmerhaftung, NZA 2003, S. 577–586.

Krebs, Peter/Becker, Maximilian, Entstehen und Abänderbarkeit von Gewohnheitsrecht, JuS 2013, S. 97–103.

Kruse, Martin, Die Rechte des Arbeitgebers gegenüber dem Betriebsrat aus der Betriebsverfassung, Göttingen 2010.

Künzl, Reinhard, Freistellung von Betriebsratsmitgliedern für Schulungsveranstaltungen, ZfA 1993, S. 341–372.

Langenbucher, Katja, Risikohaftung und Schutzpflichten im innerbetrieblichen Schadensausgleich, ZfA 1997, S. 523–556.

Lansnicker, Frank, Prozesse in Arbeitssachen, 3. Auflage, München 2013 (zitiert: *Bearbeiter* in: Prozesse in Arbeitssachen).

Larenz, Karl, Methodenlehre der Rechtswissenschaft, 6. Auflage, Berlin 1991.

Linsenmaier, Wolfgang, „Das Richterrecht bleibt unser Schicksal" – Zur Rechtsfortbildung durch das BAG, RdA 2019, 157–169.

Ders., Non volenti fit iniuria – Beschlussverfahren ohne Betriebsratsbeschluss, in: Kothe, Wolfhard/Dörner, Hans-Jürgen/Anzinger, Rudolf (Hrsg.), Arbeitsrecht im sozialen Dialog, Festschrift für Hellmut Wissmann zum 65. Geburtstag, München 2005, S. 378–395.

Löwisch, Manfred, Änderung der Betriebsverfassung durch das Betriebsverfassungs-Reformgesetz, BB 2001 Heft 35, S. 1790–1798.

Ders., Anm. zu BAG v. 03.03.1983 – 6 ABR 04/80, AP Nr. 8 zu § 20 BetrVG 1972.

Löwisch, Manfred/Kaiser, Dagmar, Betriebsverfassungsgesetz Kommentar, 6. Auflage, Frankfurt am Main 2010.

Mangoldt, Hermann/Klein, Friedrich/Starck, Christian, Grundgesetz Kommentar, 7. Auflage, München 2018 (zitiert: *Bearbeiter* in: Mangoldt/Klein/Starck, GG-Komm.).
Maunz, Theodor/Düring, Günter, Grundgesetz-Kommentar, 85. EGL, München 2018 (zitiert: *Bearbeiter* in: Maunz/Düring, GG-Komm.).
Medicus, Dieter, Der Grundsatz der Verhältnismäßigkeit im Privatrecht, AcP 192 (1992), S. 35–70.
Molkenbur, Josef/Weber, Christian, Der Betriebsrat als Vertragspartner und die Haftung seiner Mitglieder am Beispiel des § 111 S. 2 BetrVG, DB 2014, S. 242–246.
Müller-Boruttau, Dietmar, Die Kostentragungspflicht des Arbeitgebers für Rechtsanwaltskosten des Betriebsrats im Rahmen von § 40 Abs. 1 BetrVG, Berlin 2000.
Müller, Stefan, Haftung der einzelnen Betriebsratsmitglieder für Kosten eines externen Beraters, Anm. zu BGH, Urteil vom 25. Oktober 2012 – III ZR 266/11, EzA § 40 BetrVG 2001 Nr. 24.
Müller, Stefan/Jahner, Kristina, Die Haftung des Betriebsrats und der Betriebsratsmitglieder, BB 2013, S. 440–444.
Münchener Handbuch zum Arbeitsrecht, hrsg. v. Kiel, Heinrich/Lunk, Stefan/Oetker, Hartmut, 4. Auflage, München 2018 (zitiert: *Bearbeiter* in MHdB zum ArbR.).
Münchener Kommentar zum Bürgerlichen Gesetzbuch, hsrg. v. Säcker, Franz Jürgen/Rixecker, Roland/Oetker, Hartmut/Limperg, Bettina, 8. Auflage, München 2018 (zitiert: *Bearbeiter* in: MüKo zum BGB).
Münchener Kommentar zum GmbHG, hrsg. v. Fleischer, Holger/Goette, Wulf, 3. Auflage, München 2018 (zitiert: *Bearbeiter* in: MüKo zum GmbHG.).
Münchener Kommentar zum Handelsgesetzbuch, hsrg. v. Schmidt, Karsten, 4. Auflage, München 2016 (zitiert: *Bearbeiter* in: MüKo zum HGB).
Otto, Hansjörg/Schwarze, Roland/Krause, Rüdiger, Die Haftung des Arbeitnehmers, 4. Auflage, Berlin 2014.
Pahlen, Roland, Der Grundsatz der Verhältnismäßigkeit und die Erstattung von Schulungskosten nach dem BetrVG 72, Berlin 1979.
Picht, Stephan, Haftung des Betriebsrats und seiner Mitglieder bei rechtsgeschäftlichen Verbindlichkeiten, Berlin 2018.
Preis, Ulrich/Ulber, Daniel, Anm. zu BGH, Urteil vom 25. Oktober 2012 – III ZR 266/11, JZ 2013, S. 579–584.
Raab, Thomas, Rechtsschutz des Arbeitgebers gegen Pflichtverletzungen des Betriebsrats (Teil 2), RdA 2017, S. 352.
Ratayczak, Jürgen, Beratungsvertrag und mögliche Haftungsfolgen für einzelne BR-Mitglieder, AiB 2013, S. 385–389.
Reuter, Iris, Der Betriebsrat als Mandant im Rahmen des § 111 BetrVG, Baden-Baden 2018.
Richardi, Reinhard, Betriebsverfassungsgesetz Kommentar, 16. Auflage, München 2018 (zitiert: *Bearbeiter* in: Richardi).
Rosset, Christoph, Rechtssubjektivität des Betriebsrats und Haftung seiner Mitglieder, Heidelberg 1985.
Rüffer, Wilfried/Halbach, Dirk/Schimikowski, Peter, Versicherungsvertragsgesetz Handkommentar, 3. Auflage, Baden-Baden 2015 (zitiert: *Bearbeiter* in: Rüffer/Halbach/Schimikowski).
Sachs, Michael, Grundgesetz Kommentar, 8. Auflage, München 2018 (zitiert: *Bearbeiter* in: Sachs, GG-Komm.).
Sandmann, Bernd, Die Haftung von Arbeitnehmern, Geschäftsführern und leitenden Angestellten, Tübingen 2001.

Schaub, Günter, Arbeitsrecht-Handbuch, 17. Auflage, München 2017 (zitiert: *Bearbeiter* in: Schaub ArbR-HdB.).

Schlachter, Monika, Das Recht der Arbeitnehmerhaftung bei Verzicht auf die „Gefahrgeneigtheit" der Beschäftigung, in: *Bauer, Joachim/Werner, Olaf* (Hrsg.), Festschrift zur Wiedererrichtung des Oberlandesgerichts Jena, München 1994, S. 253 ff.

Schlobach, Klaus, Das Präventionsprinzip im Recht des Schadensersatzes, Baden-Baden 2004.

Schmitt, Laura, Die Haftung betriebsverfassungsrechtlicher Gremien und ihrer Mitglieder, Baden-Baden 2017.

Schulze, Marc-Oliver, Hinzuziehung von Sachverstand: Voraussetzungen und Risiken bei der Beauftragung von Anwälten, AiB 2013, S. 7–1.

Schulze, Reiner, Bürgerlichen Gesetzbuch Handkommentar, 10. Auflage, Baden-Baden 2019 (zitiert: *Bearbeiter* in: Schulze, BGB Komm.).

Schumacher, Carsten, Die privilegierte Haftung des Arbeitnehmers, Berlin 2012.

Schuster, Doris-Maria, Die rechtliche Stellung des mehrköpfigen Betriebsrats, Marburg 1999.

Schuster, Doris-Maria/Schunder, Maximilian Luca, Betriebsratshaftung – nach 100 Jahren noch alles beim Alten?, NZA 2020, S. 92–96.

Schwab, Brent, Die Haftung des Betriebsrats, in: Baeck/Hauck/Preis/Rieble/Röder/Schunder (Hrsg.), Festschrift für Jobst-Hubertus Bauer zum 65. Geburtstag, 1. Auflage, München 2010, S. 1001–1007.

Ders., Haftung im Arbeitsverhältnis – 1. Teil: Die Haftung des Arbeitnehmers, NZA-RR 2016, S. 173–179.

Schwarze, Roland, Teilrechtsfähigkeit des Betriebsrats, JA 2013, S. 467–470.

Schwerpunktkommentar Arbeitsrecht, hrsg. v. Rolfs, Christian/Giesen, Richard/Kreikebohm, Ralf/Udsching, Peter, 1. Auflage, München 2008 (zitiert: *Bearbeiter* in: SchwerpunktKomm. ArbR.).

Staudinger, Justus von, Kommentar zum Bürgerlichen Gesetzbuch mit Einführungsgesetzen und Nebengesetzen, 17. Auflage, Berlin 2017 (zitiert: *Bearbeiter* in: Staudinger).

Thüsing, Gregor/Fütterer, Johannes, Partielle Rechtsfähigkeit des Betriebsrats für Rechtsgeschäfte im Rahmen seines gesetzlichen Wirkungskreises, hier: Zuziehung externer Berater, Kurzkommentar, EWiR 2012, 783, S. 783–784.

Triebel, Götz, Die Haftung des Betriebsrats und der Durchgriff auf seine Mitglieder, Berlin 2003.

Uffmann, Katharina, Anm. zu BGH, Urteil vom 25.10.2012 – III ZR 266/11, AP BetrVG 1972 § 40 Nr. 110.

Wacke, Andreas, Ursprung der eingeschränkten Arbeitnehmerhaftung, RdA 1987, S. 321–327.

Walker, Wolf-Dietrich, Die Haftung des Betriebsrats und seines Vorsitzenden gegenüber externen Beratern, in: Boemke/Lembke/Linck (Hrsg.), Festschrift für Gerrick Frhr. v. Hoyningen-Huene zum 70. Geburtstag, 1. Auflage, München 2014, S. 535–547.

Waltermann, Raimund, Besonderheiten der Haftung im Arbeitsverhältnis, JuS 2009, S. 193–200.

Ders., Risikozuweisung nach den Grundsätzen der beschränkten Arbeitnehmerhaftung, RdA 2005, S. 98–109.

Wank, Rolf, Auslegung und Rechtsfortbildung im Arbeitsrecht, 1. Auflage, Baden-Baden 2013.

Weller, Bernd, Betriebsratsmitglieder haften persönlich für zu Unrecht ausgelöste Kosten, GWR 2013, S. 31.

Wilhelmi, Rüdiger, Beschränkung der Organhaftung und innerbetrieblicher Schadensausgleich, NZG 2017, S. 681–690.

Wittig, Hubert, Beurteilungsspielräume im Betriebsverfassungsgesetz, Frankfurt am Main 2003.

Zange, Julia, Haftung des einzelnen Betriebsratsmitglieds für Beauftragung eines Beratungsunternehmens, BB-Kommentar, BB 2013, S.384.

Ziekow, Jan, Verwaltungsverfahrensgesetz Kommentar, 4. Auflage, Speyer 2019 (zitiert: *Bearbeiter* in: Ziekow, VwVfG).

Sachregister

Abstimmungsmehrheit 157 ff.
Allgemeines Lebensrisiko 138, 140
Amtspflichtverletzung 24, 52 f., 96, 118, 122, 141, 144 ff.
Angemessenheit 17, 20 ff., *siehe auch* Verhältnismäßigkeit
Arbeitslohn 9, 120, 121, 123, 124, 128, 132, 133, 135, 151
Aufklärungspflicht 49 f.
Auftrag 36, 157

Berater 8
betrieblich veranlasste Tätigkeit 87 f., 137 ff.
betriebliche Mitbestimmung 119, 140
Betriebsmittel 108, 117, 119 f.
Betriebsratsbeschluss 58 ff., 81 f., 144 f., 152 ff.
Betriebsrisiko 91 f., 94, 98, 101 ff., 117 ff., 127, 132, 134
Beurteilungsspielraum 14 f., 53 ff., 62, 73 ff., 75, 86, 140, 144, 160

culpa in contrahendo 49 ff.

Daten 119, 139
Directors-and-Officers-Versicherung (D&O-Versicherung) 65, 70
Dispositionsfonds 37

Ehrenamt 32, 71, 75 ff., 83, 97, 110, 113, 149 ff.
Einschätzungsprärogative 144
Entgelt *siehe* Arbeitslohn
Entgeltfortzahlung *siehe* Lohnfortzahlung
Erforderlichkeitsbegriff 11 ff., 63 f., 66 f., 73 ff., 81, 140, 144
Erforderlichkeitsprüfung 9, 14 f., 17, 19, 22, 54, 61, 66 ff., 73 ff., 144

Fahrlässigkeit 75 ff., 82, 87, 96 ff., 106, 132
– Grobe 138, 152
– Mittlere 83, 148 ff.
– Leichteste 83, 146 ff.
falsus procurator *siehe* Vertreter ohne Vertretungsmacht
Freistellungsanspruch
– Abtretung 38, 64, 68
– Betriebsrat 34 f., 37, 62, 80, 82 f., 139, 147, 155
– innerbetrieblicher Schadensausgleich 87, 131, 143, 147 f.
Fürsorgepflicht 126 ff., 131 ff.

Gefahr 103 ff., 107, 136
Gefährdungshaftung 105
Gefahrgeneigte Arbeit 90, 103, 128, 133
Gesamtschuldner 29, 45, 48, 59, 154 ff.
Geschäftsfähigkeit 39 f.
Gesetzeslücke *siehe* Regelungslücke
Gewohnheitsrecht 89 ff.
Gutgläubigkeit 71, 85

Haftungsquotelung 99, 106, 143, 148 ff.
Haftungsrisiko 74 f., 85, 111, 121, 141, 160

Kostentragungspflicht des Arbeitgebers 6, 10 ff., 33 f., 37

Leitende Angestellte 91, 100
Lohnausfallprinzip 112, 121, 136
Lohnfortzahlung 9, 12, 118, 121

Mitbestimmungsrechte *siehe* Betriebliche Mitbestimmung
Mitverschulden 76 ff., 94, 99, 106, 134 f.

nicht existenter Vertretener 55 ff., 61

Organisationsrisiko des Arbeitgebers 102 ff., 107 ff., 123, 132, 141

Pfändungsfreigrenze 129
Pflichtverletzung 117, 159 *siehe auch* Amtspflichtverletzung
planwidrige Regelungslücke *siehe* Regelungslücke
Praktische Konkordanz 128, 130

Rechtsfortbildung 89 ff., 94 ff., 105, 134, 137, 142 f., 160
Regelungslücke 44, 57, 80, 89 ff., 96 ff., 134, 142
Regressanspruch 47, 64, 66, 78 f., 81 f., 157 ff.
Richterrecht 89 f.

Sachverständige 7 f.

Schadensabwälzung 122 f., 141
Schadensrisiko 120 ff., 132 f.
Schadensverlagerung 122

Schulungs- oder Bildungsveranstaltung 9 f.
Sozialschutz 98, 124 ff., 135 ff., 142, 151
Sozialstaatsprinzip 128 ff.

unbestimmter Rechtsbegriff 12 ff., 14 f., 22, 53, 67, 74, 133, 145

Verhältnismäßigkeit 15 ff., 130
Vermögensfähigkeit 25, 32 ff., 65, 78, 83, 147, 149
Versicherung 120, 133
Vertrag zugunsten Dritter 25
Vertrauen 49 ff., 56 f., 60, 72 f., 85
Vertrauensschaden 71 f.
Vertreter ohne Vertretungsmacht 26, 55 ff., 71 ff., 75, 85, 96, 143, 147, 152 ff.
Vertretungsmacht 27 f., 43, 58, *siehe auch* nicht existenter Vertretener
Vorsatz 75, 87, 96 f., 129, 138, 141, 152
Vorschuss 35 f.

Weisungsrecht des Arbeitgebers 102 ff., 107 ff., 141

Beiträge zum Arbeitsrecht

Herausgegeben von
Martina Benecke, Felix Hartmann,
Sudabeh Kamanabrou und Hartmut Oetker

Mit der Schriftenreihe *Beiträge zum Arbeitsrecht* (BArbR) führt der Verlag seine Tradition, Werke mit hohem wissenschaftlichem Anspruch zu veröffentlichen, für das Arbeitsrecht fort. Er bietet damit ein Forum für Monographien, Habilitationsschriften, herausragende Dissertationen und thematisch geschlossene Sammelbände zu zentralen und grundlegenden Fragen des Individual- und Kollektivarbeitsrechts. Beiträge mit europarechtlichen, internationalen und völkerrechtlichen Bezügen sind ebenso willkommen wie Arbeiten, die sich mit der verfassungsrechtlichen Rückbindung und der Einbettung des Arbeitsrechts in das allgemeine Zivilrecht befassen.

ISSN: 2509-9973
Zitiervorschlag: BArbR

Alle lieferbaren Bände finden Sie unter *www.mohrsiebeck.com/barbr*

Mohr Siebeck
www.mohrsiebeck.com